동銅 경鏡

中國 西安(長安)의 문화유산

Xi'an Relics Essence_Bronze Mirror

초판인쇄 2015년 4월 30일
초판발행 2015년 4월 30일

엮은이 시안시문물보호고고학연구소
옮긴이 중국문물전문번역팀
펴낸이 채종준
진 행 박능원
기 획 지성영
편 집 박선경 · 조은아
디자인 조은아
마케팅 황영주 · 한의영

펴낸곳 한국학술정보(주)
주 소 경기도 파주시 회동길 230(문발동513-5)
전 화 031-908-3181(대표)
팩 스 031-908-3189
홈페이지 http://ebook.kstudy.com
E-mail 출판사업부 publish@kstudy.com
등 록 제일산-115호(2000. 6. 19)

ISBN 978-89-268-6934-5 94910
      978-89-268-6263-6 (전11권)

 한국학술정보(주)의 학술 분야 출판 브랜드입니다.

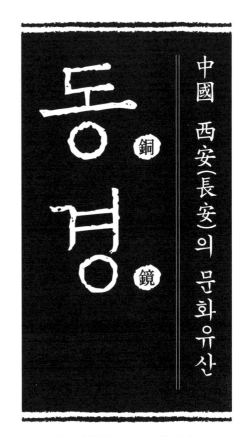

동경
銅
鏡

中國 西安(長安)의 문화유산

시안시문물보호고고학연구소 엮음
중국문물전문번역팀 옮김

한눈에 보는 중국 시안(西安, 長安)의 문화유산

시안(西安, 長安)은 중국 고대문명의 발상지로 역사상 13왕조의 왕도인바 중국 전통문화의 산실이라고 할 수 있다. 주(周)·진(秦)·한(漢)·당(唐)나라 등의 수도로서 청동기(靑銅器)를 비롯한 각종 옥기(玉器)와 금은기(金銀器), 불교조각상(佛敎彫刻像), 당삼채(唐三彩), 도용(陶俑), 자기(瓷器), 회화(繪畵), 서예(書藝) 등 수많은 문화유산을 남기고 있다. 그러나 이러한 문화유산은 여러 박물관이나 문화재연구소에서 분산 소장하고 있어 한눈에 감상할 수가 없다.

시안을 답사했을 때 중국의 지역연구기관으로서 시안 지역의 유적·왕릉·건축물 등 역사문화유적의 보호와 연구를 담당하고 있는 시안시문물보호고고소(西安市文物保護考古所)에서 정리하고, 세계도서출판시안공사(世界圖書出判西安公司)에서 발행한 『西安文物精華(시안문물정화)』를 접한 바 있다. 이번에 출간된 『中國 西安(長安)의 문화유산』 시리즈는 이를 번역·출판한 것으로, 이를 통하여 시안의 문화유산을 한눈에 감상할 수 있게 되었다. 이 책은 전문가들이 몇 년간에 걸쳐 시안의 문화유산 가운데 에센스를 선정, 회화·금은기·옥기·당삼채·불교조각상·자기·청동거울·도용·청동기·서예·도장(圖章) 등으로 분류하여 집대성한 것이다. 중국어를 해득하지 못하는 이들을 위해 각종 문화유산에 대한 상세한 해설을 실어 이해를 돕고 있으며, 화질이 좋아 원서보다도 선명하게 문화유산을 접할 수 있게 되었다.

특히 회화편은 원서보다도 화질이 선명하여 그림의 색감이 더 살아나며, 청동기와 동경(銅鏡)도 세밀한 부분이 더 입체적으로 드러나고 있다. 회화편의 경우, 그림을 보고 있노라면 한국화의 주제나 기법이 어디서 영향을 받았는지를 확연히 알 수 있어 한국의 회화를 이해하는 데도 많은 도움이 될 것이다. 청동기와 동경의 경우, 한국의 그것과 공통점과 차이점을 비교해보는 재미를 느낄 수 있으며, 불교조각상과 자기의 경우에도 중국과 한국의 공통점과 차이점을 한눈에 살펴볼 수 있다. 이와 같이 『中國 西安(長安)의 문화유산』 시리즈는 중국의 문화유산을 감상하고 이해하는 것뿐만 아니라 한국의 문화유산과의 비교를 통하여 두 전통문화 간의 공통점과 차이점을 느낄 수 있다.

실크로드의 기점인 시안은 중국뿐만 아니라 서역의 많은 문화유산을 소장하고 있으나 이곳의 문화유산을 감상하려면 박물관이나 미술관에 직접 가야만 하고, 중요한 유물을 모두 보기 위해선 여러 번 발품을 팔아야 한다. 이에 『中國 西安(長安)의 문화유산』 시리즈는 한눈에 중국의 우수한 문화유산을 감상하면서 눈의 호사를 누리고, 중국의 전통문화를 제대로 이해하는 계기가 될 것이다.

2015년
前 문화체육관광부 장관
現 고려대학교 한국사학과 교수
최광식

중국 시안(西安, 長安)의 유구한 역사를 보여주다

시안(西安, 長安)은 중국의 역사에서 다양한 별명을 갖고 있다. 중화문명의 발상지, 중화민족의 요람, 가장 오래된 도시, 실크로드의 출발지 등이 그것이다. 시안의 6천 년 역사 가운데 왕도(王都, 혹은 皇都)의 역사가 1200년이었다는 사실도 시안을 일컫는 또 다른 이름이 될 수 있다. 즉, 시안은 남전원인(藍田原人)의 선사시대부터 당(唐) 시기 세계 최대의 도시 단계를 거쳐 근대에 이르기까지 중화의 역사, 종교, 군사, 경제, 문화, 학예 등 분야 전반에 걸쳐 가히 대륙의 중심에 서 있어 왔다고 할 수 있다. 그만큼 시안은 역사의 자취가 황토 고원의 두께만큼 두껍고, 황하의 흐름만큼 길다고 할 것이다.

시안시문물보호고고소(西安市文物保護考古所)에서 엮은 『西安文物精華(시안문물정화)』 도록 전집은 이와 같은 시안의 유구한 역사와 그 문화사적인 의미를 잘 보여주고 있다. 첫째, 발굴 및 전수되어 온 문화재들이 병마용(兵馬俑), 자기(瓷器), 인장(印章), 서법(書法), 옥기(玉器), 동경(銅鏡), 청동기(靑銅器), 회화(繪畵), 불상(佛像), 금은기물(金銀器物) 등 다양할 뿐 아니라, 시안만이 가지는 역사 배경의 특징을 심도 있게 관찰할 수 있는 분야의 문화재가 집중적으로 수록되어 있다. 각 권의 머리말에서 밝히고 있듯이 이 문화재의 일부는 시안 지역의 특징을 이루는 것들을 포함하면서 다른 일부, 예컨대 자기는 당시 전국의 물품들이 집합되어 있어 그 시기 중국 전체의 면모를 보여주기도 한다는 것이다. 둘째, 당 이후 중국 역사의 주된 무대는 강남(江南)으로 옮겨갔다고 할 수 있는데, 이 문화재들은 시안이 여전히 역사와 문화의 중심축에서 크게 벗어나지 않고 있음을 보여준다. 문인 취향의 서법, 인장 및 자기들이 이를 말해준다고 할 수 있다. 셋째, 이 문화재들은 병마용의 경우처럼 대부분이 해당 예술사에서 주로 다루어질 수준의 것들이지만 다른 일부, 예컨대 회화 같은 경우는 그러한 수준에서 다소 벗어난 작품들로 보이기도 한다. 그러나 이 경우 이 문화재들은 해당 예술사 분야에서 대표성을 갖는 작품들이 일류 작가의 범작(凡作)들과 이류 작가의 다른 주제와 기법을 통하여 어떻게 조형적 가치와 대표성을 가질 수 있는가를 되버쳐줌과 동시에 중국적인 조형 의식의 심층을 엿볼 수 있게 한다는 사료적 가치가 있다고 평가할 수 있다.

이러한 시안의 방대하고 의미 있는 문화재를 선명한 화상과 상세한 전문적 설명을 덧붙여 발간한 것을 한국학술정보(주)에서 한국어 번역본으로 출간, 한국의 관련 연구자와 문화 애호가들에게 시의적절하게 제공하게 된 것은 매우 다행스럽고 보람된 일이라 생각한다. 향후 이를 토대로 심도 있는 연구가 진행되고, 이웃 문화권에 대한 일반 독자들의 이해가 깊어질 수 있기를 기대하면서 감상과 섭렵을 적극적으로 추천하는 바이다.

2015년 관악산 자락에서
서울대학교 미학과 교수
박낙규

중국 동경(銅鏡)은 역사적으로 전국(戰國), 진한(秦漢), 수당(隋唐), 세 차례 흥성기(興盛期)를 맞으며 발전했다. 주(周), 진(秦), 한(漢), 당(唐) 등의 도읍지였던 시안(西安, 長安) 지역의 동경이 그 시기 동경을 대표하는 것은 자명하다. 쑨푸시(孫福喜) 박사가 주관하여 펴낸 『中國 西安(長安)의 문화유산_동경』에 수록된 동경은 모두 시안에서 출토되었거나 수집된 우수한 유물이다. 전국시대(戰國時代)부터 명대(明代)에 이르기까지 총 170여 점의 동경이 수록되어 있는데 시안 동경을 체계적으로 보여준다. 그중에는 소중한 자료가 많으므로 독자들은 이 책을 통해 시안 등 산시(陝西) 지역 동경의 발전사뿐만 아니라 중국 동경 발전사의 전체적인 윤곽을 파악할 수 있을 것이다.

본서의 출판을 계기로 동경 연구가 고고학에서 이미 독립적인 분야가 되었음을 알려드리는 바이다.

중국에서 동경의 소장과 연구는 역사가 유구하나 청동기(靑銅器)의 일부로서 종속관계로 인식되어 중시되지 않았다. 그러나 동경은 방대한 양과 고유한 정체성을 갖고 있으므로 고대(古代) 유물의 특수한 종류로 간주되어야 하며 그에 대한 연구 역시 유물 연구의 한 분야로 분류되어야 한다. 이러한 결론에는 적어도 아래와 같은 두 가지 이유가 있다.

첫째, 동경은 고대부터 자체 기원과 발전 흐름이 있었다. 중국 동경의 기원은 기원전 2천 년 전후의 제가문화(齊家文化)로 거슬러 올라간다. 그 당시 동경은 이미 원형(圓形)의 표면에 손잡이가 없고 꼭지가 있는데 가장 원시적인 형태는 아닌 듯하다. 문양은 직선으로 구성된 별 모양의 엽맥문(葉脈紋)인데 이러한 문양은 상대(商代) 말기의 부호묘(婦好墓)에서 출토된 동경에서 보이기는 하지만 상대 말기 기물에서는 찾아볼 수 없다. 서주(西周)에서 춘추(春秋)까지의 동경에 있는 동물 문양도 다른 청동기의 것과는 다르다. 전국·진한대에 동경은 예술적으로 한층 발전하였을 뿐만 아니라 독자적인 발전 궤적을 보인다.

둘째, 동경의 소장, 연구, 기록이 이미 상당한 규모와 수준에 도달했다. 동경에 관한 전문적인 도록(圖錄)은 청대(淸代)에 처음으로 나타났고 최근 크게 늘어났으며 논저 또한 수없이 많다. 특히 동경의 발굴이 이어지고 소장품도 날로 늘어 연구의 심화와 확대에 필요한 조건이 형성되었다. 이로써 동경에 대한 심층적인 연구와 감정(鑑定)이 필요해져 학문 분야로 발전하게 되었다.

현재 동경 연구의 중점은 지역별 정리와 고찰에 있는데 지역과 시기 구분을 적절히 결합하면 새로운 국면이 펼쳐질 것이다. 다행히 1950~1960년대부터 지역별 동경 도록의 출판 바람이 일었는데 『저강출토동경선집(浙江出土銅鏡選集)』, 『산시성출토동경(陝西省出土銅鏡)』, 『뤄양출토고경(洛陽出土古鏡)』, 『허난출토동경도록(湖南出土銅鏡圖錄)』, 『쓰촨성출토동경(四川省出土銅鏡)』 등이 그 결과물로 동경 연구의 발전에 많은 도움을 주고 있다. 현재 연구는 역대 동경의 지역적 특징을 정확하게 정리하려는 목적에서 세분화 단계로 넘어가고 있다. 이 책은 바로 이러한 시대적 조류에 부응한 것으로 동경 연구자와 애호가들의 사랑을 받을 것으로 기대된다.

2007년 12월 14일
리쉐친(李學勤)

西安市文物保护考古所编着的《西安文物精华》系列图书，继《玉器》、《青桐器》两卷之后，《铜镜》一卷又将付梓。这对于关切西安考古文物和研究鉴赏铜镜的人士，无疑是一个大好消息。

西安是周秦汉唐歷朝古都，而我国铜镜的演进正是以战国、秦汉及隋唐为三个高峰时期，因此说西安地区的铜镜具有这些时期典范代表的意义。孙福喜博士主编的这部《西安文物精华》的《铜镜》卷，所收录均为西安出土或征集的精品。其时代上起战国，下至明代，共一百七十余面，可以说是西安铜镜的系统展示。其间有许多珍贵的标本，读者通览全书，不仅能够瞭然西安以至陕西铜镜的历史演进，而且对整个中国铜镜的发展过程，也可获得概括的印象。

趁这部《铜镜》出版的机会，我想在这里作一个唿吁，希望大家都能认识到，铜镜研究已经成为考古文物领域中一个有独立性质的学科分支。

中国铜镜的收藏和研究已有悠久的传统，但长期以来一直被看作门类衆多的青桐器的一个组成部分，而且是从属性的部分，没有得到足够的、应有的重视。现在看来，铜镜由于其自身的数量和性质，应该被视为古代文物的一个特殊门类，而铜镜研究也有资格作为文物研究的一个特殊分支。这样说，至少有两点理由：

第一点理由是，铜镜本身在古代就有其自身的起源和流脉。中国铜镜的起源，目前可上溯到公元前两千多年的齐家文化。那是铜镜已具备圆形平面、无柄有纽的特点，似乎还不是最塬始的形态。其纹饰是以直线组成的所谓星形的叶脉纹，这种花纹下延到商代晚期妇好墓的铜镜，但在其他商晚期器物上很难找到。西周至春秋铜镜上的动物形纹饰，也与别的青铜器不同。到战国秦汉，铜镜艺术繁荣，更是走了自己特有的发展路径，有其独立的传承。

另一点理由是，铜镜的收藏、着录和研究早已达到了相当的规模。铜镜的专门图录始见于清代，近年尤为繁多，有关论作更是层出不穷。特别是铜镜的发现与日俱增，公私收藏之富非过去所易想象，这些都为研究的深入拓展提供了前所未有的条件。因此，对铜镜进一步探讨和鉴定，已经成为普遍的需要，这就促进了铜镜研究作为一种学科分支的发育成长。

当前铜镜研究的趋势，重点在于分地区的整理和考察。把分域和分期工作很好地结合起来，将给这一学科带来新的局面。好在自上世纪五、六十年代以来，分地区的铜镜图录的编辑出版便已形成风气，例如《浙江出土铜镜选集》、《陕西省出土铜镜》、《洛阳出土古镜》、《湖南出土铜镜图录》、《四川省出土铜镜》等等，都对研究进展多有裨益。这方面的工作正在朝向细化扩展，以更准确地反映歷代铜镜的地区特点。《西安文物精华》的《铜镜》卷恰是适应了这样的潮流，因此一定会为铜镜的研究者。爱好者所欢迎。

2007年12月14日

李学勤

After successive publication of Jade and Bronze, series of books refer to Xi'an Essence of Culture Relics compiled by Xi'an Institute of Archaeology and Relic Preservation, namely, the Bronze Mirror will be printed. There is no doubt, this is a very good news for representative people who pay attention to Xi'an Archaeologic relics and research as well as appreciation of the bronze mirror.

Xi'an served as ancient capital of Zhou, Qin, Han and Tang Dynasties, however, the Warring State, Qin and Han and Sui as well as Tang dynasties are the peak periods of evolution of the Bronze Mirror, therefore, it is significant for the Bronze Mirror in Xi'an region to be as the model for these periods. Volume refer to the Bronze Mirror of Xi'an Essence of Culture Relics edited by Doctor Sun Fu Xi, in which recorded are all exquisite articles of excavation and collection. Periods can be up to the Warring State and down to Ming Dynasty, total pictures can be more than 170, they can be defined as a systematic display of Xi'an Bronze Mirror, of which, there are many valuable specimens, so that look through the book, readers not only can glance at the history evolution of the Bronze Mirror from Xi'an to Shaanxi Province, but also can be endowed with a general impression of development process of whole Chinese Bronze Mirror.

Taking advantage of the opportunity based on publication of the Bronze Mirror, I would like to make an appeal here, expecting that everyone can realize that research on the Bronze Mirror has become a branch subject with independent nature in the field of Archaeologic relics.

Collection and study of Chinese Bronze Mirror has a tradition with a long history, but, for a long time, it is always treated as an integral part of numerous bronze, and is also subordination, hence, it cannot be sufficiently attached importance as deserved. Now apparently, as quantity and nature of the Bronze Mirrors themselves that shall be regarded as a special category of ancient relics, whereas research on the Bronze Mirrors is also qualified to be as a special branch of the Archaeologic Research, speaking so, there are at least two reasons:

One reason is that the Bronze Mirror has its own origin and flow blood in ancient time, and origin of the Chinese Bronze Mirror can be traced back to the Culture of Qijia Family in 2000 years BC, at that time, the bronze mirror has a circular plane, characterized by stem-less button, seemingly, it is not the most primitive form. The decoration is the so-called star-shaped vein pattern made up of line, and the pattern was extended downward to the Bronze Mirror unearthed from Fuhao Tomb of late period of Shang Dynasty, but, it its hard to be found on other utensils in late period of Shang Dynasty. The decoration with animals appearance on the Bronze Mirror from western Zhou Dynasty to Spring and Autumn Period is different from other others. Up to the warring State and Qin as well as Han Dynasty, as art, the Bronze Mirror has become prosperous, what is more, it took its own unique path of development and has its independent inheritance.

Another is that collection and description as well as study have already attained a considerable size at early time. Specialized albums catalogue of the Bronze Mirrors can be seen in Qing Dynasty for the first time, years recently. regarding papers are particularly numerous. In particular, discoveries of the Bronze Mirrors are growing up day by day, richness of public and private collections could not be easily imagined as the past, all these prepared unprecedented conditions for further expansion of the research. So, to further discuss and to further identify the Bronze Mirror have become an universal need, which promoted development and growth of research on the Bronze Mirror as a branch subject.

At present, trend of research on the Bronze Mirror mainly consists in organization and inspection in different regions. Good incorporation between domain partition and stage devision will bring in the subject a new situation. Fortunately, since the 1950s and 1960s, the edition and publication of albums catalogue of the Bronze Mirrors based on regions partition have been a trend, such as Anthology of the Zhejiang unearthed Bronze Mirrors, the Bronze Mirror unearthed in Shaanxi Province, unearthed ancient Mirrors in Luoyang, Albums Catalogue of the Hunan unearthed Bronze Mirrors, the unearthed Bronze Mirrors in Sichuan Province and so on, all is beneficial to the progress of the research. Working in this respect is extending towards refinement in order to reflect features of history more accurately. The volume refer to the bronze Mirror of Xi'an Essence of Cultural Relics preferably adapted such tide, so, it must be welcomed by researchers and lovers of the Bronze.

14th December, 2007
Li Xueqin

　　西安市文物保護考古研究所が編著した《西安市文物精華》というシリーズ図書は、《玉器》と《青銅器》に継ぎ、さらに《銅鏡》の巻が出版することになった。それは西安市文物考古学と銅鏡の研究と鑑賞に関心を持つ方々にとっては、間違いなく朗報である。

　　西安はかつて周、秦、漢、唐などの十三の王朝の都であり、しかも我が国おいて、戦国、秦漢、隋唐という時代はまさに銅鏡の発展と進化の三つの高峰期である。したがって、西安地方にある銅鏡はそういう時代を代表する意義を持っているのである。孫福喜博士は《西安市文物精華》というシリーズ図書の《銅鏡》の巻の編集主幹として、西安で出土し、または収集した銅鏡の逸品を《銅鏡》という図鑑にの収録した。時代は戦国から明にわたり、数は合計170枚余りもあるのである。それは西安産出の銅鏡の系統性を示すことができると言えるだろう。そのうち、数多くの珍品のサンプルと言えるものも含まれているのである。全書を一通り読むと、西安及び陝西省の銅鏡の発展と変遷の経緯をはっきりうかがうことができるし、また中国全体における銅鏡の発展過程をも全面的に把握することができる。

　　この《銅鏡》の出版にあたり、ここで一つ呼びかけたいことがある。銅鏡の研究は考古学において、独立性した性質をもつ学科の分野になったことを理解してほしいということである。

　　中国銅鏡の収集と研究は悠久な歴史を持っているが、しかし、長年来、それはずっと種類雑多の青銅器の一部分、そして従属性的を一部分として位置づけられ、しかるべき十分な重視が得られなかったのである。

　　現在、ふりかえてみると、銅鏡自身はその数にしろ、性質にしろ、古代文物の一つ特別な部類として扱うべきだと思う。銅鏡の研究も文物研究の一つ特別学科分野なる資格をそなえているのである。というのは、少なくともつぎの二つ理由があるからである。

　　一つの理由は、銅鏡その自身は古代から、その発祥と発展の経緯がある。中国銅鏡の起源は、現在知っているところでは、紀元前2000余年の斉家文化に遡ることができる。その時代の銅鏡はもう「円形平面、無柄有鈕」という形をするが、まだ最原始の形態ではなかったようである。その紋飾は直線で描いたいわゆる「星形葉脈紋」である。その模様は商の時代晩期婦好墓の銅鏡に影響したが、商の晩期のほかの器物からはめったに見られない。西周時代から春秋時代までの銅鏡にある動物の紋様は、ほかの青銅器とも違う。戦国秦漢時代になると、銅鏡芸術が繁栄になり、なおさらその特有の発展経路があり、独立な伝承があったのである。

　　二つ目の理由は、銅鏡の収集、著述と研究はすでに相当の規模に達した。銅鏡の専門図鑑は清の時代に見られ、近年は特に多く現れた。関係学術論文は更に次々と発表されたり、特に、銅鏡の発見が日増しに増えている。政府と民間の収集した銅鏡の数は過去では想像の出来ないほどである。そういうことは、銅鏡の研究をより深く広く展開するためにかつてない条件を醸成した。だから、銅鏡を更に探求したり、鑑定したりすることは普遍的な需要になり、それによって、銅鏡の研究を一つ学科分野としての発育と成長を促進した。

　　現在の銅鏡の研究の現状は、その重点は、地域別の銅鏡の整理と考察である。銅鏡の地域判別と

年代判別とをうまく結びつけることによって、この学科に新しい局面をきりひらくことができるだろう。幸いに20世紀五、六十年代以来、地域別の銅鏡の図鑑の編集と出版がすでに風潮になり、例えば、《浙江出土銅鏡選集》、《陝西出土銅鏡》、《洛陽出土古鏡》、《湖南出土銅鏡鑑図録》、《四川省出土銅鏡》など、いずれも銅鏡の研究の進展のためた、多く益がある。更に歴代の銅鏡の地域的な特徴を反映するための作業は細分化に向かって展開している。《西安文物精華》の《銅鏡》はちょうどこのような潮流に乗って、現れた著作であるから、きっと銅鏡の研究者と愛好者たちに喜ばれる物になるだろう。

2007年 12月 14日
李学勤

　동경(銅鏡)은 사물을 비출 수 있는 청동기(靑銅器)의 일종이다. 현재 중국에서 발견된 동경 중에 가장 오래된 것은 기원전 2천 년 신석기시대 제가문화(齊家文化) 시기 동경이다. 동경은 신망(新莽) 시기를 전후하여 사회 각 계층에 보급되었고 18~19세기 청대(淸代) 중기에 이르러 유리거울로 대체될 때까지 4천 년간 사용되었는데 고대(古代) 각종 청동기 가운데 보기 드문 것이다. 현재 남아 있는 고대 동경의 대부분은 고고학 발굴 과정에서 고분이나 유적지에서 출토되었고 극소수가 고탑(古塔)에서 출토되었으며 그 외 전해지는 것이 소량이다.

　시안(西安, 長安)은 중국에서 고대 동경이 집중적으로 발견된 도시 중 하나이다. 1950년대 이후 시안에서 출토되고 수집된 서주(西周) 이후의 역대 동경은 수천 매에 달한다. 그중에서도 한대(漢代)와 당대(唐代)의 것이 가장 많으며 그중 4천 매가량이 시안시문물보호고고소(西安市文物保護考古所)에 소장되어 있다. 시안 지역에서 출토된 동경은 기본적으로 전체 산시(陝西) 지역 고대 동경의 질과 종류, 발전 상황을 반영하고 있다. 이 책은 본 고고학연구소 소장품 가운데 대표적인 동경 170여 매를 선정해 수록했다. 필자는 이미 발표된 관련 연구성과를 바탕으로 각 동경을 연구 분석하고 설명을 더했는데 그중 대부분이 처음 발표되는 것이다.

1

　지난 50여 년간 산시 지역에서 출토된 서주대(西周代) 동경은 20매에 불과한데 주로 저우위안(周原)과 풍하오(豊鎬) 유적지 무덤에서 출토된 것이다. 춘추시대(春秋時代) 동경 역시 극히 적고 전국시대(戰國時代) 동경의 양도 100매에 불과하다. 이 동경들은 주로 진(秦)의 수도인 셴양(咸陽) 부근(오늘날 시안 동쪽 교외와 북쪽 교외를 포함)에 있는 전국시대 진나라 사람의 무덤에서 출토되었다. 서주대 동경은 모두 대형 귀족 무덤에서 출토되었고 전국시대 동경은 중대형 무덤에서 출토되었다. 예를 들어, 1977년 산시성(陝西省) 펑샹현(鳳翔縣) 가오촹(高莊)에서 발굴된 46곳의 전국시대 무덤 중 5곳에서 동경이 출토되었으며,[1] 1975년 산시성 셴양시(咸陽市) 황자거우(黃家溝)에서 발굴된 50곳의 전국시대 진나라 무덤 중 4곳에서 동경이 1매씩 출토되었다.[2] 이 밖에 1954년 10월부터 1957년 8월까지 산시성 시안 반포(半坡)에서 발굴된 112곳의 전국시대 진나라 무덤 중 5곳에서 동경이 출토되었다.[3] 저우위안과 진나라 수도 셴양 부근을 제외한 다른 지역 무덤의 부장품 가운데는 동경이 매우 적다.

　산시성(陝西省) 저우위안(周原)에서 출토된 서주 동경에는 문양이 없는 소경(素鏡)뿐만 아니라 기하문경(幾何紋鏡)과 동물문경(動物紋鏡)도 있다. 전국시대 진나라 무덤에서 출토된 동경에는 소경, 화엽경(花葉鏡), 산자경(山字鏡), 능문경(菱紋鏡), 금수문경(禽獸紋鏡)과 연호문경(連弧紋鏡) 등 일곱 가지 종류가 있는데 이 중에서 산자경, 능문경과 금수문경은 출토 수량이 매우 적다. 전국시대 동경 중 시안 지역에서 출토된 동경이 가장 대표적인데 초·중기의 것은 그 양이 적을 뿐만 아니라 대부분 문양이 없고 지름이 모두 10cm 이하이며 기법이 조악하다. 같은 시기 창장(長江)과 한수(漢水) 인근 초(楚) 지역과 중원(中原) 지역에서는 바탕문양만을 장식한 동경과 바탕문양과 주제문양이 결합된 동경이 이미 널리 유행하였는데 양자를 비교해보면 진나라의 동경이 상대적으로 낙후하다. 그러나 전국 말기에 이르러 진의 동경 주조업이 신속히 발전함에 따라 소형 동경이 가끔씩 발견되었지만 주도적 위치는 아니었고 대부분 동경의 크기는 이전보다 많이 커져 지름이 대부분 10cm 이상이었으며 뒷면의 문양 또한 매우 복잡하였다. 상술한 몇 가지 문양의 동경은 모두 이 시기에 생긴 것이다. 진대(秦代) 동경의 발전은 역사적인 원인이 있는데 전국 중기 이전의 진나라는 경제와 문화 등 모든 면에서 다른 여섯 나라에 비해 뒤처져 있었다. 그러나 진효공(秦

孝公)이 상앙(商鞅)을 등용하여 변법을 실시하면서 경제가 신속히 발전해 국력이 나날이 강성해졌으며 따라서 동경 주조업도 발전하였다.

상술한 산시(陝西) 지역에서 출토된 전국시대 동경의 대부분은 현재 중앙정부와 성급(省級) 고고학과학연구기관에 소장되어 있다. 이 책에 수록된 전국시대 동경은 모두 시안시문물보호고고학연구소가 본 지역에서 수집한 것으로 산자경(山字鏡), 화엽경(花葉鏡)과 반리문경(蟠螭紋鏡) 등 세 가지뿐이다.

화엽경은 전국 초기에 나타나 주로 후베이(湖北), 후난(湖南), 안후이(安徽)와 허난(河南) 남부 지역에서 유행했을 뿐 다른 지역에서 발견된 것이 별로 없기에 초식경(楚式鏡)에 속한다. 이 책에 수록된 '사엽우문경(四葉羽紋鏡)'(No.1)은 사방에 깃털 모양의 바탕문양이 연속 배열되고 빈 공간을 쇄점문(碎點紋)으로 채웠으며 바탕문양 위의 복숭아 모양 사판화문(四瓣花紋)도 역시 쇄점문으로 채웠는데 이런 문양은 아주 독특한 것으로 일반적인 사판화문과 다르다. 뒷면의 전체 장식은 풍부하고 화려하며 제작기법도 정교롭다. 이 동경과 상술한 산자경은 일반적인 진나라의 동경보다 정교하여 초(楚)나라에서 주조한 것으로 추측된다.

고고학 자료에 의하면 산자경은 전국시대에 주로 초나라, 즉 지금의 허난, 후베이, 후난, 안후이와 장쑤(江蘇) 등지에서 유행하였고 다른 지역에는 극히 드물었다. 필자는 통계를 통해 전국시대 초나라 무덤의 부장품 중 동경이 차지하는 비율이 다른 지역보다 높을 뿐만 아니라 그중 산자경이 출토된 동경의 70%를 차지한다는 사실을 발견하였다. 진나라를 포함한 다른 지역 무덤에서 출토된 동경은 수량과 산자경의 비율이 초나라보다 훨씬 낮다. 이 책에 수록된 '사산경(四山鏡)'(No.2)은 '山(산)' 자 4개를 주제문양으로 하고 깃털 모양을 바탕문양으로 하였다. 해당 동경 중에서 '산자문(山字紋)'은 장식된 한자 '山(산)'을 말한다. 바탕문양으로서의 우상문(羽狀紋)은 Z형의 곡선과 양쪽의 와문(渦紋)으로 구성되었다. Z형의 곡선은 금문(金文)의 '羽(우)' 자와 비슷해 우상문으로 불린다. 우상문은 양쪽의 와문과 결합되어 간략하게 한 반리문(蟠螭紋)을 형성하였다. 이 동경은 주조기법이 정교하고 장식문양이 섬세하며 주요 특징이 같은 종류의 초경(楚鏡)과 기본적으로 동일하다.

반리경(蟠螭鏡)은 금수문경의 일종이다. 이 책에 수록된 반리경(No.10)은 주요 부분이 세 조의 반리문으로 장식되었다. 각 조의 반리문은 여러 개의 서로 엉킨 이문(螭紋)으로 구성되었으며 꼬리 부분은 접힌 마름모 모양이다. 반리경은 전국 중기에 나타났으나 쌍선(雙線)의 반리능문경(蟠螭菱紋鏡)이 나타난 시기는 비교적 늦다. 한대(漢代) 초기, 이런 동경은 여전히 유행하였으나 문양이 조잡해졌으며 일부의 경우 주제문양이 세 조나 되었다. 명문(銘文)도 이 시기에 나타났다.

진(秦)나라는 지속 기간이 10여 년에 불과해 각 지역의 동경 출토 상황이 전국시대와 별 차이가 없다. 한(漢)나라에 들어서서 철기의 보급으로 인해 농업 생산력이 증대되었고 수공업 생산의 규모와 수준도 크게 발전하였다. 금속 주조공예 또한 지속적으로 발전해 철제도구와 병기(兵器)가 신속히 보급되어 청동기를 대체하게 되었다. 이와 동시에 도자기(陶瓷器)와 칠기(漆器) 제조업도 발전해 원래의 청동용품이 점차 칠기와 도자기로 대체되었다. 이러한 상황에서 청동기 주조업은 동경 생산으로 방향을 바꾸어 동경을 부장한 무덤이 대폭 늘어났고 출토된 동경의 수량도 전대(前代)보다 늘어났을 뿐만 아니라 수준도 높아졌다. 이 밖에 철로 만든 거울도 나타났으며 뒷면의 문양 도안도 다양해졌다. 각지에서 출토된 동경 유형과 무덤에서 동경을 놓은 위치 및 방식은 거의 비슷하다. 이러한 양상은 당시 한나라의 강성과 법률 및 의례제도의 통일과 각 지역 간 빈번한 경제, 문화 교류와 밀접한 관계가 있다. 서한(西漢) 중기 이후 동경의 사용범위는 점차 사회 각 계층으로 확대되고 보급 속도도 나날이 빨라졌다. 동한(東漢) 전기에 이르러 동경은 이미 각 계층의 일상용품으로 사용되었다. 양한대(兩漢代) 동경의 이러한 보급 추세는 산시 각 지역 및 중원, 장강 중하류 지역의 다수 무덤 중 동경 출토 상황을 통해 확인할 수 있다.[4] 한대 이후, 동경은 전국 각지에 보급되었기 때문에 섬서 지역에서 출토된 한대 이후 동경 유형은 다른 지역과 거의 비슷하다.

산시 지역에서 출토된 양한대 동경은 한 장안성(長安城) 유적지가 있는 시안에 집중되었는데 그중에는 반리문경(蟠螭紋鏡), 반훼문경(蟠虺紋鏡), 초엽문경(草葉紋鏡), 성운문경(星雲紋鏡), 연호문명경(連弧紋銘鏡), 중권명문경(重圈銘紋鏡), 박국문경(博局紋鏡), 다유금수문경(多乳禽獸紋鏡), 연호문경(連弧紋鏡), 화상경(畵像鏡), 기봉문경(夔鳳紋鏡), 용호문경(龍虎紋鏡) 등 열두 가지 유형이 있으며 대부분 유형이 이 책에 수록되어 있다. 그중에서 대표적인 것은 다음과 같다.

채회거마인물경(彩繪車馬人物鏡)(No.8) 1963년 한나라 장안성에서 남쪽으로 2km 떨어진 지하 6m 깊이의 토층(무덤으로 추정)에서 출토되었다. 지름이 28cm이고 꼭지는 삼현뉴(三弦鈕)이며 유좌(鈕座)는 원형(圓形)이다. 바닥은 주홍색이고 연부(緣部)에는 안으로 향한 16개의 연호문(連弧紋)이 있으며 테두리는 문양이 없다. 청회색을 띤 거울 면에는 녹청이 있으며 녹청에 남은 견직물의 흔적으로 보아 원래는 견직물에 싸두었던 것임을 알 수 있다. 뒷면에 있는 연호문의 안쪽, 관현문(寬弦紋)의 양쪽 및 유좌의 바깥쪽에는 모두 색채와 문양이 있다. 이 문양은 매우 특별한데 연호의 교차점에는 갈색의 첨각(尖角) 문양이 있고 연호의 둥그런 부분에는 겹친 흰색 마름모문양이 있다. 관현문의 양쪽에는 흰색과 갈색의 마름모문양, 유좌의 테두리에는 흰색 마름모문양이 있다. 마름모문양 사이사이에는 M 자 모양의 주홍색 꺾은선으로 채워졌다. 내구(內區)는 바탕색이 청록색이고 그 위에 진녹색 운기문(雲氣紋)과 빨간 꽃 네 송이가 그려져 있다. 외구(外區)는 바탕색이 주홍색이고 유리구슬로 장식된 잠자리 눈 모양의 문양 4개가 서로 대칭되게 놓여 있는데 그 사이에 인물거마도(人物車馬圖)가 그려져 있으며 그 바깥쪽으로 운기문양이 희미하게 보인다. 유사한 채회경(彩繪鏡)은 허난성(湖南省) 영성(永城), 산둥성(山東省) 쯔보(淄博), 광둥성(廣東省) 광주(廣州) 등지의 제후나 왕의 무덤에서도 출토되었다. 현재까지 발견된 채회경은 모두 제작이 정교하고 표면이 매끄러우며 실용적이다. 뒷면의 채회(彩繪) 도안은 부장 시 그린 것으로 추측된다.

박국경(博局鏡) 이 책에는 박국경 여러 매가 수록되었는데 그중 몇 매는 매우 독특하다. 상방박국경(尙方博局鏡)(No.36)은 전체가 새까맣고 반질거려 '흑칠고(黑漆古)'라고 부르기도 한다. 야금(冶金) 및 화학 전문가의 연구에 따르면 흑칠고의 형성은 토양(土壤)과 관계가 깊다. 토양의 성분은 매우 복잡한데 주로 점토광물, 물, 부식질(腐殖質)과 무기이온 등이다. 부식질이나 부식산(腐殖酸)은 토양이 분해되거나 성질이 변화된 후에 생긴 생물질(生物質)인데 토양학자들은 이를 토양의 환원성분이라 여긴다. 토양의 표준 산화환원전위는 0.7V라서 그 속에 묻힌 동경 표면의 금속을 산화시켜 금속산화물을 생성할 수 있다. 이 밖에 부식산에 대한 연구에서 분자에 포함되어 있는 일부 유기관능기는 구리이온 등과 반응하여 안정적인 배합물(配合物) 또는 배위화합물을 생성해 산화구리의 용해나 구리 유실을 초래할 수 있음을 발견하였다. 그러나 주석이온과는 안정적인 배합물을 생성하지 않아 표면에 있는 산화주석을 용해하지 못한다. 부식산을 대량으로 함유한 무덤에 부장된 동경은 표면의 구리가 유실되었지만 주석이 상대적으로 많고 구리를 함유한 2가 산화물의 생성으로 인해 색깔이 검게 변한 것이다. 오늘날 '흑칠고'의 색상은 동경의 제조연대 및 토양 부식층의 지속적인 산화와 관련이 있는데 표면에 함유된 SnO₂(산화석)가 안정적이기 때문에 오랫동안 묻혀 있어도 부식이 생기지 않았다. 사신박국경(四神博局鏡)(No.31)의 주요 부분에는 청룡(靑龍) 머리 앞에 금오(金烏), 백호(白虎) 머리 앞에 두꺼비가 있다. 금오는 삼족오(三足烏)로 양(陽)을 상징하며 전설에서 태양에 삼족오가 살고 있다고 하여 금오라 불렀다. 두꺼비는 달을 지칭하기도 하는데 음(陰)을 상징한다. 『후한서(後漢書)』 「천문지(天文志)」에서는 '사실 별들의 변화를 말한 것이다(言基實星辰之變)'라고 했고 남조대(南朝代) 양(梁)의 유소(劉昭)는 "예(羿)가 서왕모에게서 불사약을 받았는데 항아(姮娥)가 그 약을 훔쳐 먹고 달나라로 도망가 두꺼비가 되었다(羿謂無死之藥于西王母, 姮娥瓊託身于月, 是爲蟾蜍)"라고 적고 있다. 금오와 두꺼비로 장식한 동경은 보기 드물다. 박국경(博局鏡)(No.40) 주요 부분의 V형 부호 4개의 양쪽에는 모두 금수(禽獸)나 우인(羽人)이 있는데 우인과 우인, 새와 새, 우인과 새, 새와 두꺼비의 조합으로 되었다. 그중에서 한 쌍의 우인은 서로 마주 보고 꿇어앉아 있는데 왼쪽 우인이 손바닥을 펼친 채 앞으로 내밀어 오른쪽 우인의 손에 쥔 물건을 받으려는 듯한 모습이다. 한대(漢代) 동경에 우인으로 장식한 것이 꽤 되지만 이 동경처럼 우인과 우인의 조합으로 된 것은 흔치 않다.

우인신수경(羽人神獸鏡)(No.33) 주요 부분은 우인, 신수와 새 문양으로 장식되었고 사이에 유운문(流雲紋)이 채워져 있다. 우인, 신수와 새가 모두 발을 꼭지 쪽으로 둔 것이 눈에 띄는데 이런 장식 방식은 흔히 볼 수 있는 것과 정반대이다.

신수경(神獸鏡)(No.44) 주요 부분의 신수와 새의 몸통은 은빛이 나고 반질반질한데 빈 공간은 이에 비하여 상대적으로 거칠고 어둡지만 내구나 연부보다는 밝은 편이다. 뒷면의 문양은 특수한 공예기법으로 처리되었는데 이에 대해서는 후속 연구가 필요하다.

3

삼국시대(三國時代)부터 수당(隋唐)에 이르기까지 동경은 중국 대부분의 지역에 보급되었고 제조 공예도 더욱 발전하여 형태, 문양과 풍격 등이 크게 변하였다. 이 기간에 동경 주조업이 지속적으로 발전하여 당나라 중엽에 이르러서는 중국 거울 제조 역사의 정점에 이르렀지만 각 지역 무덤 중 동경을 부장한 무덤의 비율과 출토 수량은 오히려 줄어들었다. 삼국, 양진(兩晉)과 남북조시대(南北朝時代)의 경우 대형 무덤군이 적고 동경 출토량도 한대보다 훨씬 적은 것만 보아도 당시 무덤 중에 동경을 부장한 무덤의 비율이 낮음을 알 수 있다. 1955년부터 1961년까지 섬서 시안 교외에서 발굴된 수당(隋唐) 무덤 175곳 가운데 동경은 총 26점이 출토되어 동경이 출토된 무덤 비율은 15%에도 못 미친다.[5] 성당(盛唐) 시기 도읍 부근 무덤에서의 출토 상황이 이러하니 이 시기 전체 출토 상황은 미루어 짐작할 수 있다. 이런 상황이 나타나게 된 원인은 두 가지이다. 첫째, 동경은 귀중한 일상용품으로 하층계급의 평민들에게 있어서 이를 부장품으로 하기에는 사치스러웠고 귀족들에게 있어서 신분과 재부를 드러내는 방식에는 동경을 제외하고도 대량의 세트로 된 도용(陶俑)이나 도기 모형 등이 있었기 때문이다. 둘째, 무덤에서 벽사(辟邪)용으로 쓸 수 있는 것은 동경 외에도 진묘수(鎭墓獸)나 옥기(玉器), 금속예기(金屬銳器) 등이 있었다. 고대에 동(銅)은 국가의 전략적 자원으로 병기나 동전을 주조하는 데 모두 필요하였으므로 그 수요량이 많았다. 동경을 주조하는 데에 동을 많이 쓰게 되면 국방이나 재정 위기를 초래할 수 있었는데 특히 당대의 동경은 무겁거나 지나치게 커서 그 소모량이 대단하였다. 동경을 부장품으로 계속 사용할 경우 동경에 대한 지속적인 사회적 수요가 생겨나게 되고 따라

서 동의 낭비가 지속적으로 나타나게 된다. 당(唐) 개원(開元) 29년 현종(玄宗)은 "백성이 금, 은, 동, 주석을 부장하는 것을 금한다(禁止百姓以金, 銀, 銅, 錫隨葬)"[6]라는 칙령을 내렸다. 이후 동경을 부장한 무덤의 수는 점점 줄어들었다.

삼국, 양진, 남북조시대에 동경의 형태, 문양과 구도는 한대 동경을 기초로 발전함으로써 종류가 많지 않고 새로운 면이 적었다. 수대(隋代)에서 당대(唐代) 전반기까지는 이전의 풍격을 거의 그대로 이었고 당대 중기에 이르러서야 형태 면에서 전통적인 원형과 사각형 이외에 능화형(菱花形), 규화형(葵花形), 육각형(六角形), 팔각형(八角形)과 아자형(亞字形) 등이 나타났다. 문양은 주로 날짐승과 식물을 제재로 하고 구도도 전통적인 대칭구도에서 벗어났으며 자유자재로 여러 기법을 사용함으로써 형식이 다양해지고 대범하며 미관을 중시했다. 당(唐) 중종(中宗) 연간부터 양주(揚州)에서는 강심경(江心鏡), 백련경(百煉鏡), 천추경(千秋鏡)을 조정에 공납하였다. 그 후 양주의 동경이 전국적으로 이름을 날리게 되어 전국 각 지역에서 모두 양주 동경이 출토되었다. 당대 중기 이후, 각 지역의 동경은 일치성을 보이는데 이는 양주 동경의 대량 제조 및 유행과 밀접한 관계가 있다. 이 시기에 나타난 각종 동경은 이 책에 모두 수록되어 있다. 그중에는 문양과 공예가 독특한 것이 적지 않은데 다음의 것들이 그러하다.

쌍룡경(雙龍鏡)(No.80) 당대(唐代)의 용문경(龍紋鏡)에서 단룡(單龍) 문양은 많지만 쌍룡(雙龍) 문양은 드물다. 뒷면에 있는 용 두 마리는 꼭지를 사이에 두고 서로 꼬리를 물면서 원형을 이루었는데 나는 듯한 모습에 고개를 돌리고 입을 벌려 꼭지를 물 듯하다. 형태가 위풍당당한 것이 전체적으로 섬세하게 묘사되었다. 두 마리의 형태나 크기가 똑같고 구도가 조화롭게 대칭을 이루며 앞뒤를 비슷한 몸통 구조로 연결함으로써 힘차게 날아오르는 듯한 용의 모습을 표현한 것이 눈에 띈다. 혼연일체가 된 전체 화면은 과장되면서도 자연스러움을 잃지 않고 생동감이 있다. 이 동경은 제작이 정교하고 연마가 잘 되었으며 표면이 매끄럽고 도안이 특별해 황실용품일 가능성이 높다.

금배서수포도경(金背瑞獸葡萄鏡)(No.76) 뒷면에는 테두리 안쪽으로 부조(浮彫) 도안이 있는 커다란 금판이 붙어 있는데 이는 거푸집으로 찍어내어 단조한 다음 접착제로 뒷면에 고정시킨 것이다. 금판 내구에는 신수 여덟 마리와 넝쿨풀이 있는데 넝쿨풀이 외구의 꽃잎 모양 부분까지 넘어와 활짝 피었다. 고고학 자료에 의하면 전에 은배경(銀背鏡)과 금은배경(金銀背鏡)이 출토된 바 있지만 이 같은 금배경(金背鏡)은 최초로 출토되었다. 『구당서(舊唐書)』「고계보전(高季輔傳)」에는 "태종은 그(고계보)의 뛰어난 전형 능력을 높이 사 금배경을 상으로 내렸다(太宗賞賜金背鏡一面, 以表其淸鑒焉)"라고 기록하고 있는데 여기서 '금배경'이 바로 이 종류의 거울일 가능성이 높다.

4

오대(五代)에서 명청대(明淸代)까지의 동경은 제작의 정밀도, 문양의 내용, 출토량을 막론하고 모두 성당 시기와 비견될 수 없다. 이러한 상황은 거울 주조 기술이 퇴보하거나 동경의 일용품으로서의 기능이 끝나서인 것이 아니라 아래와 같은 세 가지 원인이 상호작용한 결과이다. 첫째, 오대십국시대(五代十國時代)의 혼란, 북송(北宋)과 서하(西夏), 요(遼)의 병립, 남송(南宋)과 금(金)의 대치 등 서로 다른 정권과 민족의 통치하에서 관영(官營) 수공업 작방(作方)이나 사영(私營) 작방 모두 문양보다는 실용성을 중시하였다. 둘째, 송나라는 봉건경제가 발달하여 대량의 동을 화폐 주조에 사용하였고 북방 소수민족 지역은 역대로 동의 매장량이 적었으므로 남북 모두 구리가 부족해졌다. 이에 따라 동경 주조량이 급격히 줄어들었을 뿐만 아니라 제작된 동경도 얇고 가벼워졌으며 질도 많이 떨어지게 되었다. 셋째, 기타 수공업, 특히 자기(瓷器) 제조업의 발전이 동경 주조업에 간접적인 영향을 미쳤다. 사영 작방은 이익

창출이 목적이기 때문에 사람들의 구매요구와 실용가치를 만족시키기 위해 소경(小鏡)을 대량 생산하였다.

이 시기 동경을 부장한 무덤의 수가 격감하였다. 오대(五代)부터 양송대(兩宋代)의 경우 동경이 출토된 무덤의 비율은 여전히 20% 정도(같은 시기 북방 거란족, 여진족 주거지에서는 귀족 무덤 3곳에서만 동경이 출토되었다)를 유지했으나 원명대(元明代)에는 소수 귀족이나 부자 무덤에서만 동경이 출토되었고 일반 백성들의 무덤에서는 동경이 거의 출토되지 않았다.[7]

오대와 양송대 동경은 형태에서 새로운 변화가 나타났는데 손잡이가 있는 동경의 출토량이 많아졌으며 하트 모양, 방패 모양, 종 모양, 정(鼎) 모양, 직사각형 등 다양한 형태가 나타났다. 문양을 기준으로 소경(素鏡), 당초문경(唐草紋鏡), 화조문경(花鳥紋鏡), 축국문경(蹴鞠紋鏡), 해박문경(海舶紋鏡), 팔괘문경(八卦紋鏡) 등 여섯 가지로 나눌 수 있는데 그중에서 소경의 양이 가장 많다. 상당량의 소경에는 명문(銘文)이 적혀 있는데 기명호명(紀名號銘), 천추만세명(千秋萬歲銘), 도성동방명(都省銅坊銘) 등이 그러한 예이다. 요대(遼代)에 후베이성(湖北省), 랴오닝성(遼寧省), 네이멍(內蒙古) 등 지역의 거란족 무덤에서 출토된 동경은 모두 송나라 사람이 만든 것이므로 거란족만의 특색은 없다.

남송대(南宋代) 중국의 북방은 여진족, 즉 금나라의 통치를 받고 있었다. 금나라의 동경에는 주로 쌍어경(雙魚鏡), 역사인물경(歷史人物鏡), 반룡경(盤龍鏡), 서수경(瑞獸鏡), 서화경(瑞花鏡) 등이 있는데 그중 쌍어경이 가장 특색 있는 동경이다.

원명대(元明代) 동경은 형태나 문양이 투박하고 간단하며 창의성이 부족하다. 명청(明淸) 교체시기에 유리거울이 유럽에서 중국으로 전해지면서 청대(淸代) 중엽 동경 생산은 중단되었다.

이 책에 수록된 송대(宋代) 이후의 동경 중에서 가장 특색 있고 가치 있는 것은 방형(方形) 양수경(陽燧鏡)(No.131)이다. 한쪽은 약간 볼록한 거울이고 반대쪽은 오목하게 들어간 양수[陽燧, 화경(火鏡)으로서의 오목거울]이다. 양수의 한 가운데 약간 오목하고 둥근 부분은 태양과 흡사하며 주변에는 불꽃이 네 모서리 방향으로 피어오른다. 불꽃, 햇빛 문양 제재는 송대에 중원 지역에서 유행했던 마니교와 조로아스터교와 관계된다. 마니교는 빛을 숭배하여 해와 달의 도형을 표지로 삼았고 조로아스터교는 배화교(拜火敎)라고도 하는데 불을 숭배하였다. 또한 동경은 늘 햇빛과 불꽃에 비유되므로 송대 동경에 마니교와 조로아스터교의 종교 표지가 나타난 것은 당연한 일이다.

시안(西安) 지역의 역대 동경을 살펴보면, 전국시대 동경이 비교적 적은데 당시 동경 주조업이 가장 발달한 초나라의 영향을 받았으며 전국시대 동경의 일부는 초나라의 동경일 수 있다. 진한대(秦漢代) 중국이 통일되면서 각 지역의 동경 주조 공예와 장식 풍격은 점차 같아졌다. 시안은 한당대(漢唐代) 도읍으로 당시 동경은 종류 및 양과 질에서 모두 다른 지역을 훨씬 능가한다. 오대와 양송대에 이르러 시안은 도읍의 지위를 잃음으로써 당시 동경의 양과 질은 이전보다 못하다. 원대(元代) 이후 장례제도와 풍속의 변화로 인해 각 지역에서 모두 동경을 부장품으로 쓰지 않았기 때문에 이 책에 수록된 후기 동경은 대부분 수집한 것이다.

이 책에 수록된 동경은 모두 시안 지역에서 출토되거나 수집된 것으로 고대 시안 각 시기 동경의 전반적인 모습을 대부분 반영하였다. 이러한 종합적인 지역 동경 자료가 중국 고대 동경에 대한 학술 연구에 도움이 되고 또한 고대 예술을 사랑하는 사람들에게 좋은 참고자료가 되기를 바란다.

2005년 10월
엮은이

주석

1) 吳鎮峰・尚志儒:《陝西鳳翔高莊戰國秦墓》,《考古與文物》1981年第1期第12頁.

2) 秦都咸陽考古隊:《咸陽市黄家溝戰國墓發掘簡報》,《考古與文物》1982年第6期第6頁.

3) 金學山:《西安半坡戰國墓》,《考古與文物》 1957年第3期第63頁.

4) 王鋒鈞:《銅鏡出土狀態研究》,載《西安文物考古論文集》,三秦出版社2004年11月版.

5) 中國社科院考古所:《西安郊區隋唐墓》,科學出版社1966年6月版.

6) 北宋・王溥:《唐會要・喪禮》卷三十八,商務印書館1935年版中冊第693頁.

7) 同[4]

铜镜是能够映照诸多景物的一种青铜制品，目前中国发现最早的铜镜是公元前二十世纪前新石器时代齐家文化时期出土的铜镜，至公元初期的新莽前后已基本在社会各阶层普及，到十八、十九世纪的清朝中叶为玻璃镜子所取代，其应用时间长达四千年之久，这在古代各类青铜器中是极为少有的。目前所能见到的我国古代铜镜，绝大多数是在考古发掘中从古墓葬、古遗址中出土的，极少数出自古塔，另有少量传世品。

西安是我国发现古代铜镜较为集中的地区之一。自二十世纪五十年代以来，这里先后出土和征集到西周以后的历代铜镜数以千计，而尤以汉唐铜镜数量最多，其中有近四千面库藏于西安市文物保护考古所。西安地区出土的这些铜镜，基本能够反映整个陕西地区古代铜镜的质量、品类和发展状况。本书从我所藏品中选取了历代具有代表性的铜镜一百七十余面，在已发表的有关铜镜的研究成果的基础上，笔者对每一面铜镜都作了分析研究和详尽说明，其中绝大多数属首次发表。

一

近半个多世纪以来，陕西境内考古发掘获得的西周铜镜不足二十面，主要见于周塬和丰镐遗址地区的墓葬。春秋铜镜发现极少。战国铜镜出土不过百面左右，主要见于秦都咸阳附近(包括今西安东郊和北郊地区)的战国秦人墓。西周铜镜均出自大型的贵族墓葬。战国铜镜在大中型墓葬中均有出土，如1977年陕西省凤翔县高庄发掘的46座战国墓中有5座墓出土铜镜，出土铜镜的墓葬占11%[1]。1975年在陕西省咸阳市黄家沟发掘的50座战国秦墓有4座墓各出1镜，出镜墓占8%[2]。1954年10月至1957年8月在陕西西安半坡发掘的战国秦墓112座，其中5座墓有铜镜出土，约占4.5%[3]。周塬和秦都咸阳附近以外地区墓葬有铜镜随葬的则很少。

陕西周塬出土的西周铜镜除素镜外，还有几何纹镜和动物纹镜。战国秦墓出土的铜镜有素镜、花叶镜、山字镜、菱纹镜、禽兽纹镜、连弧纹镜等七个类型，其中山字镜、菱纹镜、禽兽纹镜发现数量很少。本地区的战国镜以西安地区出土的最具代表性。发现的战国早、中期铜镜数量较少，以素镜为主，直径都在10厘米以下，且制作粗糙。同期江汉楚地和中塬地区，纯地纹镜和地纹与主纹相结合的各种纹饰铜镜以广为流行，相比之下秦镜就显得比较落后。可是，到了战国时期，该地区铸镜业迅速发展，虽然小尺寸镜仍时有发现，但已不居主导地位，多数铜镜形体较前增大，直径多在10厘米以上，镜背纹饰繁缛，前述几种纹镜均在此时产生。秦镜前后期的这种变化是有其历史渊源的。战国中期以前的秦国，经济文化都比东方六国落后，自秦孝公任用商鞅变法以后，秦国经济发展迅速，国力日渐强盛，铸镜业也随之发展起来。

上述本地区出土的战国铜镜现多藏于中央和省级考古科研机构，这部书所收录的战国镜均为西安市文物保护考古所在本市征集的，且仅有山字镜、花叶镜和蟠螭纹镜三种。

花叶镜纹镜出现于战国早期，主要流行于湖北、湖南、安徽和河南南部地区，其他地区发现较少，当属楚式镜。书中的"四叶羽纹镜"(1号)，羽状地纹作四方连续式排列，间隙处填以碎点纹，地纹上的桃形四叶纹内亦填满碎点纹，这种纹饰很有特点，与常见的四叶纹不甚相同，整个镜背装饰得饱满富

丽，做工十分精细。这面四叶镜与前面所述的山字镜均较一般的秦镜精良，疑为楚国所铸。

考古资料显示，山字镜在战国时期主要流行于楚国，也就是现在的河南、湖北、湖南、安徽和江苏等地，其他地区则相对较少。笔者经统计发现，战国时期楚国墓葬不仅随葬铜镜的比例大大超过其他地区，而且山字镜占到出土铜镜总数的70%。而包括秦国在内的其他地区墓葬出土铜镜的数量及山字镜所占比例均远低于楚国。本书所收的一面"四山镜"（2号），主纹为四山，地衬羽状纹。此类镜上"山字纹"的涵义，就是用作装饰的汉字"山"。作为地纹的羽状纹，由"Z"形曲线与两端的涡纹组成，"Z"形曲线与金文中的"羽"字十分相似，故而得名。其与两端的涡纹搭配构成了简化的蟠螭纹。这面镜铸造精良，纹饰精细，其主要特征与同类楚镜基本一致。

蟠螭镜属禽兽纹镜的一种。本书所录的一面此类镜（10号）的主区饰三组蟠螭纹，每组蟠螭纹由多条相互交绕纠结的蟠螭组成，尾部均伸出折叠菱形纹。蟠螭镜出现于战国中期，但这种双线蟠螭菱纹镜出现较晚。汉初此类镜依然流行，但纹饰变得粗拙，有的主纹多达三线，而且还出现铭文。

二

秦代因延继时间短，仅十几年，各地铜镜出土状态与战国时期变化不大。入汉以后，随着铁器的广泛使用，农业生产发展迅速，手工业生产的规模和水平都有了很大发展和提高，金属铸造工艺不断进步，铁制工具、兵器迅速普及，取代了相应的青铜制品。与此同时，陶瓷和漆器制造业也有了长足发展，塬来的青铜日用品逐渐为漆器和陶瓷器所取代。在这种情况下，青铜铸造业全力转向铜镜生产，这一时期随葬铜镜的墓葬比例大为提高，出土铜镜数量大大超过前代，质量也有了很大提高，并出现了铁镜。同时镜背纹饰图案更加丰富多样。各地出土的铜镜类型与铜镜在墓中的放置方位与方式基本相同。这种变化与当时汉王朝的强盛，法律、禮仪制度的统一，各地经济文化交往频繁有着密切关系。西汉中期以后铜镜的使用范围逐渐扩大到社会各阶层，普及速度日渐加快。到东汉前期，铜镜已是各阶层人士的日常生活用品了。铜镜在两汉时期的这种普及趋势可从陕西各地和中塬及长江中下游地区数以万计的墓葬中铜镜的出土情况得到印证[1]。由于汉代以后铜镜已在全国各地广泛普及，故陕西地区出土的汉以后歷代铜镜的类别与其他地区大致相同。

两汉时期陕西地区出土的铜镜以汉长安城遗址所在地西安最为集中，有蟠螭纹镜、蟠虺纹镜、草叶纹镜、星云纹镜、连弧纹铭镜、重圈铭文镜、博局纹镜、多乳禽兽纹镜、连弧纹镜、畵像镜、夔凤纹镜、龍虎纹镜等十二类，其中的多数类别本书有收录。最具特色的有以下几面：

彩绘车马人物镜（8号） 该镜系1963年出自汉长安城南2公里处，距地表约6米的土层中（疑为墓葬），直径28厘米，三弦纽，圆纽座，座底涂朱红色，镜绿为内向十六瓣连弧纹，素边。镜面呈青灰色，有綠色锈斑，锈斑上留有丝织品的痕迹，说明此镜塬来是用丝织品包裹。镜背连弧纹的内边、宽弦纹的两边以及纽座的外边，都有着色彩和花纹。这些花纹非常特别，在连弧的交点有褐色尖角形纹，弧背上为交叉缝隙的白色菱形纹。在宽弦弧的两边则是白、褐两色相间的这种菱形。纽座的边上只是白色的菱形。所有这些菱形之间都填有朱红地色的M形折线。镜背内区是青綠色地，上绘深绿色云气纹及四朵红花，并

用白色加描。外区是朱红色地，上绘人物车马图，间饰四个用琉璃珠装饰而成呈十字形对称的蜻蜓眼形纹，外围隐约可见云气纹。类似的彩绘镜在河南永城、山东淄博、广东广州等地也有发现，且均出自诸侯王墓。已发现的这类彩绘华美的铜镜均制作精细，表面平光，具有实用价值，推测其背面的彩绘图案当为随葬时所绘。

博局镜 本书收录的博局镜有多面，其中几面十分有特色。尚方博局镜(36号)，通体乌黑锃亮，俗称"黑漆古"。冶金和化学专家研究表明，黑漆古的形成与土壤条件很有关系，而土壤成分又很复杂，主要为粘土矿物、水、腐殖质与无机离子等。所谓腐殖质或腐殖酸实际上是经土壤分解或改性的生物质，土壤学家通常认为它是土壤中还原性组份。实际上其标准氧化还原电位为0.7伏，所以可以氧化所埋藏铜镜表面的金属生成金属氧化物。此外，对腐殖质的研究还发现，其分子含有的某些有机官能团能与铜离子等生成稳定的配(或络)合物，故可导致氧化铜的溶解或铜的流失；但它不与锡离子生成稳定配合物，故不能溶解表层中生成的氧化锡。被掩埋在含有大量腐殖酸的墓葬中的铜镜，表层中的铜流失，而锡含量相对富集，内含Cu的二价氧化物的生成使其颜色变暗，现今所见到的"黑漆古"的颜色与铜镜的年代和腐蚀层内的持继氧化有关，表层中含有的SnO_2十分稳定，耐腐蚀，故而埋藏千年不生锈。四神博局镜(31号)，主区青龙头前有金乌，白虎头前有蟾蜍。金乌为三足鸟，象征阳。相传日中有三足鸟，故名。蟾蜍代称月亮，象征阴。《后汉书•天文志》曰："言其实星辰之变"。南朝梁刘昭注："羿谓无死之药于西王母，姮娥遂詑身于月，是为蟾蜍。"以金乌和蟾蜍作为装饰的铜镜十分罕见。博局镜(40号)，主区的四个V形符号两侧均有禽鸟或羽人，搭配方式为羽人与羽人、鸟与鸟、羽人与鸟、鸟与蟾蜍，其中的一对羽人相向跽坐，左侧羽人曲臂前伸，手掌张开似接另一羽人手中之物。汉代铜镜中以羽人作装饰的为数不少，但像此镜中羽人与羽人搭配的图案十分少见。

羽人神兽镜(33号) 主区饰羽人、神兽和鸟纹，间隙处填以流云纹。与众不同的是所有的羽人、神兽和鸟纹均脚对镜心背对镜缘，这种装饰方法与通常所见的完全相反。

神兽镜(44号) 其主区部分的神兽和鸟纹体躯均银光发亮，间隙部分则相对毛涩暗淡，亦较内区和绿光亮。显然，镜背的纹饰部分采用特殊工艺进行了处理，这种工艺是否为"粉涂锡汞齐"，尚待进一步研究。

三

三国至隋唐时期，铜镜已在我国大部分地区广泛普及，制镜工艺进一步改进，铜镜的形制、纹饰风格发生了很大变化。此期铸镜业虽仍在发展，甚至到唐代中叶达到我国铸镜史上的高峰，而各地随葬铜镜的墓葬比率和个墓出土铜镜的数量并未因此而有所提高，相反，还有所下降。三国两晋南北朝时期的大型墓群很少，铜镜出土数量远少于汉镜，仅从这一点来看，这一时段随葬铜镜的墓葬比率较低。1955年至1961年陕西西安郊区发掘隋唐墓葬175座，共出土铜镜26面，出镜墓不足15%[5]。盛唐都城附近墓葬出土铜镜情况尚且如此，整个这一时期墓葬出土情况便可想而知。之所以出现这种情况，主要有两个塬因：第一，铜镜是一种贵重的日常生活用品，对于社会下层的平民来说，用铜镜随葬未免奢侈。对于贵族富绅来说，显示身份、财富的方式有很多种，如大量成组的陶俑、陶模型等；第二，墓葬中除了可以

用铜镜来驱鬼魅外，镇墓兽，一些玉器、金属锐器等亦可作为驱鬼魅的镇物。铜在古代是国家的战略资源，政府铸造兵器、钱币等对铜的需求量很大。大量的铜被用于铸造铜镜会对国家的国防、财政构成威胁，尤其是唐代的铜镜不是厚重就是硕大，对铜的消耗量很大。把铜镜不断下入墓葬就会产生社会对铜镜的不断的补充性需求，从而对铜资源造成持继性、永久性浪费。唐开元二十九年玄宗救令："禁止百姓以金、银、铜、锡随葬"[6]。从此以后，随葬铜镜的墓葬越来越少。

三国两晋南北朝时期，铜镜的形制、纹饰和布局方式基本上是在汉镜基础上的延伸，种类不多，稍有创新。隋至唐代前期，铜镜形制、纹饰和布局基本延继前代风格。至唐代中期，铜镜形制突破了传统的圆形、方形，新出现菱花形、葵花形、六角形、八角形、亚形等。纹饰图案以禽鸟植物为主要题材。布局突破了以往对称式分区布置的传统模式，手法不拘一格，自由活泼，形式多样，大方美观。从唐中宗景云年间开始，扬州向宫廷上贡江心镜、百炼镜、千秋镜。此后，扬州铜镜名扬天下，全国各地均有扬州铜镜出土。唐代中期以后各地铜镜表现出的极大一致性与扬州铜镜的大量制造与流行有密切关系。此期所出现的各种镜型本书均有收录，其中不乏纹饰与工艺特殊者，最具特殊者有：

双龍镜(80号) 唐代的龍纹镜多饰单体龍，双龍纹极少。该镜背面二龍绕钮呈追尾式绕作环形，其四肢奔腾，曲颈回首，面对镜钮张口作衔珠状，形态威武，首尾和躯干均刻畫得精到细腻。尤为特殊的是，二龍形态大小相同，布局对称和谐，前后以类躯干结构相连接，十分巧妙，似龍在快速奔腾中的身影。整个畫面浑然一体，夸张而又不失自然生动。这面镜制作精良，抛光效果甚佳，表面平滑光亮，图案特殊而新奇，可能为宫廷用品。

金背瑞兽葡萄镜(76号) 该镜背面边稜内贴一金壳，金壳整体为浮雕式图案。内区饰八只神兽与缠枝蔓草，蔓草越过内外区之间的隔梁在外区的八个花瓣形区域内盛开。该金壳系采用模压发锤镂而成，再施以粘接剂固定于镜的背面。从考古文献资料来看，过去曾出土过银背镜和鎏金银背镜，此面金背镜当属首次发现。据《旧唐书·高季辅传》载："太宗赏赐金背镜一面，以表其清鉴焉。"文中述及的"金背镜"很可能指的就是本书所收录的这种镜。

四

五代至明清时期的铜镜，无论在制作精度，纹饰内容抑或出土数量上都远不如盛唐时期。出现这种情况并不意味着铸镜业技术发生了倒退，也不是铜镜作为一种日用品已走到了历史尽头，而是由以下三方面塬因交叉作用的结果：其一，五代十国纷争，北宋与西夏、辽并立，南宋与金对峙，处于不同政权和民族传统控制下的官府手工业作坊和私营作坊更注重铜镜的实用性，容易忽视镜背纹饰的创新；其二，宋政权封建经济发达，大量铜用于铸币，北方少数民族地区历代产铜都很少，南北铜荒现象均十分突出，致使铸镜量锐减，镜体变薄，重量变轻，质量大不如前；其三，其它手工业门类，尤其是瓷器制造业的发展对铸镜业产生间接影响。私营铸镜作坊以盈利为目的，为满足市民的消费需要、实用心理而大量铸造素镜。

此期有铜镜随葬的墓葬比率呈明显递减之势。五代、两宋时有铜镜出土的墓葬比率还维持在大约20%

的水平(同期北方契丹、女真人故地只有三个贵族墓葬有镜出土)，元明时则只有少数墓葬出土铜镜，主要见于贵族和富绅墓葬，百姓墓中很少有铜镜出土[7]。

五代两宋时期铜镜形制较前期有了新的变化，具柄镜出土数量较前增加，新出现鸡心形、盾形、鐘形、鼎形和长方形等多种形式。从纹饰上可分为素镜、缠枝花草纹镜、花鸟纹镜、蹴鞠纹镜、海舶纹镜、八卦纹镜等六类，其中素镜数量最多。有相当一部分素镜上铸有铭文，如纪名号铭、千秋万岁铭、都省铜坊铭等。辽代，河北、辽宁、内蒙等地契丹墓出土的铜镜均为宋人所铸，并无自身特色。

南宋时期，我国北方为女真人所统治，即金代。金代镜主要有双鱼镜、歷史人物镜、盘龍镜、瑞兽镜、瑞花镜等几类。其中双鱼镜为金代较具特色的铜镜。

元明时期铜镜形制纹饰粗糙简陋，无所创新。明清之交，玻璃镜子由欧洲传入我国，铜镜随即到清代中叶停止了生产。

本书所录的宋代以后铜镜中，最具特色且最有价值的为方形阳燧镜(131号)。其一面微凸为镜，另一面内凹为阳燧。阳燧一面中间略凹的圆形部分犹如太阳，周围火焰腾起冲向四角。火焰日光的纹饰题材与宋时的摩尼教、袄教在中塬流传有关。摩尼教崇拜日月光明，常以日月图形为信仰标志；袄教又称拜火教，崇拜火焰。而铜镜又常比以日光、火焰，所以在宋代铜镜上出现摩尼教、袄教的宗教标记也不足为奇。

纵观西安地区的歷代铜镜，本地出土的战国铜镜数量较少，且受到当时铸镜业最为发达的楚国影响，这里的部分战国铜镜可能就来自楚国。秦汉时期天下一统，各地铜镜的铸造工艺和装饰风格渐趋一致。西安作为汉唐时期的都城所在地，这里出土的此期铜镜的数量、种类和品质都远高于其他地区。五代和兩宋时期，西安失去了国都地位，出土铜镜的数量和质量都远不如前代。元代以后，由于丧葬制度和习俗方面的塬因，各地一般均不再将铜镜用于随葬，因而本书所收录的晚期铜镜絶大多数为征集品。

这部《西安文物精华·铜镜》所收录的铜镜，均出土或征集于西安地区，基本反映了古代西安各个时期铜镜的大致面貌。相信通过这些区域性铜镜资料的整体公布，将有助于推动我国古代铜镜学术研究的进一步深入开展，同时也可供古代艺术爱好者作为参考资料。

2005.10

编者

注释

1) 吴镇峰、尚志儒：《陕西凤翔高庄战国秦墓》，《考古与文物》1981年第1期第12页。

2) 秦都咸阳考古队：《咸阳市黄家沟战国墓发掘简报》，《考古与文物》1982年第6期第6页。

3) 金学山：《西安半坡战国墓》，《考古与文物》1957年第3期第63页。

4) 王锋钧：《铜镜出土状态研究》，载《西安文物考古论文集》，三秦出版社2004年11月版。

5) 中国社科院考古所：《西安郊区隋唐墓》，科学出版社1966年6月版。

6) 北宋·王溥：《唐会要·丧禮》卷三十八，商务印书馆1935年版中册第693页。

7) 同[4]

Bronze Mirror is a kind of bronze vessels made to reflect things, and they are widely used by the public from Qi Culture of Neolithic Period at 2000 BC to New Mang Period at around 1 century, bronze mirrors are replaced later by glass mirrors at eighteen to nineteen century in the middle of Qing Dynasty, thus bronze mirror were used for about four thousand years and that is rarely seen in ancient bronze vessels history. Till now those ancient bronze mirrors we could see are mostly excavated from the ancient tombs or ancient sites, seldom are found in the ancient pagodas, and a few are finely made to be passed down to the later generation.

Xi'an is one of the areas in which ancient bronze mirrors are excavated abundantly. From 1950s, the bronze mirrors made after West Zhou Dynasty, either excavated or collected, are counted in thousands, especially those of Han and Tang Dynasties, in which about four thousands are stored in Xi'an Institute of Archaeology and Relic Preservation. These bronze mirrors excavated from Xi'an area can show the quality, variety, and development of ancient bronze mirrors. In this book I will show you one hundred and seventy representative bronze mirrors, most are published for the first time. During the writing, based on the knowledge of the present bronze mirror researching documents, each bronze mirror are shown and described separately and in details.

I

In the recent half-century, the excavated bronze mirrors of West Zhou Dynasty are merely twenty in number, which are unearthed from the tombs of Zhou Plain and Fenghao Sites. The bronze mirrors of Spring and Autumn Period are even few. Those of Warring States Period are only about one hundred, which are excavated from Qin State tombs of Warring States in Xian Yang City - the capital of Qin Dynasty (including East suburb and North suburb of Xi'an city). Those bronze mirrors of West Zhou Dynasty are excavated from the large tombs of noble people. Those bronze mirrors of Warring States are also unearthed from the tombs, for example in the year of 1977, in only five tombs out of forty five tombs, some bronze mirrors are excavated from Gao Village of Feng Xiang County in Shaanxi Province, they account 11% for bronze mirror excavation tombs. In the year of 1975, In the each four tombs out of fifty tombs was found one bronze mirror separately, which account 8% for bronze mirror excavation tombs. From October 1954 to August 1957, in 112 ancient tombs of Qin Dynasty from Ban Po Area, 5 are excavated with bronze mirrors, which account 4.5% for excavation tombs number. Outside Zhou Plain and Xian Yang city of Qin Dynasty capital bronze mirrors are rarely excavated in the ancient tombs.

Except for the plain mirror of West Zhou Dynasty excavated from Zhou Plain, there are also geometry pattern bronze mirrors and animal pattern bronze mirrors. In the Qin tombs of Warring

States Period those excavated bronze mirrors are plain mirrors, flowers and leaves bronze mirrors, Chinese character "山" pattern bronze mirrors, diamond shape bronze mirrors, Beasts and Birds pattern bronze mirrors, and joining arc shape bronze mirrors, in which Chinese character "山" pattern bronze mirrors, diamond pattern bronze mirror as well as Beasts and Birds pattern bronze mirrors are rarely excavated. The bronze mirrors of Warring States Period excavated from Xi'an city are most representative, those in early and middle Warring States Period are few in number and most are plain bronze mirrors, which have the diameter shorter than 10 centimeter, and moreover they are coarsely made. IN the Chu Area of Jiang Han and middle China at the same time, the bronze mirror of the purely ground pattern, or ground pattern combined with main pattern, are quite prevalent, comparatively speaking those of Qin Dynasty are lagged behind in design. Whereas in the late Warring States Period, the bronze mirror molding business are developing rapidly, the small scale bronze mirrors are not the main form, yet is still on show, and the shape had been enlarged the diameter runs longer than 10 centimeter, on the mirror back are very complicated patterns, the above mirror patterns are made in this period. In the Qin Dynasty before middle Warring States Period, the economics developed less advanced than the other six states, but after the Shan Yang Reform had shown its effect on Qin State, the economics of Qin State had developed rapidly and the whole country become prosperous, the bronze mirror molding business also turn to be popular.

The bronze mirrors excavated from above areas of Warring States Period are currently stored by central government or State Archeologist Organization, the bronze mirrors of Warring States Period are all collected by Xi'an Institute of Archaeology and Relic Preservation.

Flowers and Leaves Pattern Bronze Mirrors appear in the early Warring States Period, and are prevalent in Hu Bei, Hu Nan, An Hui and southern He Nan areas, and are rarely excavated somewhere else, thus they belong to Chu pattern bronze mirrors. In the book, the mirror with four-leafed feather patterns(No.1), are decorated with feather and ground pattern arranging between each other, some little dots are served in the spaces, the peach leaves of ground pattern is also decorated with little dots, this kind of pattern is very special, and is quite different from what had been mentioned ad four leaves pattern, the whole mirror back is decorated magnificently, the art craft is also very fine. This four leave bronze mirror and previously accounted Chinese character Shan pattern bronze mirrors are the ordinary ones, and may be molded in Chu Dynasty.

According to those archeologist documents, Chinese character Shan pattern bronze mirror of Warring States Period is mostly popular in Chu State, which is nowadays southern He Nan, Hu Bei, Hu Nan, An Hui and Jiang Su, etc, and it is comparatively few in some other areas. According to the data, in the Warring States Period the bronze mirrors are excavated from those tombs of Chu State, but are few in some other areas, furthermore Chinese character Shan pattern bronze mirrors count for 70% of all, and those same pattern bronze mirror excavated from tombs of other areas, including Qin State, are few in number of proportion, In this book, the mirror with four-inverted 'T' patterns(No2), the main pattern on the surface is four mountains, with feather pattern as background. The inverted 'T' pattern is just a Chinese character "山." The feather pattern as background is composed of Z shape curving lines and whirl pool on both sides, Z shape curving lines is made similar with Yu character of Jin Country, thus the name is given, Z shape curving lines are made like Pan and Chi dragon with two whirl pools at both sides. This mirror is made delicately, the back pattern is fine, and has the flavor with the bronze mirrors of Chu State.

The pan-chi (coiled-dragon) patterned mirror(No.10) is a kind of Beasts and Birds Pattern bronze mirror, on the back of another one noted in this book, three pairs of Pan and Chi dragons are in the main area, each Pan and Chi dragon Pattern are crossed by many twisting Chi dragon pattern, on the end of each dragon are some diamond pattern. Pan and Chi Dragon bronze mirrors appear in the middle Warring States Period, but this kind of two lines made Pan and Chi Dragon bronze mirror appear very late, and they are still in prevalence in Early Han Dynasty, whereas the back patterns are made coarse, some main patterns are three, also inscription appeared with new characteristics.

Ⅱ

For the reason of short duration of Qin Dynasty, so the bronze mirrors of the same period yet of different areas has not the apparent difference with those of Warring States Period. From Han Dynasty, with the populace of steel vessels, the agriculture developed very rapidly, the art craft has advanced greatly, the metal molding craft has also progresses, the steel vessels and weapons are also very popular, and they are made to replace those of bronze quality. At the same time, pottery utensils and painted utensils has progresses rapidly, the former bronze vessels are gradually replaced by painted and pottery utensils. Under this condition, bronze utensil molding has been changed mainly to bronze mirror molding, in this period tombs buried with bronze mirrors has increased in number, the number has preceded the previous dynasty greatly, the quality has been refined, even steel mirror are made at that time. The back patterns has been made various and different, the bronze mirror type and the tomb laying position in different places are almost the same, this change is the result of Han Dynasty prosperity, law and ritual uniform, as well as economic and cultural communications. In the middle West Han Dynasty, the bronze mirror has been used by different classes of people, the prevalence had become more rapid. Before the early East Han Dynasty, bronze mirrors were the daily vessels of people of all classes. The popularity of bronze mirrors in West and East Han

Dynasty are confirmed by the tomb excavations in Shaanxi Province, middle china, as well as middle and lower reaches of Chang Jiang River. Because the bronze mirrors has been popularly used in all parts of China of Han Dynasty, the bronze mirrors excavated from Shaanxi Province is almost the same with those of some other places.

In Han Dynasty, the bronze mirrors is mostly excavated from ancient Chang'an city sites in Xi'an city, among which are Pan and Chi Dragon pattern Bronze Mirrors, Pan and Hui Dragon pattern bronze mirrors, Grass Leaves Pattern Bronze Mirrors, Star and Cloud Pattern Bronze Mirrors, Two Circles Inscription Pattern bronze mirrors, Chess Playing Pattern Bronze mirror, Many Nipple Beasts Pattern bronze mirror, Joint Arc Lines Pattern bronze mirror, People Figure Sketch bronze mirror, Kui dragon and Phoenix Pattern bronze mirrors, Dragon and Tiger pattern bronze mirror, etc, altogether are twelve kinds, in which most are recorded in this book. The most characteristic ones are the following.

The color-painted mirror with horse, carriage and human figures(No.8). This mirror was excavat5ed in the year of 1963, out of the six meter earth in the place of two kilometer south of ancient Chang'an City site(that maybe a tomb), the mirror has the diameter of 28centimeter, with three buttons on a round button base, the base bottom is painted dark red, the mirror border is shaped like sixteen petals pointing inward, the border is plain. The mirror surface is grey and green with rusts on it, on the rust are the remains of silk, therefore the mirror must be wrapped with silk for protection. On the mirror back, the inside border of joint arc lines and on both sides of broad incredible patterns as well as outside part of button base, we can identify colors and patterns. These patterns are made special, they are the brown sharp angle pattern on the joint point of those arc lines, also on the arc lines are some crossing diamond pattern, and they are painted white. On both sides of broad incredible pattern are the same kind of diamond pattern, the color are brown and white alternatively in between. Beside the button base is a white diamond shape. All these diamond patterns are decorated with dark red M shape curving lines. In the interior part of the mirror back, the color is grass green, some dark green cloud pattern and four red flowers with white borders are decorated on it. The exterior is dark red, with wheels and people figures painted on it, and are decorated alternatively with four dragonfly eyes like glaze made balls arranging in a cross, outside which are cloud pattern. The similar colorful painted bronze mirrors are found in Yong Cheng City of He Nan Province, Zi Bo Cty of Shan Dong Province, Guang Zhou City of Guang Dong Province, and they are all excavated from noble people's tombs. The excavated bronze mirrors are all made delicate; with smooth surface they have very high utility value, the painted pattern on the mirror back may be made during the bury ritual.

The mirror with angury patterns. The Bo Ju pattern bronze mirrors recorded in this book are very characteristic and representative, among which several are particularly special. The mirror with angury patterns (No.36) has black mirror body, namely "Gu black paint." The metallurgy and chemistry experts researched that the black paint formation is the effect of earth condition, the earth ingredient is very complicated, they are mainly clay, minerals, water, humus and abio-ion, etc. The humus or humid acid is actually the biomass after the earth breaking down, the pedologists consider them to be the earth reducibility elements, and the standard redox potential is 0.7 Volt, thus they can oxygenate the metal on the mirror surface to generate metallic oxide. Besides, the research on humid acid also turn out that, organic group of its molecule can be combined with copper ion to make steady composition, to dissolve copper oxide thus to contribute to the loss of copper; yet it do not combine to make steady composition with tin-ion, thus it could not dissolve the generated tin oxide on the surface. Those bronze mirror buried in the earth with abundant humid acid, will lost the copper gradually and gain tin content at the same time, and the bivalent Cu oxide will make the mirror surface black, so the "Gu black paint" is formed by oxygenation of erosion earth and time duration, and for sake of steady SnO_2 on the surface, which can stand the long time erosion, so the bronze mirrors are buried under the earth for thousand year without further rust. The angury-patterned mirror with four divine beasts patterns(No.31). In the front of black dragonhead there is a gold Wu, and in the font of white tiger there is a toad. Gold wu is a three toes bird, which represent the Sun. According to the legend, there is a three toes bird in the sun, thus the name. The toad represents the Moon, which also symbolize lunar. In the book of <Later Han Document. Chronometer Branch>, it says "the book is about the change of stars", Liang Liuzhao of Southern States noted that "Man Yi heard about longevity medicine of highest goddess, his wife Chang'E then fly to the Moon, that is toad." Gold Wu and Toad as mirror back decoration are rarely seen. The mirror with angury patterns(No.40). In the main area are four V shape signs with birds or man in feather on both sides, the arrangement is like following, Man in feather with Man in feather, bird with bird, man in feather with bird, bird with toad, in which a pair of men in feather are knelling toward each other, one on left side is spreading its arms forward, hand palms are open just like getting things from another man in feather. Among the mirror of Han Dynasty, this kind of Man in feather pattern is not in minority, yet the pattern of Men in feather together pattern is very rarely seen.

The mirror with feathered man and divine beast patterns(No.33). The main part is decorated with man in feather, godly beasts and birds pattern, alternate with flowing clouds pattern. The difference is that all the man in feather, godly beast and bird, their feet are all facing to the mirror middle, their back to the mirror border, and this kind of decoration pattern is not the same with what we generally see.

The mirror with divine beasts patterns(No.44). In the main area the godly beast and bird body are all made silver like, in the spaces the feather are made dark, the darkest places are interior part and border part. Apparently the mirror back decoration are treat with some special craft.

Ⅲ

From the Three Kingdoms Period to Sui and Tang Dynasty, bronze mirror has been very popular in most places of China, the art craft has been progressed, the form, pattern and flavor of bronze mirrors had changed greatly. The bronze mirror molding business is still developing, even reach to its peak in the middle Tang Dynasty, and the bury together bronze mirrors proportion with other vessels didn't elevate in those mausoleum and individual tomb, on the contrary the number is dropping. The mausoleum are few in Three Kingdoms, Jin Dynasty and Southern and Northern Dynasty, the mirrors excavated of that period is fewer than that of Han Dynasty, judging from this, the bury together bronze mirrors are few in this period. From 1955 to 1961, 175 tombs of Tang Dynasty has been excavated, in which 26 bronze mirrors are found, those tombs with bronze mirrors are only 15%. In the gorgeous Tang Dynasty, those tombs near the capital also had the same condition, thus the tomb excavation of this period can be concluded. According to this condition, the main reasons are two firstly, bronze mirror is a valuable daily vessel, this kind of bronze mirror must be a luxurious bury together for middle and lower class people, and for those noble and rich people the way of showing richness are various, thus the bury together may be groups of potteries or pottery models; secondly, the bronze mirror can be used to get rid of evils, and some other utensils can also be used for the same purpose, such as tomb bury beasts, some jade utensil, sharp metal utensils, etc. The bronze is a kind of valuable resources in the ancient countries, the government will use it for molding weapons, money, which demand a lot of bronze. Abundant using of bronze for bronze mirror will affect the national defense, menace national economy, especially the bronze mirror of Tang Dynasty are always made heavy and large, that demand a lot of bronze. The bury of bronze mirrors will cause a complimentary demand for bronze mirror, thus will make a demanding and lasting consume of bronze resources. On the twenty ninth of Kaiyuan Period of Tang Dynasty, Emperor Xuanzong made a command, "forbid to bury together with gold, silver, copper, and tin." Afterwards the tombs with bronze mirror as bury together are fewer and fewer.

In Three Kingdoms Period, Jin Dynasty and Southern and Northern Dynasty, the shape, pattern and arrangement of bronze mirrors is the follower of those of Han Dynasty. The variety is few; the type is similar with little new creation. From Sui Dynasty and Early Tang Dynasty, the type, pattern and arrangement is following that of former dynasty. Till the middle Tang Dynasty, bronze mirror take the shape of diamond flower, six angles, eight angles, and Ya character shape, etc and not take the then traditional shape of round, rectangle any more. The pattern take bird and vegetation as the main subject, the arrangement break the traditional symmetrical style, the styles are special, vivid and various, to make the mirrors simple and gorgeous to be popular. From Jing Yun Period of Emperor Zhongzong of Tang Dynasty, the Yang Zhou Government paid intribute to the highest sovereign the River Middle Bronze mirror, Refinement bronze mirror, Longevity Bronze Mirror, etc. Afterwards Yang Zhou Bonrze Mirrors are famous in the world, and the bronze mirrors are excavated everywhere through the country. From the Middle Tang Dynasty the bronze mirrors of different places shoe great similarity, which is the effect of abundant making and prevalence of Yang Zhou bronze mirrors. The various bronze mirror type are recorded in this book, among which are some mirror particular in pattern and art craft, the most characteristic ones are :

The mirror with two dragon patterns(No.80). The dragon pattern of Tang Dynasty is mostly single dragon pattern, and is rarely double dragon pattern. On the mirror back two dragons are joining with each other head after tail, each is stretching its four arms, with the neck turning backward, they are opening their mouth with pearls, facing towards the mirror button, their forms are mighty, their heads, tails and bodies are carved delicately. The most special one is that the two dragons are same in form and shape, the arrangement is symmetrical, the front and the back is shaped like dragon bodies, they are made delicate to symbolize the galloping dragon figure shadows. The whole composition is made as a whole, extravagant yet naturally and vivid. This mirror is made fine and delicate, the polishing effect is smooth and bright, the pattern on the back is special and creative, and it might be the royal utensil.

Gold Back Bronze Mirror

The gold back mirror with grape and lucky best patterns(No.76). The whole gold back is carved with relief pattern. In the interior part eight godly beasts with winding grass and leaves, which are crossing the beam between the interior and exterior parts to blossom in the eight petal shape part. The gold back is made by molding and hammering, and then stick to the mirror back with glue. According to the archeology document, there has appeared the silver back bronze mirrors and gold and silver gilded bronze mirrors, and this gold back bronze mirror is for the first time found. According to the book of <Old Tang Book. Gao Jifu Story>, it says "Emperor Taizong largess one gold back bronze mirror, to show brightness and probity." the "Gold Back Mirror" in the above words refers to the mirror recorded in this book.

From the Five Dynasties to Ming and Qing Dynasty, the bronze mirrors are worse than the fineness, pattern content, and less in number. This condition didn't mean that the molding techniques has drawn back, or that the daily use of bronze mirrors has come to the end, three reason work together to make that first, in the Five Dynasties the ten countries were contending with each other, Northern Song Dynasty existed the same time with Xi Xia Dynasty and Liao Dynasty, Southern Song Dynasty with Jin Dynasty. Under different reigns and national cultures, the government's craft workshop and individual workshop focus more on the utility of bronze mirrors, and neglect the creation of bronze back patterns; Secondly, the feudalism of Song Dynasty develop greatly, much copper was used to mold coins, the northern minority areas seldom yield copper in the history, and the short of copper appear in both southern and northern areas, which leads to the fewer making of bronze mirrors and the mirrors turned to be lighter, thinner and the quality is no longer as good as before; thirdly, some other art craft, especially porcelain making business had indirect effect on the mirror molding business. The private bronze mirror-molding workshop focused on the benefit making, to satisfy the consuming needs and the utility psychology.

In this period the tombs together with bronze mirror had declined in number. In Five Dynasties, Southern and Northern Song Dynasty, the tombs with bronze mirror excavation remain to be 20%(at the same time, in the Northern Qi Dan, Nv Zhen Nationality only three ward noble tomb yield bronze mirror), in the Yuan and Ming Dynasty only a few tombs had bronze mirror as bury together, which are mostly seen in the noble and the rich tombs, in the tombs of common people there are seldom bronze mirrors found there.

In the Five Dynasties, Northern and Southern Song Dynasty, the bronze mirror forms had some creative change comparing to the former form, the mirror with a handle had increased in number, some new shapes also appeared like heart shape, shield shape, bell shape, ancient cooking vessel shape and rectangle shape, etc. There are six kinds of patterns like plain pattern, winding flowers and leaves pattern, flowers and birds' pattern, Cu Ju pattern, Large Ship pattern, Eight Diagram Pattern. Among these patterns the plain bronze mirror are the most, quite a lot plain bronze mirror are inscribed with inscription, such as inscription of year, inscription for longevity, and that of famous business, etc. In Liao Dynasty, in the tombs of Qi Dan People, in He Bei, Liao Ning, Nei Menggu Province, the bronze mirrors are mainly molded by Song People, and has not the regional characteristics.

In Southern Song Dynasty, Nv Zhen people ruled the northern area, which was Jin Dynasty. Those bronze mirrors of Jin Dynasty are mainly Double Fish Bronze Mirror, Ancient Famous

People Bronze Mirror, Twisting Dragon Bronze Mirror, Lucky Beasts Bronze Mirror, Lucky Flower Bronze Mirror, etc. Among them Double Fish Bronze Mirrors are the most characteristic one.

In the Yuan and Ming Dynasty the shape and type of bronze mirror appeared to be coarse and shabby without any creative ideas revealed. Just between Ming and Qing Dynasty, glass mirror are passed from Europe to China, thus the making of bronze mirror had to come to its end in the middle of Qing Dynasty.

Among the bronze mirrors from Song Dynasty recorded in this book, the most characteristic and valuable one is the square shaped fire making mirror(No.131). One side surface is made bulging out, another side is made sunken to symbolize the Sun. The later side has a sunken middle part made like the Sun, and the surrounding flames are reaching out. The flame and the sun subject were always connected with the Mo Ni Religion, Xian Religion of Song Dynasty, which were very popular in then Song Dynasty. Mo Ni Religion worship the flame and brightness of the Sun and the Moon, they always take the symbol of sun and moon as the token; Xian Religion is also know as Xian Fire Religion, they worship the fire, Bronze mirrors were also compared with sun flame and fire flame, thus the appearance of sign of Mo Ni Religion and Xian Religion on bronze mirrors is common.

Among the bronze mirrors excavated in the area of Xi'an city, the mirrors of Warring States Period are few, and these bronze mirrors are affected mostly by the then most powerful Chu State, some of the bronze mirrors may be from Chu State. In the Qin and Han Dynasty all the nations had been unified, the bronze mirror molding art craft and decoration flavor had come to be consistent. Xi'an city as the capital of Han and Tang Dynasty, the quantity, variety and quality of the bronze mirrors are more of better than those of other areas, In Five Dynasties, Northern and Southern Song Dynasty, Xi'an city lost its status of capital, the quantity and quality of bronze mirrors are worse than the former dynasties. From Yuan Dynasty, no bury together with bronze mirror were allowed in the whole country because of the bury system and custom, thus the bronze mirrors recorded in this book are mostly collected ones.

This book <Xi'an Essence of Cultural Relics‐Bronze Mirror> has embodied some bronze mirrors, they are all excavated and collected in Xi'an area, and can reflect the approximate condition of bronze mirrors of different times in Xi'an city. Through the total publicity of the bronze mirrors of different areas, our country's bronze mirror research can be furthered; also the book can serve as a reference document for those who favor ancient art and culture.

2005. 10

Author

　銅鏡は光の反射を利用して、ものや姿を映して見る青銅製品である。わが国において、銅鏡が見られたのは、紀元前二十世紀の新石器時代に属する斉家文化時期である。紀元初期の新莽時期前後になると、銅鏡はほんとんど社会の各階級にすでに普及した。十八、九世紀の清朝中葉に現れたダラスの鏡に取り代えられるまで、その応用年月は四千年にもわたる。それは古代の 種々の青銅器の中で、あまり見られない現象である。現在、われわれが見ることのできる我が国の銅鏡は、その大半は考古発掘によって、古墳もしくは古代遺跡の中から発見したものでり、極少数のものは古塔から出てきたものである。また、少量の伝世品もある。

　西安は中国で銅鏡の主な発見地の一つである。二十世紀五十年代から、西安の地で出土し、また、民間から収集した西周時代以来の歴代銅鏡は数千点にも上る。そのうち、漢、唐時代のものはもっとも多い。現在四千点の古代銅鏡は西安市文物保護考古所に収蔵されている。西安で出土した銅鏡からは、陝西地域の古代銅鏡の品質や種類、発展状況を十分にうかがうことができる。本書に掲載する百七十余点のものは西安市文物保護考古所の所蔵の古代銅鏡の代表的なものであり、その中のほとんどは初公開のものである。本書の編纂にあたり、すでに発表した研究成果を踏まえて、さらにそれぞれの銅鏡に詳しい分析と説明を付け加える。

一

　半世紀以来、陝西省の境内で考古発掘によって、得た西周時代の銅鏡は二十点ぐらいだが、主に周原と豊鎬遺跡古墳から出たものである。春秋時代の銅鏡はほんど見られない。戦国時代の銅鏡は百点ほど出土したが、主に秦の都である咸陽の附近(現在の西安の東郊外と北郊外)の戦国時代の秦の国の墓から、出たものである。西周時代の銅鏡はいずれも大型の貴族の陵墓から出土したのである。戦国時代の銅鏡は大、中型の陵墓より出たものは多い。1977年、陝西省凤翔県高荘で発掘した46か所の戦国時代の墓の内、銅鏡が出た墓は5か所あり、占用率は11%である。1975年、陝西省咸陽黄家溝で、発掘した50か所の戦国時代の墓の内に、4か所の墓からそれぞれ1点出土した。占用率8%である。1954年10月1957年8月、西安半坡で発掘した戦国時代の112か所の墓の内、銅鏡が出た墓が5か所しかなった。占用率は4.5%である。周原と咸陽の近くの以外の地域の古墳からは、銅鏡がほとんど見られない。

　陝西周原あたりで、出土した西周銅鏡は素鏡の外に、几何紋鏡と動物紋鏡がある戦国時代の秦の国の古墳から出土したのは素鏡、華葉鏡、山字鏡、菱紋鏡、禽獣紋鏡、連弧紋鏡など七種類がある。その中、山字鏡、菱紋鏡、禽獣紋鏡の数はきわめて少ない。本地域で出土した戦国時代の銅鏡は西安周辺のものはもっとも代表的なもので、戦国時代の早、中期のもの数が少なく、素地鏡を主としている。直径は10センチ以下で、そして製作も荒いのである。その同じ時期、長江流域や漢江流域の楚や中原地方、純地紋鏡と地紋を主紋と結合した各種の紋様装飾の銅鏡が流行した。それと比べると、秦の銅鏡はその製造術は遅れていた。しかし、戦国時代になると、この地方で、製鏡術

は速やかに進歩し、小サイズの銅鏡はたまたま発見されるが、もう主流ではない。多くの銅鏡は形体が前出のものより大きくなった。直径は10センチ以上で、裏紋は複雑になり、前述の紋飾鏡はいずれもこの時期に製造されたものである。秦の時代の銅鏡の前、後期のそのような変化はその歴史的な因縁がある。戦国中期において、秦の国は、経済も文化も东方の六か国より遅れていた。しかし、秦の孝公は商鞅変法を採用したことにより、秦の国は経済が迅速に発展し、国力が次第に強大になり、それに伴い、銅鏡の製造術も発達してきたのである。

　前述の本地域で出土した戦国時代の銅鏡の多くは、現在、中央または省クラスのの考古研究部門の収蔵されている。この本に掲載される戦国時代の銅鏡はみんな西安市文物保護考古研究所が西安市で収集したもので、山字鏡、華葉鏡、蟠螭紋鏡の三種類ある。

　華葉鏡は現れたのは戦国時代の早期である。主に湖北、湖南、安徽と河南の南部地域に流行した。その他の地域ではあまり見られない。楚の国の銅鏡だと思われる。文中掲載の四葉紋鏡(1号)は、羽状地紋で四方連続式の排列で、隙間に細かい点で埋めて、地紋上の桃形四葉紋内にも細かい点紋を填める。この種の紋はその特徴があり、普通の四葉紋とは違う。その鏡の背面に装飾いっぱいで、とても鮮やかである。そして細工も細密である。この四葉鏡は前述の山字鏡と比べると、加工は一般の秦の国の鏡より精密で、楚の国の製品だと疑われる。

　考古の資料によると、山字鏡は主として戦国時代の楚の国に流行した。すなわち河南の南部、湖北、湖南、安徽と江蘇などの地である。ほかの地域ではあまり見られない。筆者の統計により、戦国時期の楚の国の陵墓から発見した副葬品としての銅鏡はほかの地域よりずっと多い。そして山字鏡はその総数の70%占めている。秦の国を含めて、その他の地域の古墳から出土した銅鏡の数量も山字鏡の比率も楚の国のそれより低い。本書所収の「山字鏡」(2号)は、主紋は四山で、地紋は羽状紋である。この鏡に刻まれた「山字紋」の意味は、すなわち装飾として漢字「山」を使っている。地紋としての羽状紋は「Z」字形の曲線両端の渦紋から構成している。"Z"字形の曲線は金文の「羽」という字によく似ている故、羽状紋と名づけた。その両端には渦巻紋を施して、簡略された蟠螭紋になっている。この鏡は鋳造は精巧であり、紋様装飾は精密であり、その主を特徴は同類の楚の国の鏡とほぼ一致している。

　蟠螭の鏡は禽獣鏡の一種である。本書収録の銅鏡(10号)は、中心部には三組の蟠螭紋を施している。組ごとに数本の相互交差の螭紋からなっている。尾部には突き出した折りたたみの菱形紋を施している。蟠螭を鏡戦国時代中期に現れたが、しかし、この種の双線蟠螭菱紋の銅鏡の出現は遅い。漢の時代初期にこの種の銅鏡が流行した。しかし、紋様装紋は粗雑になり、あるものは主紋の線は三本もある。また銘文のついたものもあり、これは銅鏡の新しい特徴であると思う。

二

　秦の時代の存続時期は短く、わずか十数年である。だから、各地の銅鏡出土の状態は戦国時代と

は戦国時代のそれとはっきりとした変化は見られない。漢の時代になると、鉄器の普及によって、農業生産は迅速に発展し、手工業生産の規模が大きくなり、技術もより高度になった。金属鋳造工芸も絶えず進歩し、青銅製品に替わり、鉄製工具、鉄製兵器などは速やかに普及した。同時に、陶磁と漆器の製造も発達してきた。従来の青銅製の日用品は次第に漆器と陶磁に取って替わられた。この状況のもとで、青銅鋳造業は銅鏡生産に全力をめげた。この時期に、副葬品として銅鏡を墓に入れる陵墓の数は多くなった。出土したこの時代の銅鏡の数は前の時代のそれを大幅に超え、品質も大いに改良され、そして、鉄製の鏡も現れた。また、鏡の背面の紋様図案もより豊富多様になった。各地で出土した銅鏡の類型と墓中に安置する方角、また安置方式はほぼ同じで、このような変化は当時の漢王朝の隆盛、法律、儀式制度の統一、各地の頻繁なる経済文化交流と密切な関係があると思われる。西漢の中期以後では、銅鏡の使用範囲は社会の各階層に広げられ、普及のテンポも日増しに速くなった。東漢の前期になると、銅鏡は各階層の人々の日常必需品になった。銅鏡は両漢時期において、このような普及の勢いについては、陝西の各地、また中原、長江の中下流の地方の古墳から出土度した数万件の銅鏡はそれを裏付けることができる。漢の時代以後、銅鏡は全国に広く普及されたから、陝西地域で出土した漢以後の歴代銅鏡の類別はそのほかの地方とは大きな違いが見られなくなった。

　両漢時期に陝西地域で出土した銅鏡は漢の長安城の遺跡から出たものがもっとも多いのである。蟠螭紋鏡、蟠虺紋鏡、草葉紋鏡、星雲紋鏡、連弧紋銘鏡、重圏銘文鏡、博局紋鏡、多乳禽獣紋鏡、連弧紋鏡、画像鏡、夔鳳紋鏡、龍虎紋鏡など十二種類で、そのうち、大多数はこの本に収録されている。最も特色のあるものは以下のようなものがある。

　彩絵車馬人物鏡(8号)この鏡は、1963年、漢の長安城の南2キロ地点の地下6メートルの土層(古墳と疑われる)から出たもので、直径28センチあり、三弦鈕がつき、円い鈕座がある。その座の底は朱红色に塗っている。鏡の縁には内向きの十六弁の連弧紋を飾り、周り縁には素地で、何の飾りもない。鏡面は青灰色を呈し、緑色の錆斑点がついている。錆斑点には絹織物の繊維痕跡が見られるから、この鏡は本来絹の織物で包まれたことがわかる。鏡の裏面にある連弧紋の内縁には、寛弦紋の両端並びに鈕座の外縁には、色彩を着色し、華紋を施している。これらの華紋は非常に独特で、連弧の交差点には褐色の尖角形の紋様がある。弧背は交差隙間のある。菱形紋をなしている。色は白である。寛大紋の両端は白色、褐色の混じった菱形になっている。鈕座の縁はまたただの白色の菱形をなしている。これらの菱形紋の間に朱红色の「M」字形の屈折線を填めている。鏡の裏面の中心部は青緑色の下地で、その上に深緑色の雲気紋と四輪の红花を描き、また、白色で加描している。外縁は朱红色の下地で、その上に人物車馬図を描き、その間に四つの瑠璃玉を飾り、十字形対称の蜻蛉眼形紋をなしている。周り縁にはかすかに雲気紋が見られる。これに類似した彩絵鏡は河南の永城、山東の淄博、広東の広州など地にも見られる。そして、いずれも諸侯王様の陵墓から出土したものである。すでに発見きれたこの類の彩絵鮮やかな銅鏡はみんな制作精細であり、表面光明であるため、実用価値をもっている。その裏面の彩絵図案は埋蔵するときに描かれたものだろう

と思う。

　博局鏡　本書収録した銅鏡には博局鏡が数枚もある。そのうち、独特な特色をもつものもある。尚方博局鏡(36号)は、もの全体は黒くて、つやがあり、「黒漆古」と俗称している。冶金化学専門家の研究分析によると、黒漆古の形成は土壌条件と関係ある。しかも、土壌の成分もとても複雑であり、主要な成分には粘土鉱物であり、水、腐食質、無機粒子などがある。腐食質または腐食酸というの実際は土壌の分解や改姓による生成物質である。土壌学専門家は通常それを土壌中の還元性成分と呼んでいる。実際、その標準還元電位は0.7ボルトあるので、土壌の中に埋蔵された銅鏡の表面の金属を酸化して、金属酸化物を生成する。その外に、腐食酸の研究によって、以下の現象を発見した。腐食酸の分子には官能基というものが含有し、銅の离子と安定した配合物を生成して、酸化銅の溶解や銅の流失を起こすのである。ただし、官能基は錫の粒子とは安定した配合物をつくることができない。したがって、表層中に生成した酸化錫を溶かすことができない。だから、大量な腐食酸が含有する墓に埋まった銅鏡は、その表層中の銅が流失した、また錫の含有量が豊富なので、Cu二価の酸化物の生成により、その色を黒くた。いままで発見した「黒漆古」の表面の色はその銅鏡の年代と腐食層内の持続酸化とは関係があるのである。表層中に安定したSnO_2が含有したので、腐食に耐える。だから、千年以上 埋蔵しても、錆びないのである。四神博局鏡(31号)は、中心部には青龍頭の前面には金鳥があり、白虎頭の前には蟾蜍がある。金鳥は三足鳥で、陽を象徴している。伝説によると、太陽に三足鳥が棲んでいるので、三足鳥という名をつけられたそうだ。蟾蜍は月を代表し、陰を象徴する。《后汉书天文志》曰:「其の実を言わば星辰の変なり」、南朝の梁の刘昭の注には「羿は無死の薬を西王母に謂い、姐娥は遂に月に詫身す。是れは蟾蜍為り。」とある。金鳥と蟾蜍で銅鏡を飾るのは極めて珍しいことである。博局鏡(40号)は、中心部には四つのV字形の符号があり、その両側には禽鳥と羽人がある。組み合わせ方式は羽人に羽人、鳥に鳥、羽人に鳥、鳥に蟾蜍となっている。その内の一組の羽人は向かい合って、跪いて座り、左側の羽人は腕を前方に伸して、手をひろげて、相手の羽人の手から何かの物を受けとろうとしているに見える。漢の時代の銅鏡は羽人を装飾とするものはよく見られるが、但し、この鏡のような羽人と羽人との組み合わせの図案は非常に珍しいのである。

　羽人神獣鏡(33号)　中心部には羽人、神獣、鳥紋を飾り、隙間には流雲紋を填めている。他のものと異なっているのは、羽人、神獣、鳥紋の足が、みな鏡の中心に向かって伸び、背が鏡の縁に向かっている。このような装飾は普通に見られるものとはまったく反対のだある。

　神獣鏡(44号)　その中心部にある神獣や鳥紋の主体は銀色の光沢がある。隙間部分はわりに粗雑で、色暗澹であるが、奥部と縁部よりは明るい。明らかに、鏡の背面の紋様装飾の部分は特殊な加工方法を使っているのである。このような加工法は「錫水銀合金粉末めっき」であるかは、さらなる研究をしないと、結論できない。

　三国時代から隋、唐の時代にいたるまでの間、銅鏡はすで全国範囲に広く普及した。製造技術もさらに改良された。銅鏡の造形、紋様装飾の風格も大きな変化を見せた。その時期の製鏡業も絶えず発展し、唐の時代の中期に入ると、我が国において、銅鏡鋳造史の頂点に達した。しかし、これに伴って、副葬品として銅鏡を墓中に埋め込む陵墓の比率は上がったのではなく、逆に下がったのである。三国時代、西晋、東晋時代、南北朝時代では、大型な墓群がきわめて少ない。出土したこの時代の銅鏡の量は漢の時代のそれよりはるかにすくない。この点を見るだけで、この時期において、銅鏡を副葬品とする墓の比率がわりに低いことがわかる。1955年から1961までの間に、西安の郊外で発掘調査した隋、唐時代の陵墓は175か所あるが、出土した銅鏡はわずか26点である。銅鏡の出土した墓の割合は15％に及ばない。盛唐期の都の付近の陵墓はこんな模様であるから、その時期の銅鏡の出土状況を推し量ることができるだろう。如何なる理由で、こんな状況になったかというと、主に以下の原因によるものだと思われる。第一、銅鏡は貴重な日常生活用品であるため、一般庶民から見れば、銅鏡を副葬品にするのは贅沢しすぎるし、貴族や富豪にとっては、身分や富を誇示するには、いろいろな方法がある。たとえば、大量な陶製の俑、陶製の模型なども利用できる。第二、銅鏡を悪魔を駆除する鎮め物とするならば、鎮墓獣、玉器、金属利器などをもって、それに取り代わることができる。また、銅は古代では国家の戦略物資であり、政府の兵器鋳造や貨幣鋳造に大量に使われる。もし、銅は大量に銅鏡の鋳造に使われると、国家の国防や財政を脅かすことになる。特に唐の時代では銅鏡の個体が大きく、その鋳造にはかなり銅を食うのである。銅鏡をひっきりなしに副葬品として、墓に埋蔵するのでは、人間社会において、銅鏡の補欠を絶えずしなければならない。そうすると、銅資源の持続的、永久的な浪費となる。そのため、唐の開元二十九年には、「百姓の金、銀、銅、錫を以って、副葬品とすることを禁ず」という玄宗皇帝の勅令を発布した。以後、銅鏡を副葬品とする墓はさらに減少した。

　三国時代、西晋、東晋時代、南北朝時代では、銅鏡の造形、紋様装飾、構図などは、漢の時代の銅鏡の基礎の上に発展したものである。種類は少なく、造形は単調で、あまり目新しい創意が見られない。隋から唐の時代の前期にかけては、銅鏡の造形、紋様装飾と構図などはほとんど前時代の風格を踏襲した。唐の時代の中期になると、銅鏡の造形は伝統的な円形、方形を突き破って、菱華形、葵華形、六角形、八角形、亜字鏡などの造形が世に現れた。その紋様図案は主に禽鳥、植物を題材にした。様図も伝統的な対称式を一変して、造形手法は形式にこだわらず、自由かつ活発であり、また、その形式は豊富かつ多彩であり、上品かつ美観であった。銅鏡は俗世間の人々に親しまれるようなものなった。唐の中宗の景雲年間から、揚州が宮廷に江心鏡、百練鏡、千秋鏡の献上をはじめて以来、揚州の銅鏡は天下に名を馳せた。全国各地から揚州の銅鏡が出土している。唐の時代の中期以後、各地の銅鏡の造形や紋様図案は極めて雷同してうるのは、揚州の銅鏡の大量生産とその流行とは密切な関係があるからである。この時期の各種銅鏡は本書に収録している。そのう

ち、製造手法の独特なものも少なくない。最も特色をもつ物は、以下のとおりである。

　双龍鏡(80号)　唐の時代の龍紋鏡はほとんど単体龍でできており、双体龍の紋様は極めて少ない。この鏡は背面には二体の龍が鈕に巻きつけて、追尾状の環をつくり、その四肢が大いに振る舞い、首を振り回して、鏡の鈕に向かって、珠を衝える様態をしている。龍の形態が逞しくて、首尾と躯幹の描画はとても繊細精密である。殊に特別なのは二体の龍は大きさが同じく、構図は対称かっ調和的である。前後は躯幹で結ばれてうて、創意は非常に巧みである。龍が勢いよく飛騰しているかのように見える。画面全体は渾然と一体にまとまり、誇張をしながらも、自然的で生き生きとした気韻を保っているのである。この鏡は製造が極めて精緻で、つや出し効果も甚だよく、鏡面が滑らかで、ピカピカと光っている。図案は独特かつ奇異で、おそらくそれは宮廷の御用品だったのかもしれない。

　金背鏡(76)　この鏡は背面の周り縁の内側には金の殻を貼り付けている。金の殻には浮き彫りの図案を飾りつけている。中心部には八体の神獣と枝に纏いつけている蔓草を施している。蔓草は中心部と周辺部との間にある仕切りを越えて、周辺部で満開の花を見せている。その金の殻はプレス成型法で、成型したもので、接着剤で鏡の背面に貼り付けている。考古学の文献資料によると、鏡の背面が銀または銀メッキになっている鏡が出土したことがあるが、このような金の殻を貼り付けた鏡は初発見である。《旧唐書高季輔伝》の記載によると、「太宗が金背鏡を一面賞賜し、以って、其の清鑑なるを表す。」とある。文中に出ている「金背鏡」は、すなわち本書掲載の金背鏡のことだある。

四

　五代から明、清時代の銅鏡は、製作の精巧さにせよ、紋様装飾の内容にせよ、または出土の数量にせよ、盛唐時代のそれにはるかに及ばないのである。このような状況の出現は銅鏡の鋳造業の衰退を意味するのではなく、また銅鏡は一種の日用品としてその歴史的使命がもう終結したのを意味するのでもなく、以下の三つの方面の原因の交互作用の結果である。その一、五代十国の紛争、北宋と西夏、遼との対立、南宋と金との対峙などにより、異なる政権、また異なる民族伝統の支配下における官府の手工業製作所や民営の製作所はさらに銅鏡の実用性を重視し、しばしば銅鏡の背面装飾の工夫を怠ったのであろう。その二、宋の時代において、封建経済は空前に発達し、大量の銅は貨幣鋳造に使われてしまい、北方の少数民族地域はもとより銅の産出は少なかった。そのため、南北ともに銅資源不足に陥った。銅鏡の生産量は激減し、鏡体も薄くなり、重量も軽くなり、品質は前代よりだいぶおちた。その三、その他の手工業部門、とりわけ磁器製造業の発達で、銅鏡製造業に間接的に影響を及ぼした。民営銅鏡製作者は営利を目的とし、市民の消費需要、実用心理を満たすために大量の素地の銅鏡を製造した。

　この時期では、銅鏡を副葬品とする墓の比率はめっきりと下がった。五代、南、北時代では、銅

鏡の出土した墓の比率はおおよそ20%のレベルに維持した(同期の北方の契丹、女真人の墓地からは、銅鏡が出土したのはわずか三か所の貴族の墓だけであった)。元、明時代の墓でも、銅鏡が出土した墓はわずかしかなく、そして、それは主に貴族や富豪の墓であった。銅鏡が出る庶民の墓はめったに見られない。

五代、南、北宋時代の銅鏡の造形は前時代より、新しい変化を見せた。柄つきの鏡の出土量は前より増えた。鳥心形、盾形、鐘形、鼎形、長方形などの珍しい新造形の鏡が現れた。また紋様装飾には素地鏡、纏枝華草紋鏡、華鳥紋鏡、蹴鞠紋鏡、海舶紋鏡、八卦紋鏡など六種類ある。そのうち、素地鏡の数量は最も多く、また紀名号銘、千秋万歳銘、都省銅坊銘などの銘文を施した素地鏡もだいぶあった。遼代の河北、遼寧、内蒙古などの地域の契丹の墓から出土した銅鏡はいずれも宋の人の作で、それなりの特色は見られない。

南宋の時期、我が国の北方地域は女真人に支配され、すなわち金の時代であった。金の時代では、主に双魚鏡、歴史人物鏡、盤龍鏡、瑞獣鏡、瑞華鏡などの紋様の鏡があった。そのうちの双魚鏡は金の時代の特色をもつ鏡であった。

元、明の時代の銅鏡は、造形にしたも、紋様装飾にしても、粗雑単調で、新しいい創意は見られない。明の時代の終わりこうから、清の時代の初めにかけて、ガラスの鏡は欧州から我が国に伝わった。清の時代の中期に、銅鏡の生産は中止した。

本書に掲載した宋の時代の銅鏡の中に、最も特色をもち、最も価値のあるものは、方形陽燧鏡(131号)である。凸面の方が鏡で、その反面の凹面は陽燧といわれる。陽燧の一面は中心部のやや窪んだ円形部が太陽のように見え、円形部の周りが炎のように輝く。炎と日光を鏡の紋様装飾の題材にするのは、宋の時代において、摩尼教、襖教が中原に流行したのに関係がある。摩尼教は日月光明を崇拝し、よく日月図案を信仰のシルシにする。襖教は拝火教とも呼ばれ、炎を崇拝する。また、よくも銅鏡をもって、日光、炎に喩える。だから、宋の時代の銅鏡の紋様装飾に摩尼教、襖教の宗教崇拝のシルシが現れるのは不思議なことではない。

こうして、西安地方の歴代の銅鏡を見てみると、西安の地で出土した戦国時代の銅鏡は数が割りに少なく、そして当時の製鏡業の最も進んだ楚の国の影響を受けたことがわかる。ここにある戦国時代の一部は楚の国から伝わってきたものだったかもしれない。秦、漢の時代に入ると、天下統一になり、各地の銅鏡の鋳造工芸や装飾風格も次第に統一されるようになった。西安は漢、唐時代の首都の所在地として、この地に出土したこの時期の銅鏡は数量にしたも、種類にしても、品質にしても、その他の地方より、はるかに優位にある。しかし、五代、南、北宋時代になると、西安は都としての地位を失い、出土した銅鏡の数量と品質が前の時代に及ばない。元の時代以後、葬祭制度と風俗習慣などの原因により、各地では銅鏡を副葬品に利用することがなくなった。したがって、本書収録した晩期の銅鏡はほんどは収集品である。

この《西安の文物の精華銅鏡》所収の銅鏡は、いずれも西安地方で出土したもの、または収集したものである。これは、古代西安の各時期の銅鏡の概貌をほぼ反映している。このような地域性の

銅鏡資料の公表によって、我が国において、古代銅鏡についての学術研究事業をさらに推進すること
ができるだろうと深く信じている。それと同時に古代美術愛好者のための参考資料にもなるだろう。

2005. 10

編者

Contents

전국·진한
戰國·秦漢

전국(戰國)·진한대(秦漢代)에는 사회생산력이 신속히 증가하고 사상 및 문화, 예술이 전에 없이 발전하였다. 동시에 농업, 수공업의 발전과 더불어 공예기술 또한 걸맞은 발전이 나타났다. 그중 동경(銅鏡)은 당시 금속 가공의 기술수준을 잘 드러내준다.

전국시대 동경은 원형(圓形)이 대부분이고 사각형도 가끔 보이는데 모두 얇고 테두리가 말렸으며, 꼭지가 삼현뉴[三弦鈕 혹은 천자뉴(川字鈕)라고 부름]이다. 서안(西安, 長安) 지역에서 출토된 전국시대 동경은 주로 화엽문경(花葉紋鏡), 산자문경(山字紋鏡), 능문경(菱紋鏡), 금수문경(禽獸紋鏡), 연호문경(連弧紋鏡)이 있으며 문양은 모두 저부조(低浮彫)한 것이다.

진한대의 동경은 전국시대를 이어 지속적으로 발전하였으며 이 시기 금속공예 중 하나로 양식이 다양하고 제작이 정교해 예술성과 장식성이 높다. 진나라 말기와 한나라 초기에는 전쟁이 빈번하여 인구가 급격히 줄고 모든 업종이 쇠퇴하였고 구리도 부족해 한나라 중기에 이르기까지 동경은 새로운 발전이 없이 기본적으로 전국 동경의 양식을 그대로 이어갔다. 한무제(漢武帝) 시기에 이르러 동경문양에 변화가 생겼고 황실에서는 전문 관리를 임명하여 동경 제작을 관리하였으므로 이 시기 동경 가운데 후세에 전해진 작품이 가장 많고 다양하다. 서한(西漢) 말기에는 투광경(透光鏡-빛이 거울 면을 비추면 거울 뒷면 문양이 비치는 일종의 특수한 거울) 등 특수공예로 제작한 동경이 나타났다. 이 시기에 유행했던 각종 형식의 동경이 서안 지역에서 고루 출토되었는데 반리문경(蟠螭紋鏡), 반훼문경(蟠虺紋鏡), 초엽문경(草葉紋鏡), 성운경(星雲鏡), 연호문명문경(連弧紋銘文鏡), 중권명문경(重圈銘紋鏡), 사유(다유)금수문경[四乳(多乳)禽獸紋鏡], 규구문경(規矩紋鏡), 신수경(神獸鏡), 화상경(畵像鏡), 기봉문경(夔鳳紋鏡), 용호문경(龍虎紋鏡) 등이 포함된다. 이 시기 동경의 장식은 유좌가 방사식에서 선대칭식으로, 조각 또한 평면조각에서 부조(浮彫)로 변하였으며 테두리가 더욱더 복잡해졌고 장식문양도 점차 규격화되었으며 명문(銘文)이 중요한 구성 부분이 되었다.

During The Warring States Period, Qin and Han Dynasties, with the development and improvement of craftwork techniques of bronze mirror, the manufacture of the bronze mirror during the Warring States Period took on prosperous look, with the producing technique, designing and decoration all reached a new level.

The bronze mirror in The Warring States Period are mainly rounded, with a few in square shape, and are characterized by thin pad, curved edge, as well as three-stringed buttons, etc, According to the decorative patterns and the manufacturing crafworks, the mirrors can be categorized into plain mirror, full background patterned mirror, geometrical patterned mirror, plant patterned mirror, animal patterned mirror, as well as special crafted mirror. The decorations are mainly carved in bass-relief.

The bronze mirror was further improved during the Han dynasty. It is one of the major breed in the metal technique during Qin and Han Dynasty. It is not only abundant in pattern and delicate in manufacture, but also has high artistic and decorative functions. Special government officers were set up to supervise the production of bronze mirror during Han Dynasty. As a result, the bronze mirror at that time takes up larger percentage in the bronze ware productions. It was also preserved in largest number and in most abundant varieties. Its characteristics are thin body, flat edge, round button, round shape, four-leaf patterned button stand, and procedured decorations. The motif of the mirrors are mostly grass leaf, star and cloud, sunlight, beasts with four breasts, joint arc, transfigured four-leaf pattern, divine beast, and portrait, etc. The decoration of the bronze mirror at this time has changed from emanant pattern of the button stand to axial symmetric pattern, from plain carving to bas-relief. The sideline also gets more complicated. And the appearing of inscriptions has becoming the most component part of the whole decorations.

사엽우문경 (四葉羽紋鏡)

전국(戰國) | 지름 10.3cm 무게 0.08kg
1997년 서안시 미앙구(西安市 未央區) 우가장(尤家莊) 출토

Mirror with Four-Leafed Feather Patterns

Warring States Period(475BC~221BC)
D 10.3cm 0.08kg
Excavated from Youjia village in Weiyang District,
Xi'an in 1997

동경(銅鏡)은 원형(圓形)으로 꼭지는 삼현뉴(三弦鈕)이며 소연(素緣)은 약간 오목하다. 꼭지는 주변을 우상(羽狀)문양으로 장식하고 바깥쪽에 넓고 오목한 띠를 둘렀다. 주요 부분의 문양은 주제문양과 바탕문양으로 구성되어 있다. 주제문양은 복숭아형 초엽문(草葉紋)인데 초엽 4개는 꼭지를 중심으로 십자형 방사 구조를 이루며 끝은 뾰족하고 아래는 서로 대칭되는 쌍와선형(雙渦線形)을 이룬다. 윤곽은 쌍선(雙線)으로 처리하였고 안은 쇄점문(碎點紋)으로 채웠으며 잎의 가운데에는 박쥐문양이 있다. 바탕문양은 연속적으로 이어진 우상문(羽狀紋)으로 각 부분의 주체는 양 끝에 와문(渦紋)이 있는 Z 모양의 평행 곡선인데 사실상 간략화한 반리문(蟠螭紋)이다.

동경에 있는 이런 사엽(四葉)이나 사판(四瓣)문양은 전국 초기에 나타나 주로 호남, 안휘 일대에서 유행했고 다른 지역에서는 보기 드물다. 일부 학자는 이런 문양이 벽사(辟邪) 의미가 있는 수유문(茱萸紋)일 가능성을 제기하고 있다.『속제해기(續齊諧記)』에는 '여남(汝南)의 환경(桓景)은 비장방(費長房)을 따라 몇 년 동안 수학했는데 어느 날 비장방이 "9월 9일 자네 집에 재난이 들 것이네. 빨리 가서 사람마다 염낭을 만든 후 수유를 넣어 팔에 매고 높은 곳에 올라가서 국화주를 마시면 이 재난을 피할 수 있을 것이오"라고 하였다. 환경이 그 말을 따라 모든 식솔을 거느리고 산에 올랐다가 해 질 녘에 돌아와보니 닭, 개, 소, 양이 모두 죽어 있었다(汝南桓景隨費長房遊學累年, 長房謂曰: '九月九日汝家中當有災, 宣急去, 令家人各做縫囊, 盛茱萸以系臂, 登高飲菊花酒, 此禍可除.' 景如言, 齊家登山, 夕還, 見鷄犬牛羊一時暴死)'라는 기록이 있다.『장자(莊子)』「소요유(逍遙遊)」에서 제해(齊諧)에 대해 '제해는 기괴한 일들을 적은 것이다(齊諧者, 志怪者也)'라고 적고 있어 수유는 벽사의 상징이 되었다. 수유에는 사조화(四照花)라는 것이 있는데 잎은 끝이 뾰족한 타원형이며 여름에 꽃이 핀다. 총포(總苞)가 4개 있으며 흰색 꽃잎 가운데는 작은 꽃이 구 모양을 이루는데 작은 꽃 역시 꽃잎이 4개이며 그 모양은 전국시대 동경의 꽃잎문양과 같다. 수유에 벽사 기능이 있다는 설은 양한(兩漢)에서 당대(唐代)에 이르기까지 여전히 영향력이 있었으며 다만 당대 문양에서 수유를 그리는 방법이 달라졌을 뿐이다.

사산경 (四山鏡)

전국(戰國) | 지름 11.4cm 무게 0.11kg
1983년 서안시(西安市) 문물관리위원회 수집

Mirror with Four-Inverted 'T' Patterns

Warring States Period(475BC~221BC)
D 11.4cm 0.11kg
Transferred by Xi'an Culture Relic Administration Committee in 1983

둥근 이 동경(銅鏡)은 얇고 가벼우며 꼭지가 삼현뉴(三弦鈕)이다. 오목한 면의 네모난 유좌(鈕座)는 틀에 싸였고 소연(素緣)은 넓고 오목하며 테두리는 말렸다. 뒷면의 문양은 주제문양과 바탕문양으로 나뉘는데 주제문양은 사산형(四山形) 문양과 꽃잎문양으로 되었다. 4개의 '山(산)' 자 문양은 오른쪽으로 기울어지고 '산' 자 양쪽 짧은 세로획의 끝부분은 안쪽으로 꺾였으며 중간의 긴 세로획은 동경의 연부(緣部)까지 닿았다. '산' 자 사이에 각기 있는 꽃잎 2개는 방형(方形) 유좌의 모서리에 위치한다. 사산문양과 꽃잎문양 사이 빈 공간은 우상(羽狀)문양으로 채웠다.

사산문경(四山紋鏡)은 산자(山字)문양 거울 중에 가장 흔히 볼 수 있는 것으로 전국 초기와 중기에 유행했으며 분포 범위가 넓었으나 주로 초(楚)나라에서 많이 보인다.

교룡문경(交龍紋鏡)

진(秦) | 지름 23cm 무게 0.75kg
1983년 서안시(西安市) 문물상점에서 넘겨받음

Mirror with Entangled Dragon Patterns

Qin Dynasty(221BC~206BC)
D 23cm 0.75kg
Transferred by Xi'an Culture Relic shop in 1983

동경(銅鏡)은 원형(圓形)으로 꼭지는 삼현뉴(三弦鈕)이며 유좌(鈕座) 또한 원형이고 소연(素緣)은 넓고 테두리는 말렸다. 뒷면에 있는 넓고 오목한 띠는 문양을 두 부분으로 나눈다. 내구(內區)는 삼각형과 원형의 구름문양을 번갈아 장식하였고 바깥에 빗줄 모양의 철릉(凸稜)을 둘렀다. 외구(外區)의 주제문양은 교룡문(交龍紋)이다. 용 세 마리가 서로 얽혀 있고 모두 고개를 돌려서 꼬리를 물었는데 가느다란 몸통은 구불구불한 ∞ 자 모양, 꼬리 끝부분은 접힌 마름모 모양을 이루었다. 문양대의 안팎에는 좁은 철현문(凸弦紋)과 쌍철현문(雙凸弦紋)이 둘러져 있다.

교룡문경(交龍紋鏡)은 일찍 전국(戰國) 중기에 나타났으나 이 같은 쌍선(雙線) 교룡문경은 조금 늦게 나타났으며 섬서(陜西) 봉상(鳳翔) 고장(高庄)의 제46호 진대(秦代) 고분에서 출토된 바 있다. 한대(漢代) 초기에 이르러서도 여전히 유행했으나 장식문양은 조졸해졌다. 어떤 것은 주제문양이 3개인 것도 있었으며 명문(銘文) 등 새로운 특징들도 나타났다.

004

사엽경(四葉鏡)

진(秦) | 지름 7cm 무게 0.04kg
1983년 서안시(西安市) 문물상점에서 넘겨받음

Mirror with Four Leave Patterns

Qin Dynasty(221BC~206BC)
D 7cm 0.04kg
Transferred by Xi'an Culture Relic shop in 1983

　동경(銅鏡)은 원형(圓形)이고 꼭지도 둥글며 넓은 소연(素緣)은 약간 오목하다. 뒷면은 '井(정)' 자를 틀로 하여 아홉 부분으로 나뉘었다. 중앙에는 꼭지와 네 모서리의 돌기가 있고, 돌기로 장식된 운두여의(雲頭如意) 2개로 이루어진 하트형 초엽문(草葉紋)이 상하좌우에 있으며 나머지 부분에는 꼭지각에서 나온 직선 중앙에 돌기를 장식한 문양이 있다. 이 같은 문양은 진대(秦代) 특유의 것으로 진대 옥새에서도 이런 '井(정)' 자 틀을 사용하였으며 인문(印文)도 교차하여 읽어야 하였다. 이로부터 이 동경을 진대의 것으로 추정할 수 있다.

화엽경(花葉鏡)

서한(西漢) | 지름 10.8cm 무게 0.09kg
1979년 서안시(西安市) 문물상점에서 넘겨받음

Mirror with Flower and Leaf Patterns

West Han Dynasty(206BC~23AD)
D 10.8cm 0.09kg
Transferred by Xi'an Culture Relic shop in 1979

동경(銅鏡)은 원형(圓形)으로 꼭지는 쌍현뉴(雙弦鈕)이고 꼭지 주변에는 넓고 오목한 띠가 있으며 소연(素緣)은 좁다. 주요 부분에는 하트 모양 꽃잎 4개와 베틀북 모양 꽃잎 4개가 번갈아 있다. 하트 모양 꽃잎 중간에는 또 하나의 작은 하트 모양 꽃잎이 얕게 조각되었으며 베틀북 모양 꽃잎 아래는 마름모가 있는데 이런 기하문양은 '접힌 마름모문양'에서 발전해온 것으로 서로 얽힌 가지를 표현한 것이다. 하트 모양 꽃잎과 마름모 도안은 전국시대(戰國時代)에 유행했던 문양으로 서한대(西漢代)에도 가끔 보인다.

006

사화경(四花鏡)

서한(西漢) | 지름 23.4cm 무게 1.21kg
1976년 9월 서안시 신성구(西安市 新城區) 한삼채
(韓森寨) 북11대(北十一隊) 출토

Mirror with Four Flower Patterns

West Han Dynasty(206BC~23AD)
D 23.4cm 1.21kg
Excavated from HansenZhai in Xincheng District, Xi'an in Sep 1976

동경(銅鏡)은 원형(圓形)으로 꼭지는 삼현뉴(三弦鈕)이며 유좌(鈕座)는 동그란데 바깥쪽에 오목한 띠와 현문(弦紋) 한 바퀴가 둘러져 있고 연부(緣部)는 안쪽을 향한 12개의 연호(連弧)문양으로 되어 있다. 주제문양은 좁고 오목한 띠와 그 위 꽃 네 송이로, 꽃은 돌기 모양의 꽃술과 복숭아 모양의 오목한 꽃잎 4개로 구성되었다. 이런 유형의 동경은 문양이 간단하고 출토량이 적으며 구도가 서한(西漢) 초기 반훼문경(蟠虺紋鏡)과 유사하다. 사화(四花)문양은 전국시대(戰國時代) 복숭아나 하트 모양 꽃잎문양에서 전해진 것으로 이 동경의 제작연대는 서한 초기로 추정할 수 있다.

화엽경(花葉鏡)

서한(西漢) | 지름 13.7cm 무게 0.29kg
1983년 서안시 연호구 조원촌(西安市 蓮湖區 棗園村) 출토

Mirror with Four Flowers and Grass Leaf Patterns

West Han Dynasty(206BC~23AD)
D 13.7cm 0.29kg
Excavated from ZaoYuan Village in Lianhu District,
Xi'an in 1983

동경(銅鏡)은 원형(圓形)으로 꼭지는 복수뉴(伏獸鈕)이며 유좌(鈕座)는 사각형이고 연부(緣部)는 안쪽을 향한 16개의 연호문(連弧紋)으로 이루어 졌다. 유좌 바깥쪽에는 넓은 띠 모양의 틀 2개가 있는데 안쪽에 있는 틀은 오목하다. 바깥쪽에 있는 틀의 네 모서리는 밑변이 맞닿는 삼중(三重) 삼각형 2개로 구성된 정사각형으로 장식하였다. 각 변에는 명문(銘紋)이 세 글자씩, 총 12글자가 적혀 있는데 이어서 읽으면 "長相思, 毋相忘, 長貴富, 樂未央 (장상사, 무상망, 장귀부, 악미앙)"이다. 글자 사이마다 나선문(螺旋紋)이 있다. 주요 부분은 화엽(花葉)문양과 꽃문양으로 장식되었다. 네모 틀의 네 모서 리에서 각기 잎이 2개인 초엽문(草葉紋)이 하나씩 뻗어 나왔는데 양옆으로 과장되게 커다란 잎이 펼쳐졌다. 화엽 사이마다 복숭아 모양의 꽃잎 4개가 돌기 모양의 꽃술을 둘러싸고 있다.

초엽문경(草葉紋鏡)은 한무제(漢武帝) 시기에 흔히 볼 수 있던 동경으로 풀잎은 모두 네모 틀의 네 변에서 뻗어 나오고 변마다 두 송이가 있으며 사 이에 돌기문양이 있다. 초엽문양은 단층, 이중식, 삼중식으로 나뉘며 돌기 등도 동경 제작의 정밀도에 따라 달라진다. 그 주변에 다양한 꽃문양을 더 할 수 있는데 다만 연부의 연호문은 모두 16개이다. 초엽문경의 명문도 변화 가 생겼는데 예를 들어, "君行卒, 予志悲, 久不見, 侍前稀(군행졸, 여지비, 구 불견, 시전희)", "長相思, 毋相忘, 長貴富, 樂未央(장상사, 무상망, 장귀부, 악미 앙)" 등이 있다.

008

채회거마인물경(彩繪車馬人物鏡)

서한(西漢) | 지름 28.1cm 무게 1.46kg
1963년 서안시 미앙구(西安市 未央區) 홍묘파(紅廟坡) 출토

**Color-Painted Mirror with Horse,
Carriage and Human Figures**

West Han Dynasty(206BC~23AD)
D 28.1cm 1.46kg
Excavated from Hongmiaopo in Weiyang District, Xi'an in 1963

동경(銅鏡)은 원형(圓形)으로 꼭지는 삼현뉴(三弦鈕)이고 유좌(鈕座)는 원형으로 붉은색을 칠하였다. 소연(素緣)에는 안쪽을 향한 16개의 연호문(連弧紋)이 있으며 녹색을 칠하였다. 오목한 관현문(寬弦紋)은 뒷면 문양을 두 부분으로 나누었다. 내구(內區)에는 유좌를 둘러싸고 문양이 없는 관현문이 있고 그 밖은 연녹색을 바탕으로 하여 그 위에 진녹색 운기(雲氣)와 활짝 핀 빨간 꽃 네 송이가 그려져 있으며 흰색을 더했다. 외구(外區)의 바탕은 빨간색이고 그 위에 인물, 말과 나무 등 출행 및 수렵 장면이 그려져 있으며 사이사이에 유리구슬로 장식한 잠자리 눈 모양의 문양 4개가 장식되었고 그 밖으로 희미하게 운기문양이 보인다. 연호문양의 안쪽과 관현문의 양쪽 및 유좌의 바깥쪽은 모두 채색하였고 관현문 및 테두리 부분에 있는 연호문에는 하얀색 마름모문양이 있다.

이 동경은 서한(西漢) 경기(京畿) 지역의 것으로 채색이 매우 정교하다. 호남성(湖南省) 장사(長沙) 마왕퇴(馬王堆) 1호 서한(西漢) 초기 무덤에서 출토된 백화(帛畵)와 유사하면서 조금도 손색이 없는 매우 귀중한 예술 작품이다.

009

연호문경 (連弧紋鏡)

서한(西漢) | 지름 8.9cm 무게 0.07kg
1991년 서안시 미앙구 범남촌(西安市 未央區 范南村) 출토

Mirror with Joint Arc Patterns

West Han Dynasty(206BC~23AD)
D 8,9cm 0,07kg
Excavated from Fannan Village in Weiyang District, Xi'an in 1991

동경(銅鏡)은 원형(圓形)으로 꼭지는 삼현뉴(三弦鈕)이며 유좌(鈕座)는 동그란데 그 주변에는 넓은 현문(弦紋)과 좁은 현문이 한 바퀴씩 둘러져 있으며 넓은 연부(緣部)는 약간 오목하다. 주요 부분은 구연운문(鉤連雲紋)으로 된 바탕문양과 그 위에 찍힌 안쪽을 향한 넓고 오목한 연호(連弧)문양 7개로 된 주제문양으로 구성되었는데 연호의 교각은 연(緣)의 현문에 닿는다.

연호문양으로 동경을 장식하는 것은 전국시대(戰國時代) 중기에 나타나기 시작하여 서한(西漢)까지 유행했고 서한의 일광경(日光鏡)과 소명경(昭明鏡)에서 종종 볼 수 있다. 이로 볼 때 연호문양 및 서한대(西漢代)에 흔히 보이는 연부의 거치문(鋸齒紋)은 햇빛에 대한 서로 다른 표현으로 중국에서 전해 내려오던 태양 숭배와 긴밀한 관계가 있는 것으로 추측된다.

반리경(蟠螭鏡)

서한(西漢) | 지름 10.8cm 무게 0.08kg
1999년 서안시 미앙구(西安市 未央區) 정왕장(鄭王莊) 출토

Pan-Chi(coiled-dragon) Patterned Mirror

West Han Dynasty(206BC~23AD)
D 10.8cm 0.08kg
Excavated from Zhengwang Village in Weiyang District, Xi'an in 1999

　동경(銅鏡)은 원형(圓形)으로 꼭지는 삼현뉴(三弦鈕)이며 소연(素緣)은 넓고 오목하다. 오목한 환대(環帶)가 뒷면을 두 부분으로 나눈다. 내구(內區)는 쌍선(雙線)으로 된 반리문(蟠螭紋)이 있는데 머리는 삼각형이고 몸통은 나선형으로 굽었으며 바탕문양은 오목한 쇄점문(碎點紋)이다. 외구(外區)에는 부조(浮彫)로 새긴 반리문 3조가 있는데 부리는 구부러지고 머리에는 뿔이 나 있으며 몸통은 간략한 호선(弧線) 3개로 구성되었으며 바탕문양은 역시 쇄점문이다. 전체적으로 고동색인데 약간 붉은빛이 감도는 것을 보아 동(銅)의 함량이 높고 납과 주석의 함량이 낮은 것을 알 수 있다.

　반리문은 춘추시대(春秋時代)에 나타난 변형된 용무늬의 일종이다. 쌍선이나 삼선(三線)이 구불구불 겹쳐 이루어진 문양으로 대부분 주제문양과 바탕문양을 결합하는 구도를 취하였는데 문양이 복잡하면서도 정교하고 아름답다. 한편 다양한 변화를 위해 수미(首尾)를 마름모형이나 직선 또는 곡선으로 만들었다. 서한(西漢) 초기에 이르기까지 반리문은 여전히 유행했으나 점점 간결해졌고 전국시대(戰國時代)의 복잡하고 섬세한 풍격에서 벗어나 굵은 선으로 처리함으로써 깔끔하고 시원해 보였다. 반리문은 주로 전국시대부터 서한 초기까지 유행했다.

011

사훼경(四虺鏡)

서한(西漢) | 지름 8.7cm 무게 0.06kg
2002년 서안시 미앙구(西安市 未央區) 우가장(尤家莊) 출토

Mirror with Four Dragon Patterns

West Han Dynasty(206BC~23AD)
D 8.7cm 0.06kg
Excavated from Youjia Village in Weiyang
District, Xi'an in 2002

동경(銅鏡)은 원형(圓形)으로 꼭지는 삼현뉴(三弦鈕)이며 꼭지의 바깥쪽에는 철현문(凸弦紋)이 한 바퀴 둘러져 있고 넓은 연부(緣部)는 약간 오목하다. 주요 부분의 문양은 꼭지를 중심으로 하여 4개의 돌기에 의해 네 부분으로 나뉜다. 각 부분은 쌍선(雙線)으로 그린 ∞형의 용무늬로 구성되었는데 용의 머리, 꼬리와 몸통 역시 돌기로 장식했으며 주제문양 아래에는 삼각형 기하문양이 바탕문양으로 깔려 있다. 연(緣)과 가까운 부분에는 16개의 안쪽을 향한 연호문(連弧紋)이 있다.

반훼(蟠虺)문양은 일찍 춘추전국시대(春秋戰國時代)에 나타났는데 일반적으로 얽히는 부분이 없이 몸통 부분만 약간 굽은 단독적인 형태로 표현되었다. 서한대(西漢代)의 반훼문양은 춘추시대의 반훼문을 계승하는 동시 기법이나 문양 배치 면에서 새로운 발전을 가져왔다. 그중의 하나가 바로 주제문양이 단선(單線)에서 쌍선이나 삼선(三線)으로 발전하여 문양의 볼륨감을 강화시켰다는 점이다. 이 밖에 용의 몸통은 구운문(鉤雲紋)과 비슷한 형태로 표현되는 경우가 많은데 구부러진 부분에 작은 와문(渦紋)이 있고 S형 훼룡(虺龍)의 양쪽 빈 공간에는 흔히 새 한 마리를 새겨 넣었다. 이런 유형의 동경이 많이 출토되었는데 출토 상황을 보아 서안 지역의 사유훼문경(四乳虺紋鏡)은 주로 서한 중, 말기부터 신망(新莽) 시기까지 유행하면서 그 사이 일부 새로운 모양도 파생되었는데 이러한 현상은 동한(東漢) 중기까지 지속되었다.

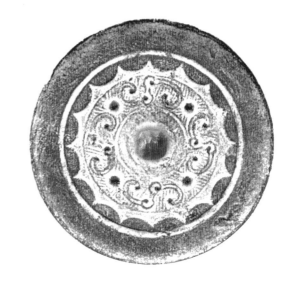

사훼경(四虺鏡)

서한(西漢) | 지름 14.2cm 무게 0.43kg
1999년 서안시 미앙구(西安市 未央區) 우가장(尤家莊) 출토

Mirror with Four Dragon Patterns

West Han Dynasty(206BC～23AD)
D 14.2cm 0.43kg
Excavated from Youjia Village in Weiyang District, Xi'an in 1999

　동경(銅鏡)은 원형(圓形)으로 꼭지는 둥그랗고 유좌(鈕座)는 감꼭지 모양이며 소연(素緣)은 넓다. 유좌에 있는 네 잎 사이는 간략화한 새문양으로 장식하였고 유좌의 바깥쪽에는 다시 관현문(寬弦紋)을 한 바퀴 둘렀다. 주요 부분은 안팎으로 즐치문(櫛齒紋)이 있으며 원좌(圓座) 돌기문양에 의해 네 부분으로 나뉘었는데 각 부분에 반훼문(蟠虺紋)이 있으며 빈 공간에는 초엽(草葉)문양과 새문양을 새겼다. 반훼문은 간략화한 용문(龍紋)인데 용의 머리와 발톱이 선명하지 않아 혹자는 뱀[虺]으로 여기기도 한다.

쌍룡경 (雙龍鏡)

서한(西漢) | 지름 13.7cm 무게 0.25kg
1999년 서안시 미앙구 정왕촌(西安市 未央區 鄭王村) 출토

Mirror with Double Dragon Patterns

West Han Dynasty(206BC~23AD)
D 13.7cm 0.25kg
Excavated from Zhengwang Village in Weiyang
District, Xi'an in 1999

동경(銅鏡)은 원형(圓形)으로 꼭지는 동그랗고 유좌(鈕座)는 감꼭지 모양이다. 유좌의 바깥쪽에는 쌍선(雙線)의 네모 틀이 있고 연부(緣部)에는 안쪽을 향한 16개의 연호문(連弧紋)이 있다. 주요 부분에는 용 두 마리가 꼭지를 사이에 둔 채 서로 등지고 있으며 용의 가는 몸통은 M자 모양을 이룬다. 여러 개의 돌기로 눈과 뼈 및 관절을 표현하였는데 전체 조형은 추상적이면서도 세련되어 생동감이 넘쳐 보인다. 틀 모서리에 있는 동그라미 안에는 작은 돌기가 6개씩 있다.

이 한대(漢代)의 용문경(龍紋鏡)은 전국시대(戰國時代) 용무늬의 기본 구도를 유지하면서도 새로운 발전을 가져왔는데, 감꼭지 모양 유좌의 출현이다. 바탕문양은 구도로 볼 때 전국시대의 이방연속형(二方連續形)에서 간결한 축대칭(軸對稱)으로 변화하였다. 이는 당시 장인들의 조형 능력이 제고되었음을 말해준다.

014

사룡경(四龍鏡)

서한(西漢) | 지름 13.6cm 무게 0.22kg
2000년 서안시 미앙구(西安市 未央區) 우가장(尤家莊) 출토

Mirror with Four Dragon Patterns

West Han Dynasty(206BC~23AD)
D 13.6cm 0.22kg
Excavated from Youjia Village in Weiyang District, Xi'an in 2000

　동경(銅鏡)은 원형(圓形)으로 꼭지는 동그랗고 유좌(鈕座)는 감꼭지 모양이며 연부(緣部)에는 16개의 안쪽을 향한 연호문(連弧紋)이 있다. 유좌의 바깥쪽에는 쌍선(雙線)의 네모난 틀이 있다. 틀 밖 주요 부분에는 용무늬 4개가 있는데 모두 몸을 틀어 돌아보는 형태이다. 몸통은 가늘고 길며 구부러져 있고 양쪽에 나 있는 발톱은 굵고 힘차 보인다. 원좌(圓座) 돌기 4개가 몸통의 주요 부분에 있는데 여기에서 초엽문(草葉紋)이 하나씩 나 있다.

　연호문경(連弧紋鏡)은 서한(西漢) 초기와 중기에 크게 유행했는데 이 시기의 초엽문경(草葉紋鏡), 성운문경(星雲紋鏡)과 상락부귀경(常樂富貴鏡)은 모두 연호문으로 장식하였다. 동한대(東漢代)에 이르러 연호문은 반원방매신수경(半圓方枚神獸鏡)의 반원(半圓)문양으로 바뀐 후 점차 사라졌다.

015

사룡경(四龍鏡)

서한(西漢) | 지름 18.9cm 무게 0.71kg
2000년 서안시 미앙구(西安市 未央區) 정왕장(鄭王莊) 출토

Mirror with Four Dragon Patterns

West Han Dynasty(206BC~23AD)
D 18.9cm 0.71kg
Excavated from Zhengwang Village in Weiyang District,
Xi'an in 2000

동경(銅鏡)은 원형(圓形)으로 꼭지는 수뉴(獸鈕)이며 유좌(鈕座)는 동그랗고 연부(緣部)에는 16개의 안쪽을 향한 연호문(連弧紋)이 있다. 뒷면은 다시 다른 16개의 안쪽을 향한 연호문에 의해 두 부분으로 나뉜다. 내구(內區)에는 꼭지를 에워싸고 한 쌍의 용이 서로 꼬리에 꼬리를 물었다. 용은 눈을 둥그렇게 떴고 머리 부분은 추상화되어 입을 벌린 채 목을 내민 모양이며 가늘고 긴 몸통은 M자 모양으로 구부러지고 사지가 발달하였다. 외구(外區)에는 방사형 직선과 병체연주문좌(幷蒂聯珠紋座)가 있는 돌기 4개가 있는데 돌기 사이마다 용을 하나씩 새겨 넣었다. 용은 입을 벌리고 목을 굽혀 머리가 구부러진 몸통까지 닿아 있다. 용의 눈은 작은 돌기로 표현하였고 전체적으로 질주하는 모양이다. 장식기법은 내구의 쌍용(雙龍)과 비슷한데 몸통 부분은 구운문(勾雲紋)으로 처리하고 용의 관절은 작은 돌기로 표현하였다.

돌기 장식은 성운문경(星雲紋鏡)의 사엽병체(四葉幷蒂 - 한 줄기에 잎이 4개 있음) 모양을 차용하였으며 동시에 연호문으로 연부를 장식하였다. 이 동경은 제작이 정교하고 도안이 복잡하지만 번잡하지는 않아 서한(西漢) 중기의 우수한 작품으로 볼 수 있다.

016

사룡경(四龍鏡)

서한(西漢) | 지름 11.5cm 무게 0.29kg
1991년 서안시 미앙구(西安市 未央區) 출토

Mirror with Four Dragon Patterns

West Han Dynasty(206BC~23AD)
D 11.5cm 0.29kg
Excavated from Weiyang District of Xi'an in 1991

　동경(銅鏡)은 원형(圓形)으로 꼭지는 복수뉴(伏獸鈕)인데 짐승은 유좌(鈕座)에 엎드린 채 사지를 앞뒤로 뻗었고 그 양쪽에는 구름문양이 있으며 연부(緣部)에는 16개의 안쪽을 향한 연호문(連弧紋)이 있다. 주요 부분은 원좌(圓座) 돌기 4개에 의해 네 부분으로 나뉜다. 각 부분에서는 선과 작은 돌기로 극히 추상적인 용의 형상을 묘사했는데, 용은 몸통이 가늘고 길며 사지가 발달하였고 머리를 돌린 채 질주하는 모습이다. 이런 유형의 동경은 주로 서한(西漢) 중기부터 동한(東漢) 초기까지 유행하였다.

반룡경 (蟠龍鏡)

서한(西漢) | 지름 13.4cm 무게 0.25kg
1999년 서안시 미앙구(西安市 未央區) 출토

Mirror with Four-Breasted Dragon Patterns

West Han Dynasty(206BC~23AD)
D 13.4cm 0.25kg
Excavated from Weiyang District of Xi'an in 1999

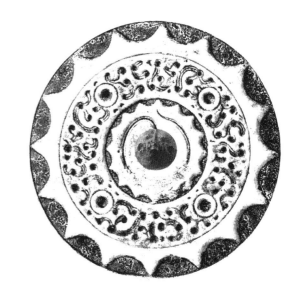

　　동경(銅鏡)은 원형(圓形)으로 꼭지는 쌍수형뉴(雙獸形鈕)인데 두 짐승은 꼬리로 꼭지를 절반씩 휘감아 유좌(鈕座)를 이룬다. 유좌의 바깥쪽과 연부(緣部)에는 16개의 안쪽을 향한 연호문(連弧紋)이 있다. 주요 부분은 안팎으로 현문(弦紋)이 둘러져 있고 원좌(圓座) 돌기 4개에 의해 네 부분으로 나뉘었다. 각 부분은 반룡문(蟠龍紋)으로 장식되었는데 용의 몸통은 변형된 분체식(分體式)이다. 보편적으로 용무늬에서 몸통 부분의 돌기는 관절로 보는데 이런 문양은 성운문(星雲紋) 돌기와 유운문(流雲紋)에서 변화한 것이다.

018

성운경(星雲鏡)

서한(西漢) | 지름 11.1cm 무게 0.2kg
2000년 서안시 미앙구(西安市 未央區) 정왕장(鄭王莊) 출토

Mirror with Star and Cloud Patterns

West Han Dynasty(206BC~23AD)
D 11.1cm 0.2kg
Excavated from Zhengwang Village in Weiyang District, Xi'an in 2000

　동경(銅鏡)은 원형(圓形)으로 꼭지는 박산뉴(博山鈕)이며 연부(緣部)에는 16개의 안쪽을 향한 연호문(連弧紋)이 있다. 문양은 즐치문(櫛齒
紋) 세 바퀴에 의해 내외 부분으로 나뉜다. 내구(內區)는 16개의 안쪽을 향한 연호문으로 장식하였다. 외구(外區)는 원좌(圓座) 돌기 4개에 의
해 네 부분으로 나뉘는데 각 부분에는 작은 돌기 4개가 있다. 큰 돌기와 작은 돌기의 조합으로 별자리를 나타내며 그중 큰 돌기는 북극성을 상
징한다. 돌기 사이는 운기(雲氣)를 나타내는 곡선으로 연결되었다.

성운경(星雲鏡)

서한(西漢) | 지름 11.1cm 무게 0.21kg
1999년 서안시 미앙구(西安市 未央區) 정왕장(鄭王莊) 출토

Mirror with Star and Cloud Patterns

West Han Dynasty(206BC~23AD)
D 11.1cm 0.21kg
Excavated from Zhengwang Village in Weiyang District, Xi'an in 1999

동경(銅鏡)은 원형(圓形)으로 꼭지는 박산뉴(博山鈕)이며 동그란 유좌(鈕座)에는 도문(絢紋)이 있으며 연부(緣部)에는 16개의 안쪽을 향한 연호문(連弧紋)이 있다. 주요 부분에는 큰 원좌(圓座) 돌기 4개가 있는데 사이마다 세 줄의 현문(弦紋)으로 구성된 곡선대로 연결된 작은 돌기들이 있다. 작은 돌기는 별을, 곡선은 흐르는 운기(雲氣)를 상징하는데 사방의 호선(弧線)과 돌기가 일치하지 않아 사방을 수호하는 별자리를 상징하는 것으로 추정된다. 주요 부분의 바깥쪽에는 쌍철릉(雙凸稜)이 있다.

이런 종류의 동경은 모든 돌기가 호형(弧形) 곡선으로 연결되어 별자리의 모양과 비슷하므로 성운문경(星雲紋鏡)이라 불렸다. 또한 돌기가 많아 백유경(百乳鏡)이라고도 불린다.

020

가상부귀경(家常富貴鏡)

서한(西漢) | 지름 13.4cm 무게 0.37kg
1983년 서안시 미앙구 설가채(西安市 未央區 薛家寨) 출토

Mirror with 'Jia Chang Gui Fu' Inscriptions

West Han Dynasty(206BC~23AD)
D 13.4cm 0.37kg
Excavated from Xuejia Village in Weiyang District, Xi'an in 1983

　　동경(銅鏡)은 원형(圓形)으로 꼭지는 박산뉴(博山鈕)이며 동그란 유좌(鈕座) 위에는 반원매(半圓枚) 4개와 짧은 능(棱) 4개가 번갈아 장식되어 있고 유좌의 바깥쪽과 연부(緣部)에는 16개의 안쪽을 향한 연호문(連弧紋)이 있다. 주요 부분은 안팎이 즐치문(櫛齒紋)으로 장식되었으며 한대(漢代) 예서체(隷書體)로 새긴 명문(銘文) "家常富貴(가상부귀)" 네 글자가 있는데 위쪽으로부터 왼쪽, 오른쪽, 아래쪽 순서로 읽는다. 글자 사이마다 연주좌(聯珠座) 돌기문양이 있고 연주좌에는 방사형의 짧은 가시 4개가 있다. 주요 부분의 바깥쪽에는 짧은 가시 4개와 반원매 4개가 번갈아 배열되어 있다.

　　동경의 명문은 서한(西漢) 초기에는 모두 전서체(篆書體)였고 중기[한무제(漢武帝) 전후]부터 예서체가 나타났으며 동한(東漢) 초기에 이르러 소전체(小篆體)가 나타났다. 동한 중기에는 대부분이 예서체로 바뀌었으나 예서체와 전서체가 서로 결합된 형태도 있었다. 이로 볼 때 이 동경은 서한 중기 이후의 것임을 알 수 있다.

일광경(日光鏡)

서한(西漢) | 지름 10.1cm 무게 0.18kg
2000년 서안시 미앙구(西安市 未央區) 우가장(尤家莊) 출토

Mirror with Sun Light Patterns

West Han Dynasty(206BC~23AD)
D 10.1cm 0.18kg
Excavated from Youjia Village in Weiyang District, Xi'an
in 2000

동경(銅鏡)은 원형(圓形)으로 꼭지는 연봉뉴(連峰鈕)이며 유좌(鈕座)는 동그랗다. 유좌의 바깥쪽과 연부(緣部)에는 안쪽을 향한 16개의 연호문(連弧紋)이 있다. 주요 부분은 안팎으로 각각 즐치문(櫛齒紋)이 둘러져 있고 크고 작은 원좌(圓座) 돌기가 4개씩 번갈아 배열되어 있다. 작은 돌기의 한쪽에는 짧은 평행선 세 줄이 있고 다른 한쪽에는 수직선 하나가 있다. 큰 돌기와 작은 돌기 사이에는 명문(銘文)이 하나씩 있는데 시계 방향으로 이어서 읽으면 "見日之光, 長毋相忘(견일지광, 장무상망)"이라는 여덟 글자인데 글씨는 예서체(隷書體)의 느낌이 짙다. 바깥쪽 즐치문에는 밖을 향한 짧은 삼각형 가시 4개가 고르게 배열되어 있다.

이런 일광명문경(日光銘文鏡)은 서한(西漢) 중·말기에 나타나기 시작했으며 집 떠난 남편을 그리는 아내의 마음을 표현한 단가(短歌)를 동경에 새겨 끝없는 그리움을 기탁하였다. 명문의 내용은 소박하고 감동적이다.

소명경(昭明鏡)

서한(西漢) | 지름 12.9cm 무게 0.38kg
1986년 서안시 미앙구 홍묘파 중촌(西安市 未央區
紅廟坡 中村) 연건(蓮建)회사 출토

Zhaoming Mirror with Joint Arc Patterns

West Han Dynasty(206BC~23AD)
D 12.9cm 0.38kg
Excavated from Lianjian Company at
Hongmiaopo in Weiyang District, Xi'an in 1986

동경(銅鏡)은 원형(圓形)으로 꼭지는 동그랗고 유좌는 감꼭지 모양이며 소연(素緣)은 넓다. 뒷면은 두 부분으로 나뉘는데 내구(內區)에는 철현문(凸弦紋) 한 바퀴와 안쪽을 향한 8개의 연호문(連弧紋) 띠가 있으며 그 안쪽으로 간단한 장식문양이 있다. 외구(外區)는 명문대(銘文帶)인데 시계 방향으로 이어서 읽으면 "內淸以召(昭)明, 光象夫日月兮, 心可(내청이소(소)명, 광상부일월혜, 심가)"이고 한 글자 혹은 두 글자 사이마다 '이(而)' 자가 있으며, 명문대의 바깥쪽은 즐치문(櫛齒紋)으로 장식하였다.

소명경(昭明鏡)은 서한(西漢) 중기 끝머리에 생겨나 서한 말기와 왕망(王莽) 시기에 유행하다 동한(東漢) 초기 이후에 없어졌다. 이 동경의 명문(銘文)은 이미 예서체(隸書體)로 변하였고 글씨체가 반듯한 '이(而)' 자도 나타난 것을 보아 서한 말기의 것으로 추정된다.

연야동화경(湅冶銅華鏡)

서한(西漢) | 지름 18.7cm 무게 0.99kg
1991년 서안시 미앙구 범남촌(西安市 未央區 范南村) 출토

Mirror with 'LianYe Tong Hua' Inscriptions

West Han Dynasty(206BC~23AD)
D 18.7cm 0.99kg
Excavated from Fannan Village in Weiyang
District, Xi'an in 1991

동경(銅鏡)은 원형(圓形)으로 꼭지는 동그랗고 유좌(鈕座)는 감꼭지 모양이며 연부(緣部)는 편평하다. 유좌의 잎 4개 사이는 선문양으로 장식했는데 그 모양이 마치 새가 날개를 펴고 비상하는 것 같다. 뒷면은 즐치문(櫛齒紋) 세 바퀴에 의해 두 부분으로 나뉜다. 내구(內區)에는 철현문(凸弦紋) 한 바퀴와 안쪽을 향한 8개의 연호문(連弧紋) 띠가 있으며 그 안쪽으로 간단한 장식문양이 있다. 외구(外區)에 양각한 예서체(隸書體) 명문(銘文) 37자가 있는데 시계 방향으로 이어서 읽으면 "湅冶(治)銅華淸而明, 以之爲鏡因宜文章, 延年而益壽去不羊, 與天毋亟(極)而日月之光, 長樂未央兮(연치(야)동화청이명, 이지위경인문장, 연년이익수거불양, 여천무극(극)이월월지광, 장악미앙혜)"이다. 명문의 수미는 새 문양과 작은 돌기 2개를 사이에 두고 있다.

연야동화경 (湅冶銅華鏡)

서한(西漢) | 지름 18.9cm 무게 0.82kg
2000년 서안시 미앙구 방신촌(西安市 未央區 方新村) 출토

Mirror with 'LianYe Tong Hua' Inscriptions

West Han Dynasty(206BC~23AD)
D 18.9cm 0.82kg
Excavated from Fangxin Village in Weiyang District, Xi'an in 2000

동경(銅鏡)은 원형(圓形)으로 꼭지는 동그랗고 유좌(鈕座)는 감꼭지 모양으로 잎 사이에는 예서체(隷書體)로 된 "長宜子孫(장의자손)"이란 네 글자가 있으며 소연(素緣)은 넓다. 유좌의 바깥쪽에 있는 즐치문(櫛齒紋)을 기준으로 주요 부분의 문양이 내외 문양대로 나뉜다. 안쪽 문양 대에는 8개의 안쪽을 향한 연호문(連弧紋)이 있는데 그 안쪽으로 간단한 초엽문(草葉紋)이 있다. 바깥에는 27자로 된 예서체 명문대(銘文帶) 가 있는데 시계 방향으로 이어서 읽으면 "湅治(冶)銅華淸而明, 以之爲鏡宜文章, 延年益壽去不羊, 與天毋極好(如)日(연치(야)동화청이명, 이지위경의문장, 연년익수거불양, 여천무극호(여)일)"이다. 수미(首尾)는 작은 돌기 2개를 사이에 두고 있다. 연부(緣部)에는 쌍선(雙線)의 절곡문 (折曲紋)이 있다.

한대(漢代)의 문자경(文字鏡)은 태양신 숭배의 산물로 현문경(弦紋鏡)과 연호경(連弧鏡)이 발전한 모습이며 한대 심미관의 시대적 표현 형 태이기도 하다. 서한(西漢) 초기에 명문(銘文)은 문양의 일부였으나 한무제(漢武帝) 전후에 동경의 주제 내용으로 나타나기 시작했다. 연호문 명문경(連弧紋銘文鏡)에서는 명문과 안쪽에 있는 연호문양이 주도적 위치를 차지한다. 동화명문경(銅華銘文鏡)은 동(銅)의 제련과정에서 인 성, 인격, 사상의 연마와 승화를 연상시키는 한편 주조를 통해 인격의 완성을 실현하였다. 이런 명문은 거울로 사람을 논하였을 뿐만 아니라 태양숭배사상이 사람들의 마음속에 자리하였음을 나타낸다.

025

연야동화경(涷冶銅華鏡)

서한(西漢) | 지름 16.5cm 무게 0.85kg
1982년 서안시 장안구(현) 마왕촌(西安市 長安區(縣) 馬王村) 출토

Mirror with 'LianYe Tong Hua'
Inscriptions

West Han Dynasty(206BC~23AD)
D 16.5cm 0.85kg
Excavated from Mawang Village in Chang'an District, Xi'an
in 1982

동경(銅鏡)은 원형(圓形)으로 꼭지는 동그랗고 유좌(鈕座)는 감꼭지 모양이다. 꼭지에 있는 잎 사이에는 간략화한 새가 있으며 연부(緣部)는 넓다. 전체는 흑칠고(黑漆古)이고 뒷면의 주요 부분은 즐치문(櫛齒紋) 세 바퀴에 의해 내외 문양대로 나뉜다. 안쪽 문양대에는 8개의 안쪽을 향한 연호문(連弧紋)이 있는데 그 안쪽으로 간단한 장식문양이 있다. 바깥쪽 문양대에는 29자로 된 예서체(隷書體) 명문(銘文)이 있는데 시계 방향으로 이어서 읽으면 "涷治(冶)銅華淸而明, 以之爲鏡宜文章, 延年益壽去不羊, 與天毋極而日月光(연치(야)동화청이명, 이지위경의문장, 연년익수거불양, 여천무극이일월광)"이다. 넓은 연부에는 쌍선(雙線) 절곡문(折曲紋) 한 바퀴가 있다. 동화연호경(銅華連弧鏡)은 서한(西漢) 중기에 나타나기 시작해 서한 말기에 유행하였다.

70

026

연야동화경(涑冶銅華鏡)

서한(西漢) | 지름 17.5cm 무게 0.79kg
2000년 서안시 미앙구(西安市 未央區) 우가장(尤家莊) 출토

Mirror with 'LianYe Tong Hua'
Inscriptions

West Han Dynasty(206BC~23AD)
D 17.5cm 0.79kg
Excavated from Youjia Village in Weiyang District, Xi'an
in 2000

동경(銅鏡)은 원형(圓形)으로 꼭지는 동그랗고 유좌(鈕座)는 병체연주문(并蒂聯珠紋)인데 구슬 3개씩을 품은 C 자형 호선(弧線) 4개가 꽃잎 4개를 이루었으며 연부(緣部)는 편평하다. 뒷면은 즐치문(櫛齒紋) 세 바퀴에 의해 내외 부분으로 나뉜다. 내구(內區)에는 철현문(凸弦紋)이 한 바퀴 둘러져 있고 안쪽을 향한 8개의 연호문(連弧紋) 띠가 있으며 그 안쪽으로 간단한 장식문양이 있다. 외구(外區)에는 34자로 된 예서체(隸書體) 명문(銘文)이 양각되어 있는데 시계 방향으로 읽으면 "涑治(冶)銅華淸而明, 以之爲鏡宜文章, 延年益壽去不羊, 與天毋極如日月之光, 千秋万兮(연치(야)동화청이명, 이지위경의문장, 연년익수거불양, 여천무극여일월지광, 천추만혜)"이다. 동경은 두껍고 무거우며 표면이 매끄럽고 제작이 정교하다.

한대(漢代) 동경의 명문은 대부분 예서체이다. 동경의 문자는 관념적인 상징일 뿐만 아니라 장식의 일종으로 조형미에 있어 중요한 역할을 한다. 도안에서 명문으로의 변화는 동경 미학발전사에서 중요한 발전이자 혁신이다.

청야동화경(清冶銅華鏡)

서한(西漢) | 지름 10cm 무게 0.15kg
1993년 서안시 미앙구 조원촌(西安市 未央區 棗園村) 출토

Mirror with 'QingYe Tong Hua' Inscriptions

West Han Dynasty(206BC~23AD)
D 10cm 0.15kg
Excavated from Zaoyuan Village in Weiyang
District, Xi'an in 1993

동경(銅鏡)은 원형(圓形)으로 꼭지는 동그랗고 유좌(鈕座)는 연주문(聯珠紋)인데 구슬 2개씩을 품은 부채 모양 호 4개가 꽃잎을 이루었다. 연부(緣部)는 좁고 편평하다. 주요 부분은 안팎으로 즐치문(櫛齒紋)이 한 바퀴씩 있고 내부에 철현대(凸弦帶)와 운뢰문(雲雷紋)도 한 바퀴씩 둘러져 있다. 24자로 된 예서체(隸書體) 명문대(銘文帶)가 있는데 시계 방향으로 읽으면 "清冶(治)銅華以爲鏡, 昭察衣服觀容貌, 絲組雜遝以爲信, 成宜佳人(청치(야)동화이위경, 소찰의복관용모, 사조잡답이위신, 성의가인)"이다.

중권명문경(重圈銘文鏡)

서한(西漢) | 지름 18,7cm 무게 1,03kg
1991년 서안시 미앙구 범남촌(西安市 未央區 范南村) 출토

Mirror with Double Inscription Rings

West Han Dynasty(206BC~23AD)
D 18,7cm 1,03kg
Excavated from Fannan Village in Weiyang District, Xi'an in 1991

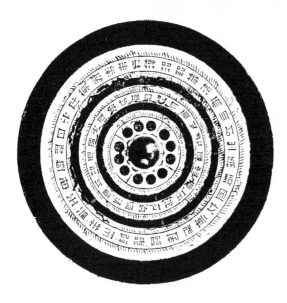

동경(銅鏡)은 원형(圓形)으로 꼭지는 동그랗고 유좌(鈕座)는 연주문(聯珠紋)인데 구슬 3개씩 품은 부채 모양 호 4개로 꽃잎 모양을 이루었다. 연부(緣部)는 편평하다. 주요 부분에 명문대(銘文帶) 두 바퀴가 있는데 안쪽에 있는 명문(銘文)은 "內淸以昭明, 光象夫日之月, 心忽忠(雍)不泄兮(내청이소명, 광상부일지월, 심홀충(옹)불설혜)"이고 한두 글자 사이마다 '이(而)' 자가 하나씩 있다. 바깥쪽에 있는 명문은 "涷治(冶)銅華淸而明, 以之爲鏡宜文章, 延年益壽辟不羊, 與天毋亟(極)如日光, 千萬歲, 樂未央(연치(야)동화청이명, 이지위경의문장, 연년익수벽불양, 여천무극(극)여일광, 천만세, 악미앙)"이다. 명문대 안팎으로 즐치문(櫛齒紋)과 관현문(寬弦紋)이 있다.

중권명대경(重圈銘帶鏡)은 연호문명대경(連弧紋銘帶鏡)과 유행 시기가 거의 비슷한데 '소명(昭明)'과 '동화(銅華)'의 결합으로 된 명문대를 갖고 있어 보기 드문 동경이다.

029

중권명문경(重圈銘文鏡)

서한(西漢) | 지름 15.6cm 무게 0.51kg
1993년 서안시 미앙구 조원촌(西安市 未央區 棗園村) 출토

Mirror with Double Inscription Rings

West Han Dynasty(206BC~23AD)
D 15.6cm 0.51kg
Excavated from Zaoyuan Village in Weiyang District, Xi'an in 1993

동경(銅鏡)은 원형(圓形)으로 꼭지는 동그랗고 유좌(鈕座)는 병체연주문(幷蒂聯珠紋)으로 구슬 3개씩을 품은 부채 모양 호 4개가 꽃잎 4개를 이루었다. 소연(素緣)은 편평하다. 유좌의 바깥쪽에 철현문(凸弦紋)이 두 바퀴 있는데 그 안팎 양쪽과 연(緣)의 안쪽에 즐치문(櫛齒紋)이 있다. 철현문과 연부(緣部) 사이에 명문대(銘文帶) 두 바퀴가 있는데 내구(內區)의 명문(銘文)은 전서체(篆書體)이고 시계 방향으로 읽으면 "見日之光, 長毋相忘(견일지광, 장무상망)"이며 글자 사이마다 소용돌이 문양이 하나씩 있다. 외구(外區)의 명문은 예서체(隸書體)이고 시계 방향으로 읽으면 "如皎光而耀美, 挾佳都而(承)間, 懷驩察而性寧, 志存神而不遷, 得幷執而不衰, 精昭折而侍君(여교광이요미, 협가도이(승)간, 회환찰이성녕, 지존신이불천, 득병집이불쇠, 정소절이시군)"이다.

이런 유형의 동경을 보면 내구의 명문은 대부분이 "見日之光, 長毋相忘(견일지광, 장무상망)"이고, "見日之光, 天下大明(견일지광, 천하대명)"도 일부 보인다. 외구는 대부분이 소명명(昭明銘)이다. 그러나 다른 배열방식도 있는데 어떤 동경은 내외구(內外區) 모두 일광명(日光銘)이고 일부는 내구가 일광명에 다른 명문을 더했으며 일부는 외구가 소명명이 아니라 군유행명(君有行銘)이나 동화명(銅華銘) 등인 것도 보인다. 명문의 글자 수는 보통 동경 크기에 따라 다르다.

030

초엽박국경 (草葉博局鏡)

서한(西漢) | 지름 12.8cm 무게 0.18kg
1991년 서안시 미앙구 범남촌(西安市 未央區 范南村) 출토

Mirror with Grass and Augury
Patterns

West Han Dynasty(206BC~23AD)
D 12.8cm 0.18kg
Excavated from Fannan Village in Weiyang District, Xi'an
in 1991

동경(銅鏡)은 원형(圓形)으로 꼭지는 쌍수형(雙獸形)인데 짐승 두 마리가 꼬리로 꼭지를 절반씩 둘러싸고 있다. 연부(緣部)에는 16개의 안쪽을 향한 연호문(連弧紋)이 있다. 유좌(鈕座)의 바깥쪽에 넓은 네모 틀이 있는데 틀의 모서리마다 원좌(圓座) 돌기가 하나씩 있으며 그 사이에 있는 수직 쌍직선(雙直線)의 양쪽에 대칭되는 삼중(三重) 갈고리 모양 곡선이 있다. 주요 부분에는 박국문(博局紋)과 초엽문(草葉紋)이 있고 네모 틀의 네 모서리에는 V형 부호가 있으며 중간에 있는 L형 부호의 아래위 두 부분에는 병렬로 세로 쌍선(雙線) 두 줄이 있으며 그 양쪽에는 세 겹으로 된 초엽문이 있다. V형 부호 안쪽에는 송곳 모양의 초엽문이 있으며 L형 부호 안쪽에는 반쪽 초엽문이 있다.

박국문은 박희(博戲)의 부호가 '육박(六博)' 혹은 '박국점(博局占)'으로 변화되어 동경에 반영된 것이다. 한대(漢代)에 동경은 중요한 벽사(辟邪) 도구로서 이 시기 동경의 명문(銘文)에는 "尙方作鏡大毋傷, 左龍右虎辟不祥(상방작경대무상, 좌룡우호벽불상)", "屢刻博局去不祥(누각박국거불상)" 등의 구절이 새겨져 있는데 이로부터 TLV 문양은 택길(擇吉)과 벽사의 기능이 있었음을 알 수 있다. TLV 육박문(六博紋)은 서한(西漢)부터 동한(東漢) 초, 중기까지 점복 및 미신이 성행하였음을 보여준다. 이 문양은 동시대의 초엽문, 반리문(蟠螭紋), 사신(四神), 신수(神獸) 등 신령물과 함께 한대 동경의 신비스러운 분위기를 만들어냈다.

031

사신박국경(四神博局鏡)

신망(新莽) | 지름 20.5cm 무게 0.97kg
1997년 서안시 미앙구(西安市 未央區) 출토

Augury-Patterned Mirror with Four Divine Beasts Patterns

Xin Dynasty(8AD~23AD)
D 20.5cm 0.97kg
Excavated from Weiyang District of Xi'an in 1997

동경(銅鏡)은 원형(圓形)으로 꼭지는 동그랗고 유좌(鈕座)에는 사엽문(四葉紋)이, 연부(緣部)에는 화문대(畵紋帶)가 있다. 유좌의 바깥쪽에 있는 네모 틀의 내부에는 작은 원좌(圓座) 돌기 12개가 있는데 돌기 사이에는 십이지신(十二支神) 명문(銘文)이 있다. 틀 바깥쪽의 주요 부분에는 연호문좌(連弧紋座) 돌기 8개와 박국문(博局紋) 부호가 있는데 T, L, V는 외구(外區)를 다시 여덟 부분으로 나눈다. 그 사이에 사신(四神)과 짐승으로 장식했는데 V를 중간에 두고 사신과 마주하고 있는 것은 서수(瑞獸), 금조(禽鳥), 청룡(靑龍), 서수이다. 백호(白虎)의 앞에는 달을 상징하는 두꺼비가 있고 청룡의 앞에는 해를 상징하는 금오(金烏)가 있으며 빈 공간에는 유운문(流雲紋)과 새문양이 있다. 주요 부분의 바깥쪽에는 예서체(隸書體) 명문이 한 바퀴 있는데 시계 방향으로 이어서 읽으면 "新有善同(銅)出丹陽, 湅治銀錫淸而明, 巧工刻之成文章, 左龍右虎辟不羊(祥), 朱鳥玄武順陰陽, 子孫備具居中央, 長保二親樂富昌, 壽敝(比)金石爲國保(신유선동(동)출단양, 연치은석청이명, 교공각지성문장, 좌룡우호벽불양(양), 주조현무순음양, 자손비구거중앙, 장보이친악부창, 수폐(비)금석위국보)"이다. 명문대(銘文帶) 밖에는 즐치문(櫛齒紋)이 한 바퀴 둘러져 있고 넓은 연(緣)에는 거치문(鋸齒紋)과 운기문(雲氣紋)이 있다.

주요 부분의 금오와 두꺼비는 동경에서 보기 드문 장식 도안이다. 금오는 삼족오인데 전하는 바에 의하면 태양에는 삼족오가 살고 있다 하여 태양을 상징하게 되었다. 『후한서(後漢書)』「천문지(天文志)」에는 "사실 별들의 변화를 말하는 것이다(言其實星辰之變)"라는 기록이 있고 남조대(南朝代) 양(梁)의 유소(劉昭)는 "예(羿)가 서왕모에게 불사약을 청해 받았지만 항아(姮娥)가 그 약을 훔쳐 먹고 달나라로 도망가 두꺼비가 되었다(羿謂無死之藥于西王母, 姮娥遂託身于月, 是爲蟾蜍)"라고 하였다. 이로써 두꺼비는 달을 상징하게 되었다.

동경 명문의 내용은 동경 원재료의 산지, 장인 및 주조 방법을 설명하였을 뿐만 아니라 사람들의 영달, 자손 번성, 부귀영화, 불로장생의 염원도 반영하였다. 이 동경의 명칭에 대해서는 의견이 분분한데 상방조수문경(尙方鳥獸紋鏡)이나 오령박국문경(五靈博局紋鏡)이라 칭하기도 한다. 상술한 동경은 신망(新莽) 시기 대표적인 동경 중 하나로 하남(河南) 낙양(洛陽) 지역에서 출토된 것이 가장 많다.

032

우인신수경(羽人神獸鏡)

동한(東漢) | 지름 18.7cm 무게 0.88kg
1979년 서안시(西安市) 문물상점에서 넘겨받음

Mirror with Feathered Man and Divine
Beast Patterns

East Han Dynasty(25AD~220AD)
D 18.7cm 0.88kg
Transferred by Xi'an Culture Relic shop in 1979

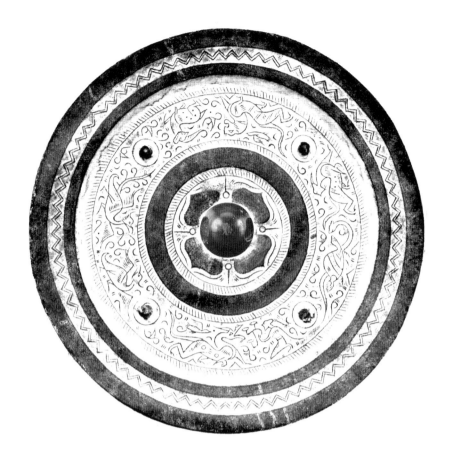

　동경(銅鏡)은 원형(圓形)으로 꼭지는 동그랗고 유좌(鈕座)는 감꼭지 모양인데 잎 사이마다 간략화한 나는 새가 있으며 바깥쪽에는 즐치문(櫛齒紋)과 관현문(寬弦紋)이 한 바퀴씩 둘러져 있다. 주요 부분에는 안팎으로 즐치문이 둘러져 있고 원좌(圓座) 돌기 4개가 장식되어 있다. 주제문양은 4개의 돌기에 의해 네 조로 나뉘었는데 청룡(靑龍)과 우인(羽人) 부분에서는 우인이 등잔을 든 두 손을 앞으로 내밀고 꿇어앉아 있다. 주작(朱雀)과 금조(禽鳥)는 둘 다 날개를 펼치고 질주하는 모양이며 백호(白虎)와 선록(仙鹿)에서 사슴의 뿔은 굵고 단단하며 몸통에는 작은 돌기로 매화반문(梅花斑紋)을 나타냈다. 현무(玄武)와 서수(瑞獸)에서 짐승은 머리에 뿔이 나고 몸에는 표범문양과 사자 털이 있다. 사신(四神)의 발밑으로는 ∧형 꺾은선으로 뭇 산을 표현하고 그 주변에는 유운문(流雲紋)과 작은 새를 채웠다. 넓은 연부(緣部)에는 기하형 쌍선(雙線)의 절곡문(折曲紋)이 있다.

　이 사신박국문경(四神博局紋鏡)은 장식문양이 복잡하고 묘사가 섬세하며 선이 유창한데 도안에는 사신 이외에도 서수, 금조, 우인 등을 추가하였다. 그중 우인은 귀가 길고 날개가 달려 있으며 다리에 깃털이 있다.

　중국에서 신선(神仙)사상은 유구한 역사를 가지고 있어 예로부터 수행하여 신선이 되면 날개가 생겨나 하늘나라로 날아가 선인(仙人)이 된 '우인'에 관한 얘기가 널리 전해지고 있다. 고대(古代) 문헌에도 이에 관한 기록이 있는데 『초사(楚辭)』「원유(遠游)」에서는 "우인을 따라 단구(丹丘)에 와서 불사의 고장에 머무른다(仍羽人于丹丘兮, 留不死之鄉)"라는 기록이 있다. 왕일(王逸)은 "사람이 깨달음을 얻으면 깃털이 생긴다(人得道生毛, 羽毛也)"라고 말했다. 『산해경(山海經)』에도 우인에 관한 묘사가 있는데 그중 『해외남경(海外南經)』에는 "우민국(羽民國)은 남산의 동남쪽에 있는데 그곳 사람들은 머리가 새같이 길고 몸에는 깃털이 가득하다(羽民國在其東南, 其爲人長頭, 身生羽)"라는 기록이 있다.

　출토 유물 가운데서 가장 오래된 '우인'은 강서의 신간(新干) 상(商)나라 묘지에서 출토된 옥기투환(玉器套環) 우인인데 몸에 날개가 달려 있다. 한대(漢代)의 우인은 동경의 문양에서 흔히 볼 수 있을 뿐만 아니라 화상석(畵像石)에서도 많이 볼 수 있다. 그중에서 신선의 경지를 묘사하는 장면이 많은데 예를 들어서, 강소(江蘇) 아녕현(雅寧縣)의 구녀돈(九女墩) 한묘(漢墓)에서 출토된 화상석에는 우인이 선과(仙果)를 채집하여 저장하는 모습을 새긴 것이 있다. 관(冠)을 쓰고 긴 머리를 휘날리는 우인은 등에 날개가 있고 다리에는 깃털이 있으며 한쪽 무릎을 꿇은 채 손을 내밀어 선과를 따고 있는데 이 명문사신박경(銘文四神博鏡)의 우인과 매우 흡사하다.

　최초로 동경에 우인이 나타난 것은 양상춘(梁上椿)의 『암굴장경(岩窟藏鏡)』에 기록된 전국(戰國) 말기의 '세지문비선비룡내향연호문선경(細地紋飛仙飛龍內向連弧紋線鏡)'이다. 이 동경은 꼭지가 삼현뉴(三弦鈕)이고 유좌가 동그라며 사방격석문(斜方格席紋) 바탕문양 위에 나체의 비선(飛仙) 셋이 있다. 비선은 정수리에 긴 귀 2개가 나 있고 등에 한 쌍의 날개가 달려 있는데 질주하는 모습으로 흔히 볼 수 있는 우인과는 다르다.

033

우인신수경 (羽人神獸鏡)

동한(東漢) | 지름 18.9cm 무게 0.95kg
1996년 서안시 미앙구(西安市 未央區) 출토

Mirror with Feathered Man and Divine
Beast Patterns

East Han Dynasty(25AD∼220AD)
D 18.9cm 0.95kg
Excavated from Weiyang District of Xi'an in 1996

동경(銅鏡)은 원형(圓形)으로 꼭지는 동그랗고 유좌(鈕座)는 감꼭지 모양이다. 잎 사이에는 소전체 명문(銘文) "長宜子孫(장의자손)"이 쓰여 있다. 주요 부분은 세 바퀴의 즐치문(櫛齒紋)에 의해 두 부분으로 나뉜다. 안쪽 부분은 넓고 문양이 없는 철현문(凸弦紋)이고 바깥 부분은 원좌(圓座) 돌기에 의해 네 부분으로 나뉘었는데 각 부분은 금조(禽鳥), 우인(羽人) 및 각종 서수(瑞獸)로 장식되었고 그 밖에 또 한 바퀴의 즐치문이 둘러져 있다. 넓은 연부(緣部)에는 작은 돌기가 있는 삼각형 파곡문(波曲紋)이 있다. 주요 부분의 금수(禽獸)와 우인이 모두 복부는 꼭지를 향하고 등은 연(緣)을 향하여 흔히 볼 수 있는 방향과는 정반대라는 점이 눈에 띈다.

이런 유형의 동경은 사유금수경(四乳禽獸鏡)에서 파생되었다. 유좌 사이에 '長宜子孫(장의자손)' 명문을 추가했지만 전반적으로 여전히 사유금수경 형태이다. 이런 동경은 서한(西漢) 말기에서 동한(東漢) 초기까지 유행했으며 이후 장의자손 연호문경(長宜子孫連弧紋鏡)으로 변화하였는데 이는 매우 보기 드문 것이다.

034

우인신수경(羽人神獸鏡)

동한(東漢) | 지름 18.7cm 무게 0.87kg
1996년 서안시 미앙구(西安市 未央區) 출토

Mirror with Feathered Man and Divine Beast Patterns

East Han Dynasty(25AD~220AD)
D 18.7cm 0.87kg
Excavated from Weiyang District of Xi'an in 1996

동경(銅鏡)은 원형(圓形)으로 꼭지는 동그랗고 유좌(鈕座)는 감꼭지
모양으로 잎 사이에는 간략화한 새문양이 있으며 소연(素緣)은 넓다.
주요 부분은 즐치문(櫛齒紋) 세 바퀴에 의해 두 문양대로 나뉜다. 안쪽
은 문양이 없고 바탕이 넓은 철현문(凸弦紋)이다. 바깥쪽은 감꼭지 모
양 돌기문양에 의해 네 부분으로 나뉘고 각 부분은 2개의 신수(神獸)로
장식되었는데 호랑이, 원숭이, 천록(天祿), 벽사(辟邪)와 우인(羽人) 등
이 있다. 모두 바라는 일이 뜻대로 되길 기원한 것이다.

035

우인신수경 (羽人神獸鏡)

동한(東漢) | 지름 25.4cm 무게 1.27kg
1964년 서안시 미앙구(西安市 未央區) 출토

Mirror with Feathered Man and Divine
Beast Patterns

East Han Dynasty(25AD~220AD)
D 25.4cm 1.27kg
Excavated from Weiyang District of Xi'an in 1964

동경(銅鏡)은 원형(圓形)으로 꼭지와 유좌(鈕座)는 모두 동그랗고 연부(緣部)에는 명문(銘文)이 새겨져 있다. 유좌에는 작은 꽃잎이 한 바퀴 둘러져 있는데 꽃잎 사이마다 짧은 평행 수직선 세 줄이 있다. 뒷면은 문양이 없는 관현문(寬弦紋)을 사이에 두고 두 부분으로 나뉜다. 내구(內區)에는 구름문양을 사이에 둔 9개의 돌기가 있다. 돌기는 현문(弦紋)으로 둘러져 있으며 그 사이마다 구름문양이 3개씩 있는데 구름문양은 여러 개의 호선(弧線)으로 구성되었다. 그 겉에 즐치문(櫛齒紋) 한 바퀴가 더 있다. 외구(外區)에는 사신금수(四神禽獸)를 사이에 둔 돌기 7개가 있다. 돌기는 동그라미로 싸여 있는데 동그라미 내부에는 날개를 펼친 새와 날개를 접은 새가 한 쌍씩 있으며 새 사이에도 구름문양이 있다. 돌기 사이는 모두 큰 문양 하나와 작은 문양 2개 총 3개의 문양으로 구성되었다. 청룡(靑龍)과 일각수(一角獸) 두 마리, 주작(朱雀)과 인수봉신조(人首鳳身鳥)와 새, 서수(瑞獸)와 두꺼비와 일각수, 백호(白虎)와 호랑이와 서면수(鼠面獸), 현무(玄武)와 장미수(長尾獸)와 새, 서수와 두꺼비와 인면수(人面獸), 우인(羽人)과 꽃을 쥔 우인과 장각(長角) 염소이다. 주제문양 사이는 구름문양으로 공간을 메웠으며 그 겉에는 즐치문 한 바퀴가 있다. 넓은 연부의 중간 부분에 양각으로 새긴 예서체(隸書體) 명문 74자가 있는데 내용은 "維鏡之舊生(性)兮質剛堅, 處於名山兮俟工人, 佛取菁華兮光耀遵(焞). 升高邑(宜)兮進近親, 昭兆(焯)煥兮見抒(躬)身. 福熹進兮日以前, 食玉英兮飮澧(醴)泉, 倡樂陳兮見神鮮(仙), 葆長命兮壽萬年, 周復始兮傳子孫(유경지구생(성)혜질강견, 처어명산혜사공인, 불취청화혜광요준(돈). 승고읍(의)혜진근친, 소조(작)환혜견서(궁)신. 복희진혜일이전, 식옥영혜음례(례)천, 창악진혜견신선(선), 보장명혜수만년, 주부시혜전자손)"이다. 명문의 수미(首尾) 사이는 점 3개로 구분하였다.

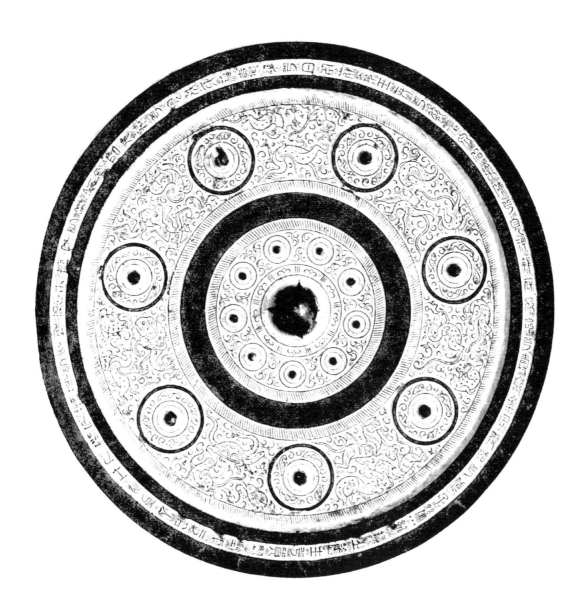

정면영상(正面映像) 효과

036

상방박국경(尙方博局鏡)

동한(東漢) | 지름 13.7cm 무게 0.45kg
1977년 서안시 파교구(西安市 灞橋區) 출토

Augury-Patterned Mirror with 'Shang Fang'
Inscriptions

East Han Dynasty(25AD~220AD)
D 13.7cm 0.45kg
Excavated from Baqiao District of Xi'an in 1977

상방박국경(尙方博局鏡)

동경(銅鏡)은 전체가 새까맣고 반질거려 속칭 '흑칠고경(黑漆古鏡)'이라 부르기도 한다. 원형(圓形)으로 꼭지는 동그랗고 유좌(鈕座)는 사엽형(四葉形)이며 유좌의 바깥쪽에는 오목한 틀이 있다. 주요 부분에는 돌기문양 8개, 박국(博局)문양과 사신조수문(四神鳥獸紋)이 있다. 틀의 모서리 맞은편엔 V 자 부호가 있고 원좌(圓座) 돌기 사이에 T, L 자 부호가 있다. 사방의 문양은 청룡(靑龍), 주작(朱雀), 백호(白虎)와 현무(玄武)가 한 부분을 차지하고 나머지 네 부분은 새, 짐승, 우인(羽人)으로 장식하였으며 그 사이는 화초문양으로 채웠다. 바깥쪽에는 예서체(隸書體) 명문대(銘文帶)가 있는데 시계 방향으로 이어서 읽으면 "尙方佳竟眞大好, 上有仙人不知老, 渴飮玉泉飢食棗, 浮游天下敖四海, 壽如今(金)石之保(상방가경진대호, 상유선인불지로, 갈음옥천기식조, 부유천하오사해, 수여금(금)석지보)"이다. 수미(首尾)는 작은 돌기 3개로 구분하였다. 명문대의 바깥쪽에는 즐치문(櫛齒紋) 한 바퀴가 있다. 넓고 두꺼운 연부(緣部)에는 거치문(鋸齒紋) 두 바퀴가 있으며 그 사이에는 쌍선(雙線)의 절곡문(折曲紋)이 있다.

이 같은 상방명(尙方銘) 사신박국경(四神博局鏡)은 흔히 보이는데 주로 왕망(王莽) 시기와 동한(東漢) 초기에 유행하였다. 규구문(規矩紋)의 법천상지(法天象地) 조형과 명문(銘文)의 유선(遊仙)을 표현한 어구는 서한(西漢) 말기와 왕망 시기 참위설(讖緯說), 신선(神仙)사상과 음양오행(陰陽五行)의 성행과 관계가 있을 것이다.

흑칠고(黑漆古)의 형성은 동경이 묻힌 토양의 조건과 긴밀한 관계가 있다. 토양의 성분은 매우 복잡한데 주로 점토광물, 물, 부식질(腐植質)과 무기이온 등으로 구성되었다. 부식질 혹은 부식산(腐植酸)은 토양이 분해되거나 성질이 변화한 후에 생긴 생물질(生物質)이다. 이는 토양 중의 환원 성분으로 표준 산화환원전위는 0.7V라서 토양에 묻힌 동경 표면의 금속을 산화시켜 금속산화물을 생성할 수 있다. 이 외에 부식산 분자에 포함되어 있는 일부 유기관능기는 구리이온과 반응하여 안정적인 배합물(配合物) 또는 배위화합물을 생성해 산화구리의 용해나 구리의 유실을 유발할 수 있지만 주석이온과는 안정적인 배합물을 생성하지 않아 표면에 있는 산화주석을 용해하지 않는다. 표면의 구리가 유실되어서 주석의 함량이 상대적으로 풍부해지고 구리를 함유한 2가 산화물이 생성됨에 따라 동경의 색깔이 어두워진다.

이 동경 표면의 색상은 동경 제조연대 및 부식층의 지속적인 산화와 관련이 있는데 표면에 있는 SnO_2(산화석)가 안정적이기 때문에 부식되지 않아 오랫동안 묻혀 있어도 녹슬지 않았다.

상방박국경 (尙方博局鏡)

동한(東漢) | 지름 13.8cm 무게 0.4kg
1991년 서안시 미앙구 범남촌(西安市 未央區 范南村) 출토

Augury-Patterned Mirror with 'Shang Fang' Inscriptions

East Han Dynasty(25AD～220AD)
D 13,8cm 0,4kg
Excavated from Fannan Village in Weiyang District, Xi'an in 1991

　동경(銅鏡)은 원형(圓形)으로 꼭지는 동그랗고 유좌(鈕座)는 사엽형(四葉形)이다. 유좌의 바깥쪽에는 오목한 틀이 있는데 틀의 네 변과 모서리 부분에 T, L, V 자의 박국(博局) 부호가 있다. T, L, V 자 문양 사이에는 백호(白虎), 주작(朱雀), 청룡(靑龍), 괴물과 우인(羽人) 등 신물(神物)이 있으며 T 자 양쪽에는 원좌(圓座) 돌기가 하나씩 있다. 그 바깥쪽에 예서체(隸書體) 명문대(銘文帶)가 있는데 시계 방향으로 이어서 읽으면 "尙方作竟大毋傷, 左龍右虎辟不羊, 朱鳥玄武和陰陽, 子孫備具居中央, 長保二親樂富昌(상방작경대무상, 좌룡우호벽불양, 주조현무화음양, 자손비구거중앙, 장보이친악부창)"이다. 명문대의 바깥쪽에 한 바퀴의 즐치문(櫛齒紋)이 있다. 넓은 연부(緣部)에는 거치문(鋸齒紋) 두 바퀴가 있고 그 사이에 쌍선(雙線) 파곡문(波曲紋) 한 바퀴가 있다. 한무제(漢武帝) 때 상방관(尙方官)을 설치하여 동경을 주조하였으나 신망(新莽) 시기에 이르러 동경의 명문에 상방이 나타나기 시작했다. 상방경(尙方鏡)은 전해지는 것이 가장 많고 명문(銘文)의 양식은 복잡하지만 차이가 거의 없다.

상방박국경(尙方博局鏡)

동한(東漢) | 지름 13.7cm 무게 0.46kg
1979년 6월 서안시(西安市) 문물상점에서 넘겨받음

Augury-Patterned Mirror with 'Shang Fang' Inscriptions

East Han Dynasty(25AD~220AD)
D 13.7cm 0.46kg
Transferred by Xi'an Culture Relic shop in Jun 1979

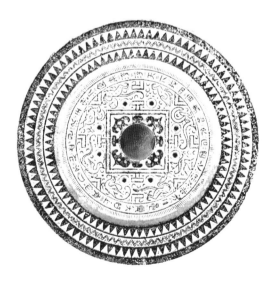

동경(銅鏡)은 원형(圓形)으로 꼭지는 동그랗고 유좌(鈕座)는 사엽형(四葉形)이며 연부(緣部)는 넓다. 유좌의 바깥쪽에는 오목한 틀이 있는데 틀 바깥쪽의 주요 부분에는 박국문(博局紋)과 금수문(禽獸紋)이 있다. 틀의 모서리 부분에는 V형 부호가 있으며 T 자형의 양쪽에는 돌기가 하나씩 있다. 주제문양은 용(龍), 백호(白虎), 현무(玄武), 주작(朱雀) 등 사신(四神)의 형상이다. 바깥쪽에는 명문대(銘文帶)가 있는데 시계 방향으로 이어서 읽으면 "尙方佳竟眞大好, 上有仙人不知老, 渴飮玉泉飢食棗, 浮游天下敖四海, 壽如金石國之保(상방가경진대호, 상유선인불지로, 갈음옥천기식조, 부유천하오사해, 수여금석국지보)"이다. 명문대의 바깥쪽에 즐치문(櫛齒紋) 한 바퀴가 있다. 연부에 삼각형 거치문(鋸齒紋) 두 바퀴가 있고 그 사이에는 쌍선(雙線)의 절곡문(折曲紋)이 있다.

이 동경은 금수박국경(禽獸博局鏡)이라 부르기도 한다. 한대(漢代)에 가장 널리 유행했던 동경 중의 하나로 촉(蜀)을 제외한 다른 지역에서는 모두 이런 종류의 동경이 출토되었다. 동경 명문(銘文)의 글씨체는 전서체(篆書體)와 예서체(隸書體)가 섞여 있으며 그 내용에서 마지막 한 구절만 다소 변화가 있을 뿐 나머지 구절은 동일한데 신을 숭배하고 장수(長壽), 평안(平安)을 기도하는 내용이다.

039

박국경(博局鏡)

동한(東漢) | 지름 11.5cm 무게 0.33kg
2000년 서안시 미앙구 조가묘(西安市 未央區 曹家廟) 출토

Mirror with Augury Patterns

East Han Dynasty(25AD~220AD)
D 11.5cm 0.33kg
Excavated from Caojiamiao Village in Weiyang District, Xi'an
in 2000

동경(銅鏡)은 원형(圓形)으로 꼭지는 동그랗고 유좌(鈕座)는 감꼭지 모양이며 유좌의 바깥쪽에는 오목한 틀이 있다. 주요 부분에는 돌기, 금조(禽鳥)와 박국(博局)문양이 있다. 틀의 모서리 부분엔 V형 부호가 있고 틀 네 변의 바깥쪽에는 T형, 맞은편에는 L형 부호가 있다. L, T형 부호 양쪽에는 원좌(圓座) 돌기가 있으며 그 위로 작은 새문양이 있다. 주요 부분의 바깥쪽에는 즐치문(櫛齒紋) 한 바퀴가 있으며 넓고 두꺼운 연부(緣部)에는 거치문(鋸齒紋) 두 바퀴가 있다.

박국경(博局鏡)

동한(東漢) | 지름 11.8cm 무게 0.39kg
1983년 서안시 미앙구(西安市 未央區) 출토

Mirror with Augury Patterns

East Han Dynasty(25AD~220AD)
D 11.8cm 0.39kg
Excavated from Weiyang District of Xi'an in 1983

동경(銅鏡)은 원형(圓形)으로 꼭지와 유좌(鈕座)는 모두 동그랗고 연부 (緣部)에는 화문대(畵紋帶)가 있다. 유좌에는 8개의 원좌(圓座) 돌기가 있으며 사이에는 화초문양이 있다. 유좌의 바깥쪽에 오목한 틀이 있는데 원형 유좌와 접하며 틀 내부 모서리마다 세 잎짜리 화초가 하나씩 있다. 주요 부분에는 박국문(博局紋), 원좌 돌기와 우인금수문(羽人禽獸紋)이 있다. T, L, V 자 부호 사이에는 우인희금조(羽人戲禽鳥), 금조(禽鳥) 두 마리, 우인(羽人) 두 명, 금조와 두꺼비 등이 있으며 T 자 양쪽에는 원좌 돌기가 하나씩 있다. 동경의 연부에는 삼각형 거치문대(鋸齒紋帶)와 변형된 사신문대(四神紋帶)가 있다. 특히 주목할 만한 부분은 V 자를 사이에 둔 날개 달린 우인이다. 우인의 얼굴은 짐승 얼굴과 같고 꼬리가 나 있으며 서로 마주 보고 앉아 있다. 이런 문양의 박국경(博局鏡)은 매우 보기 드물다.

041

사신박국경(四神博局鏡)

동한(東漢) | 지름 16.4cm 무게 0.66kg
1979년 6월 서안시(西安市) 문물상점에서 넘겨받음

Augury-Patterned Mirror with
Four Divine Beasts Patterns

East Han Dynasty(25AD~220AD)
D 16.4cm 0.66kg
Transferred by Xi'an Culture Relic shop in Jun 1979

　　동경(銅鏡)은 원형(圓形)으로 꼭지는 동그랗고 유좌(鈕座)는 사각형이며 연부(緣部)에는 화문대(畵紋帶)가 있다. 유좌에는 12개의 원좌(圓座) 돌기가 있는데 돌기 사이에는 십이지지(十二地支) 명문(銘文)이 있다. 사각형 유좌와 꼭지가 접하여 생긴 네 모서리에는 부조(浮彫)로 새긴 산봉우리가 있으며 유좌 바깥쪽에는 오목한 네모 틀이 있다. 주요 부분에 있는 박국문(博局紋)이 문양을 네 부분으로 나눴는데 청룡(靑龍)과 우인(羽人), 백호(白虎)와 금조(禽鳥), 주작(朱雀)과 금조(禽鳥), 현무(玄武)와 서수(瑞獸)가 있으며, V자 부호를 사이에 둔다. 외구(外區)는 명문대(銘文帶)로 명문의 내용은 "作佳竟成眞大好, 上有仙人不老, 渴飮玉泉飢食棗, 浮游天下敖四海, 爲國保(작가경성진대호, 상유선인불로, 갈음옥천기식조, 부유천하오사해, 위국보)"이다. 명문대의 바깥쪽에는 조밀한 즐치문(櫛齒紋)과 거치문(鋸齒紋)이 한 바퀴씩 있다. 연부에는 전지엽문(纏枝葉紋)이 있다.

사신박국경(四神博局鏡)

동한(東漢) | 지름 14.1cm 무게 0.46kg
2000년 서안시 미앙구 조가묘(西安市 未央區 曹家廟) 출토

Augury-Patterned Mirror with Four Divine Beasts Patterns

East Han Dynasty(25AD∼220AD)
D 14,1cm 0,46kg
Excavated from Caojiamiao Village in Weiyang District, Xi'an in 2000

동경(銅鏡)은 원형(圓形)으로 꼭지는 동그랗고 연부(緣部)에는 화문대(畵紋帶)가 있다. 유좌(鈕座)는 감꼭지 모양이며 잎의 뽀족한 끝 양쪽은 호형(弧形)의 유운문(流雲紋)으로 장식하였으며 잎 사이에는 쌍호선(雙弧線)에 싸인 작은 동그라미가 있다. 유좌의 바깥쪽에는 네모난 틀이 있다. 주요 부분은 돌기 8개, 박국문(博局紋)과 사신조수문(四神鳥獸紋)으로 장식되었다. 틀의 모서리에는 V형 부호가 있고 네 변 바깥쪽에는 돌기 2개가 T, L 부호를 사이에 두고 있다. 박국문 사이에 청룡(靑龍), 주작(朱雀), 백호(白虎)와 봉조(鳳鳥), 현무(玄武)와 우인(羽人)이 있고 그 사이는 화초문양으로 채웠다. 외구(外區)의 명문(銘文)은 "作佳竟哉眞大好, 上有仙人不知老, 渴飮玉泉飢食棗, 壽而今(金)石爲國保(작가경재진대호, 상유선인부지노, 갈음옥천기식조, 수이금(금)석위국보)"이며 수미(首尾)는 작은 돌기 2개를 경계로 한다. 명문대(銘文帶)의 바깥쪽에는 즐치문(櫛齒紋) 한 바퀴가 있고 넓고 두꺼운 연부의 안쪽에 거치문(鋸齒紋) 한 바퀴가 있다. 연부에는 이방연속식(二方連續式) 운기문대(雲氣紋帶)가 있다.

신수경(神獸鏡)

동한(東漢) | 지름 18.7cm 무게 1.05kg
1991년 서안시 미앙구 방신촌(西安市 未央區 方新村) 출토

Mirror with Divine Beasts Patterns

East Han Dynasty(25AD~220AD)
D 18.7cm 1.05kg
Excavated from Fangxin Village in Weiyang District, Xi'an in 1991

동경(銅鏡)은 원형(圓形)으로 꼭지와 유좌(鈕座)는 모두 동그랗고 연부(緣部)에는 화문대(畵紋帶)가 있다. 유좌의 바깥쪽은 사이사이 화초문양을 장식한 원좌(圓座) 돌기 한 바퀴가 있고 그 바깥에 권초문(卷草紋) 한 바퀴를 사이에 둔 철현문(凸弦紋) 두 줄이 있다. 주요 부분의 안팎은 즐치문(櫛齒紋)으로 장식하고 그 사이에는 원좌 돌기 7개가 있는데 그 사이에 호랑이, 용, 사슴, 천록(天祿) 등 신화전설에 나오는 서수(瑞獸)를 새겼다. 연부는 변형된 사신문(四神紋)으로 장식하고 그 사이에는 우인(羽人)을 새겼다.

이런 유형의 동경은 사유금수경(四乳禽獸鏡)에서 다유금수경(多乳禽獸鏡)으로 발전하는 과도기 형태인데 보통 돌기가 5개에서 8개 사이이며, 그 중에서 7개인 것이 가장 흔하다. 이런 동경은 주로 동한(東漢) 중기와 말기에 유행하였다.

044

신수경(神獸鏡)

동한(東漢) | 지름 18.8cm 무게 0.95kg
1991년 서안시 미앙구 방신촌(西安市 未央區 方新村) 출토

Mirror with Divine Beasts Patterns

East Han Dynasty(25AD∼220AD)
D 18.8cm 0.95kg
Excavated from Fangxin Village in Weiyang District,
Xi'an in 1991

　동경(銅鏡)은 원형(圓形)으로 꼭지와 유좌(鈕座)는 모두 동그랗고 연부(緣部)에는 화문대(畵紋帶)가 있다. 유좌에는 9개의 돌기문양이 있고 그 사이에는 C 자 모양의 구름문양이 있다. 주요 부분은 즐치문(櫛齒紋) 세 바퀴에 의해 두 부분으로 나뉘었다. 내구(內區)에는 이방연속식(二方連續式) ∞형 추상화된 용무늬가 있는데 한 쌍 사이마다 작은 구슬로 갈라놓았다. 외구(外區)에는 연호문좌(連弧紋座)의 돌기 7개가 있으며 그 사이는 청룡(青龍), 백호(白虎), 주작(朱雀)과 현무(玄武) 등 사신(四神) 도안으로 장식되었다. 연부는 삼각형 거치문(鋸齒紋)과 변형된 사신문(四神紋)으로 장식되었다. 특히 주목해야 할 부분은 주요 부분 문양이 모두 세밀하고 광택이 나는데, 빈 공간은 초라하고 어두우니 문양 부분만 주석 아말감을 사용해 광택을 낸 것이다.

　이런 다유금수문경(多乳禽獸紋鏡) 유좌의 바깥쪽에는 보통 돌기가 5개에서 8개 정도 있으며 그중에서 7개인 것이 가장 많다. 주요 부분 돌기 사이에는 사신, 우인(羽人) 등 각종 금수신인문(禽獸神人紋)이 있으며 명문(銘文)이 있는 경우도 있다. 돌기 사이에 있는 금수에 대해서는 의견이 분분하다. 『박고도록(博古圖錄)』에서 '사령삼서(四靈三瑞)'라 하는 것 중에 사령(四靈)은 사신을 말하는 것이지만 삼서(三瑞)가 무엇인지는 확실치 않다. 일본 학자들은 이 일곱 가지를 주작, 환룡(豢龍), 거북, 천록(天祿), 백호, 백록(白鹿), 두꺼비 등으로 본다. 일부는 이 일곱 가지 중에서 사신을 제외하고 나머지 셋은 현실 생활에서 볼 수 있는 동물이라고도 본다. 의견이 서로 다르지만 일곱 가지 금수가 모두 신화전설과 관련 있다는 점만은 확실하다. 다유금수문경은 주로 동한(東漢) 중기와 말기에 유행하였다.

오령경(五靈鏡)

동한(東漢) | 지름 18.7cm 무게 1.02kg
서안시(西安市) 문물상점에서 넘겨받음

Mirror with Five Divine Animals

East Han Dynasty(25AD~220AD)
D 18.7cm 1.02kg
Transferred by Xi'an Culture Relic shop

　동경(銅鏡)은 원형(圓形)으로 꼭지와 유좌(鈕座)는 모두 동그랗고 연부 (緣部)에는 화문대(畵紋帶)가 있다. 유좌는 원좌(圓座) 돌기 9개로 장식되었 고 돌기 사이에는 새나 벌레 등의 형상으로 만든 조충전(鳥蟲篆)으로 쓴 명 문(銘文) "宜子孫(이자손)"과 초엽문(草葉紋)이 있다. 주요 부분 문양은 두 부분으로 나뉘는데 내구(內區)는 교룡문(交龍紋) 한 바퀴를 사이에 두고 철 현문(凸弦紋) 두 줄이 있으며 외구(外區)는 돌기 신수문(神獸紋)을 사이에 두고 즐치문(櫛齒紋) 두 바퀴가 있다. 돌기 신수문은 연호문좌(連弧紋座) 돌 기 사이에 오령(五靈)과 해치(獬豸)를 장식한 것이다. 연부에는 삼각형 거치 문대(鋸齒紋帶)와 구련운문대(勾連雲紋帶)가 있으며 부분적으로 흑칠고(黑 漆古)가 보인다.

용호경 (龍虎鏡)

동한(東漢) | 지름 14.1cm 무게 0.62kg
1979년 서안시(西安市) 문물상점에서 넘겨받음

Mirror with Dragon and Tiger Patterns

East Han Dynasty(25AD~220AD)
D 14.1cm 0.62kg
Transferred by Xi'an Culture Relic shop in 1979

동경(銅鏡)은 원형(圓形)으로 꼭지는 동그랗고 유좌(鈕座)는 감꼭지 모양으로 잎 사이에 간략화한 새문양이 있다. 유좌의 바깥쪽에는 넓은 철현문(凸弦紋) 한 바퀴가 있다. 주요 부분 안팎에 있는 즐치문(櫛齒紋) 사이에는 돌기 4개, 용 두 마리와 호랑이 두 마리가 있다. 날아오르는 듯한 용은 크고 긴 머리에 외뿔, 툭 불거진 이마, 삼각형 눈, 뾰족한 주둥이를 가졌다. 목이 가늘고 배가 크며 어깨에는 날개가 나 있고 몸에는 비늘이 있으며 꼬리가 굵고도 길며 사지가 튼튼하다. 입을 벌린 채 질주하는 호랑이는 머리, 목, 몸통의 굵기가 똑같으며 사지가 튼튼하다. 굵직한 꼬리는 끝이 뾰족하고 특히 몸에 있는 줄무늬가 돋보인다. 연부(緣部)는 넓고 두꺼우며 중간에 쌍선(雙線) 절곡문(折曲紋)이 한 바퀴 있다.

047

신인호문경(神人虎文鏡)

동한(東漢) | 지름 18.4cm 무게 0.75kg
1966년 서안시 연호구(西安市 蓮湖區) 81철공장 201공사장 출토

Tiger Patterned Mirror with Immortal Figures

East Han Dynasty(25AD~220AD)
D 18.4cm 0.75kg
Excavated from the 201 building site of the Bayi Ironwork Factory in Lianhu District,
Xi'an in 1966

동경(銅鏡)은 원형(圓形)으로 꼭지는 동그랗고 유좌(鈕座)는 연주문(聯珠紋)이, 연부(緣部)에는 화문대(畵紋帶)가 있다. 유좌의 바깥쪽에는 입장식(立墻式) 철릉(凸稜) 한 바퀴가 있다. 주요 부분은 감꼭지 모양 돌기에 의해 네 부분으로 나뉜다. 그중 두 부분은 신인(神人)으로 중간에 있는 주신(主神)은 동왕공(東王公)과 서왕모(西王母)이며 옆에는 시자(侍者)가 한 명씩 있다. 동왕공은 전설 속의 삼유관(三維冠)을 쓰고 양 옆 구리에는 작은 날개 한 쌍이 돋아났다. 서왕모는 중간이 평평하고 양쪽이 위로 들린 관을 쓰고 역시 날개 한 쌍이 있다. 나머지 두 부분 중 하나 는 호랑이문양이고 다른 하나는 신수(神樹)인데 신수의 양쪽에는 시자가 한 명씩 있다. 그 바깥쪽은 명문대(銘文帶)인데 시계 방향으로 이어 서 읽으면 "袁氏作竟世少有, 東王公, 西王母, 辟去不羊, 口孫子, 白虎山人居在右, 長保二親, 子孫力五(원씨작경세소유, 동왕공, 서왕모, 벽 거불양, 구손자, 백호선인거재우, 장보이친, 자손역오)"이다. 명문(銘文)의 수미(首尾)는 오목한 돌기문양으로 나뉜다. 그 바깥에 즐치문(櫛齒紋) 한 바퀴가 있고 연부에는 삼각형 거치문(鋸齒紋)과 운기문(雲氣紋)이 한 바퀴씩 있다.

『산해경(山海經)』「서산경(西山經)」에는 이러한 내용이 기록되어 있다. "옥산(玉山)은 서왕모의 거처이다. 서왕모는 사람처럼 생겼지만 표 범 꼬리에 곰의 이빨이 있으며 휘파람을 잘 불고 더부룩한 머리에 승(勝-부녀의 장신구)을 하였다. 서왕모는 천려(天厲)와 오잔(五殘)을 주관하 는 신이다(玉山, 是西王母所居也. 西王母其狀如人, 豹尾熊齒而善嘯, 蓬髮載胜, 是司天之厲及五殘)." 이 내용을 통해 전설 속 서왕모의 형상이 아 주 흉악하다는 것을 알 수 있다. 『신이경(神異經)』「동황경(東荒經)」에서는 "동황산(東荒山)에 큰 석실(石室)이 있는데 그곳은 동왕공의 거처 이다. 동왕공은 신장이 1장(丈)이고 머리가 하얗고 인간의 몸에 새의 얼굴을 하고 호랑이 꼬리를 가졌다. 또한 검은 곰을 데리고 여기저기 두 리번거린다. 항상 옥녀(玉女) 한 명과 투호놀이를 하는데 매번 1,200개 화살을 던졌다. 만약 병 속에 들어가면 하늘이 탄식하고 들어가지 않으 면 하늘이 웃는다(東黃山中有大石室, 東王公居焉. 長一丈, 頭髮皓白, 人形鳥面而虎尾, 栽一黑態, 左右願望. 恒爲一玉女投壹, 每投千二百矯. 沒有入 不出者, 天爲之嚔噓:矯出而脫悞 (误) 不接者, 天爲之笑)"라고 하였다. 이 같은 내용은 모두 동경에 있는 동왕공과 서왕모의 모습과는 거리가 멀 다. 이후 점차 변화되어 『집설전진(集說詮眞)』에서는 동왕공과 서왕모를 남녀 신선(神仙)의 시조로 기록한다. 승선(升仙)사상이 성행하던 한 대(漢代)에 이러한 신화는 다시 선화(仙話)로 변하여 『한무제내전(漢武帝內傳)』에는 한무제가 서왕모를 만났다는 내용이 있다. 『박물지(博物 志)』에도 "한무제가 선도(仙道)를 좋아하니 마침 서왕모가 보낸 사자가 백록(白鹿)을 타고 왔다"라는 내용이 있다.

048

청개용호문경(靑蓋龍虎紋鏡)

동한(東漢) | 지름 20.3cm 무게 1.01kg
1991년 서안시 미앙구 방신촌(西安市 未央區 方新村) 출토

Dragon and Tiger Patterned Mirror with
'Qing Gai' Inscriptions

East Han Dynasty(25AD~220AD)
D 20.3cm 1.01kg
Excavated from Fangxin Village in Weiyang District, Xi'an in 1991

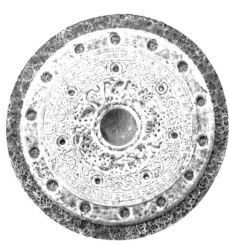

　동경(銅鏡)은 원형(圓形)으로 꼭지와 유좌(鈕座)는 모두 동그랗고 유좌에는 절상문(節狀紋)이 있으며 연부(緣部)는 좁고 평평하다. 주요 부분은 5개의 문양대가 있는데 유좌와 가까운 부분부터 차례대로 보면 다음과 같다. 우선 유좌를 사이에 두고 대치하고 있는 용호문(龍虎紋)이 있고 사이에 신수(神獸)가 있는 원좌(圓座) 돌기 7개가있다. 세 번째는 명문대(銘文帶)인데 시계 방향으로 이어서 읽으면 "靑蓋作竟大毋傷, 巧工刻之成文章, 左龍右虎辟不羊, 朱鳥玄武順陰陽, 子孫備具居中央, 長保二親樂富昌, 壽敝金石如(千三)(청계작경대무상, 교공각지성문장, 좌룡우호벽불양, 주조현무순음양, 자손비구거중앙, 장보이친악부창, 수폐금석여(천삼))"이고 수미(首尾)는 돌기 2개로 나뉜다. 그 밖으로 즐치문(櫛齒紋)과 평정(平頂) 돌기 14개가 있다.

049

용호대치경(龍虎對峙鏡)

동한(東漢) | 지름 14.2cm 무게 0.68kg
1995년 서안시 미앙구(西安市 未央區) 장가보(張家堡) 출토

Mirror with Confronting Tiger and
Dragon Motif

East Han Dynasty(25AD~220AD)
D 14.2cm 0.68kg
Excavated from Zhangjiabu in Weiyang District, Xi'an in 1995

동경(銅鏡)은 원형(圓形)으로 꼭지와 유좌(鈕座)는 모두 동그랗고 연부(緣部)에는 화문대(畵紋帶)가 있다. 주요 부분에는 용과 호랑이가 유좌를 사이에 두고 서로 대치하고 있다. 용은 뿔 2개가 달린 머리를 뒤로 젖히고 입 밖으로 혀를 내밀었다. 몸통은 거북의 등처럼 튀어나왔고 그 뒤로 꼬리를 말아 발톱은 2개만 보인다. 호랑이 역시 입 밖으로 혀를 내민 모습으로 눈을 둥그렇게 뜨고 목을 홱 돌렸다. 두 짐승의 머리 사이에는 세로로 예서체(隸書體) 명문(銘文) "吉羊(길양)" 두 글자가 있다. 둘 다 몸통의 일부분이 유좌에 깔렸고 용호문(龍虎紋) 사이는 돌기문양으로 채워졌다. 그 밖에는 예서체 명문대(銘文帶)가 있는데 시계 방향으로 이어서 읽으면 "尙方作鏡大毋傷, 浮雲連出偉四方, 白虎辟邪居中英(央), 子孫煩(繁)息富貴昌樂(상방작경대무상, 분운연출위사방, 백호벽사거중영(앙), 자손번(번)식부귀창악)"이다. 명문대 바깥쪽에는 즐치문(櫛齒紋)이 있으며 연부에는 만초문(蔓草紋)이 있다.

일부 학자는 내구(內區)의 명문 '길양(吉羊)'이 바로 '길상(吉祥)'과 같은 뜻으로 보는데 사실 '길양'은 장인의 이름일 가능성이 더 크다. 이와 비슷한 '황양(黃羊)'은 이미 장인의 이름인 것으로 추론되었다. 『중국동경도전(中國銅鏡圖典)』에는 오작쌍룡대치경(吾作雙龍對峙鏡)이 수록되어 있는데 동경의 명문은 "吾作明竟自有紀, 刻治禽守世少有, 吉(오작명경자유기, 각치금수세소유, 길)"이다. 이로부터 '길' 자는 '길상'이 아니라 동한대(東漢代) 장인의 성씨임을 알 수 있다.

050

기룡경(虁龍鏡)

동한(東漢) | 지름 11cm 무게 0.22kg
1985년 5월 서안시 안탑구(西安市 雁塔區) 무가채(繆家寨) 출토

Mirror with 'Kui' Dragon Patterns

East Han Dynasty(25AD~220AD)
D 11cm 0.22kg
Excavated from Miaojiazhai in Yanta District, Xi'an in May 1985

동경(銅鏡)은 원형(圓形)으로 꼭지와 유좌(鈕座)는 모두 동그랗고 소연(素緣)은 넓다. 연과 주요 부분 사이에는 오목한 현문(弦紋)이 있다. 주요 부분에는 양각기법으로 새긴 쌍수(雙首) 기룡(虁龍) 한 쌍이 있는데 유좌를 사이에 두고 마주하고 있다. 그중 하나는 뿔 2개가 난 쪽이 머리를 돌려 구슬을 갖고 장난하고 뿔이 하나만 난 쪽은 머리를 쳐들고 가슴을 내밀었다. 다른 하나는 이와 정반대로 뿔이 하나만 난 쪽은 머리를 돌려 구슬을 갖고 장난하고 뿔 2개가 난 쪽은 머리를 쳐들고 사방을 둘러본다. 몸통은 S자 모양이고 복부에는 꽃가지처럼 생긴 꽃 날개가 있다. 기룡문의 주위는 작은 돌기로 장식하였는데 이는 성운(星雲)을 나타낸 것이다.

기(虁)는 전설 속의 동물로 다리가 없거나 하나만 있는 기어 다니는 용이다. 옛 사람은 용이 출산을 촉진하고 만물을 번식시키는 기능이 있다고 여겼다. 도가에서 용은 동방에 있으므로 목(木)에 속하며 봄을 상징한다. 교룡(交龍)은 주로 용이 음양을 섞이게 함을 의미하는데 용은 천지인(天地人) 사이의 매개체로서 만물을 일신시킴과 동시에 질서를 유지한다. 그리하여 동경에 용의 문양을 장식하여 음양화합과 부부간의 화목을 나타내었다.

051

장의자손경(長宜子孫鏡)

동한(東漢) | 지름 22.9cm 무게 1.13kg
1998년 서안시 안탑구(西安市 雁塔區) 서안석유학원(西安石油學院) 출토

Mirror with 'Changyizisun' inscriptions

East Han Dynasty(25AD~220AD)
D 22.9cm 1.13kg
Excavated from Xi'an SHIYOU University in Yanta District, Xi'an in 1998

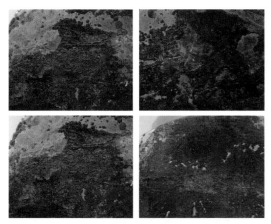

정면(正面) 일부

동경(銅鏡)은 원형(圓形)으로 꼭지는 동그랗고 유좌(鈕座)는 감꼭지 모양이며 잎 사이에 명문(銘文)이 하나씩 있는데 이어서 읽으면 "長宜子孫(장의자손)"이다. 뒷면은 즐치문(櫛齒紋) 세 바퀴에 의해 2개의 문양대로 나뉘었고 연부(緣部)는 넓고 평평하다. 내구(內區)에 있는 관현문(寬弦紋) 바깥에는 8개의 안쪽을 향한 연호문(連弧紋)이 있는데 호도(弧度)가 크고 사이에는 꽃잎문양과 산자형(山字形) 문양이 번갈아 배열되어 있다. 외구(外區)에는 섬세한 운뢰문(雲雷紋)이 있는데 운뢰문은 원형 와문(渦紋)과 엇갈린 삼각형으로 구성되었다.

이 같은 장의자손명연호운뢰문경(長宜子孫銘連弧雲雷紋鏡)은 각 지역에서 다수 출토되었다. 그중 정교한 것은 은백색이 나며 여전히 얼굴을 비출 수 있는데 두껍고도 무겁다.

052

화엽문경(花葉紋鏡)

동한(東漢) | 지름 11cm 무게 0.154kg
2005년 서안시 파교구(西安市 灞橋區) 서북국면(西北國棉) 제5공장 출토

Mirror with Flowers and Leaf Patterns

East Han Dynasty(25AD~220AD)
D 11cm 0.154kg
Excavated from Baqiao District, Xi'an in 2005

동경(銅鏡)은 원형(圓形)으로 꼭지와 유좌(鈕座)는 모두 동그랗고 소연(素緣)은 넓다. 유좌의 바깥쪽은 커다란 잎문양 4개로 장식되었으며 잎 사이에는 명문(銘文)이 하나씩 있는데 이어서 읽으면 "長宜子孫(장의자손)"이다. 그 바깥쪽은 8개의 안쪽을 향한 연호문(連弧紋)으로 장식되었다.

053

신수경(神獸鏡)

동한(東漢) | 지름 13.3cm 무게 0.34kg
1991년 서안시 미앙구 방신촌(西安市 未央區 方新村) 출토

Mirror with Divine Beast Patterns

East Han Dynasty(25AD~220AD)
D 13.3cm 0.34kg
Excavated from Fangxin Village in Weiyang District, Xi'an in 1991

동경(銅鏡)은 원형(圓形)으로 꼭지는 동그랗고 유좌(鈕座)는 절상문(節狀紋)이 있는 원형 유좌이며 연부(緣部)에는 화문대(畵紋帶)가 있다. 같은 방향을 향해 옆으로 누운 신수(神獸) 네 마리에 의해 주요 부분 문양은 네 조로 나뉜다. 각 조를 살펴보면 동왕공(東王公)과 양쪽에 시자(侍者)와 청조(青鳥), 서왕모(西王母)와 양쪽에 신수와 청조, 꼭지를 사이에 두고 대치하고 있는 신인(神人) 셋씩이다. 그중 한 조는 한 사람이 몸을 옆으로 돌리고 얼굴은 정면을 향해 앉아 있으며 앞뒤로 시자가 한 명씩 있다. 또 한 조는 한 사람이 머리를 돌린 채 단정하게 앉아 있고 좌우로 시자가 한 명씩 있다. 짐승의 몸통 부분과 짐승 머리의 앞쪽에 고리 모양 돌기가 있다. 그 바깥쪽은 방형(方形)과 반원형(半圓形) 장식이 14개씩 있는데 방형 장식에는 모두 "日月天王(일월천왕)" 네 글자가 있고 반원형 장식에는 모두 권운문(卷雲紋)이 새겨져 있다. 연부는 용 여섯 마리가 차를 끄는 도안, 우인(羽人)이 짐승을 탄 도안, 신인이 태양을 받쳐 든 도안 등으로 장식하였으며 테두리에는 권운문이 둘러져 있다.

위진남북조
魏晉南北朝

위진남북조시대(魏晉南北朝時代)는 전쟁이 빈번하고 사회가 불안정하여 사회생산력 발전이 많이 지체되었다. 이에 따라 동경(銅鏡) 주조업도 쇠퇴하여 이 시기를 중국 동경 발전사 중 쇠퇴기라 할 수 있는데 청동이 부족해 철경(鐵鏡) 주조업이 크게 발전하였다. 한편 남부 지역의 송(宋), 제(齊), 양(梁), 진(陳) 등은 사회가 상대적으로 안정되고 구리 매장량이 많아서 동경 주조업은 여전히 활력이 있었다. 조위(曹魏)에서 서진(西晉)까지 동경은 문양 장식 면에서 기본적으로 동한(東漢) 말기 북방 지역의 동경의 양식, 예를 들어서 박국문(博局紋), 용무늬, 사유금수문(四乳禽獸紋), 새문양 등을 유지하였다. 새로운 '위지삼공경(位至三公鏡)'도 동한 후기의 '쌍두용봉문경(雙頭龍鳳紋鏡)'에서 파생된 것이다. 또한 이 시기에 정확한 연대가 적혀 있는 청동경도 출현하였는데 '황초(黃初)', '경초(景初)', '정시(正始)', '감로(甘露)', '경원(景元)' 등이다. 서진대(西晉代) 청동경은 신인(神人)이나 신수(神獸)문양이 많은데 도안이 흐리고 정교하지 못하지만 명문(銘文)에 정확한 연호(年號), 예를 들어 '태시(泰始)', '태강(太康)', '원강(元康)' 등이 있다. 십육국(十六國)부터 북조(北朝)까지 북방에서는 전란(戰亂)이 계속되어 청동경의 주조가 거의 정체되다시피 했으므로 연대를 기록한 동경은 아직까지 발견되지 않았다. 북위(北魏), 동위(東魏), 서위(西魏) 및 북제(北齊), 북주(北周) 등 북조 후기 청동경의 출토량은 더욱 적다. 이와 비교해 장강(長江) 유역은 한나라 말기에 큰 변이 없었으므로 경제가 신속히 발전하였고 특히 주조업이 흥하였다. 오군(吳郡)의 오현(吳縣), 회계군(會稽郡)의 산음(山陰), 강하군(江夏郡)의 무창(武昌)은 오나라에서 가장 중요한 주조 지역이었고 화상경(畵像鏡)과 신수경(神獸鏡)은 남부 지역에서 주로 생산되었다. 특히 신수경은 양이 가장 많을 뿐만 아니라 종류 면에서 동한 시기의 '환상유(環狀乳)' 이외에 '동향식(同向式)', '중렬식(重列式)'과 '대치식(對置式)' 등 새로운 구도의 거울도 유행하였다. 남조(南朝)는 통치자들의 사치 풍조로 인해 궁궐에 화려하고 정교한 기물이 넘쳤지만 지금까지 발견된 청동경은 모두 백성들이 쓰던 것이고 제왕들이 쓰던 수준 높은 청동경은 아직 발견되지 않았다. 그러나 고서에 기록된 부성(傅成)의 「경부(鏡賦)」, 유신(庾信)의 「영경시(咏鏡詩)」, 양나라 간문제(簡文帝)의 「영경시(咏鏡詩)」를 보았을 때 응당 그러한 동경이 있었을 것이다. 서안(西安, 長安) 지역에서는 이 시기 동경이 적게 출토되었지만 남북방의 주요한 동경 양식은 모두 출토된 바 있다.

During the Wei, Jin, South and North Dynasties, frequent warfare, unstable social condition, especially in the northern area, greatly influenced the development of the social productivity. The mirror founding industry experienced great recession in the history of the bronze mirror. The severe scarcity in the copper material leads to the founding of the iron mirror. But social situation are relatively in the Southern kingdoms suck as Song, Qi, Liang and Chen. The copper mining areas are relatively abundant and the mirror founding industry still has vitality. The decoration of the bronze mirrors from Wei to West Jin Periods basically inherit the patterns used in the late East Han Dynasty. The patterns include : augury pattern, dragon pattern, beast with four breasts pattern and bird pattern. The newly developed mirror type with ‘Wei Zhi San Gong’ inscriptions are actually evolved from the double-headed dragon and phoenix patterns. In the mean time, bronze mirrors carrying the manufacturing year such as ‘Huang Chu’, ‘Jing Chu’, ‘Zheng Shi’, ‘Gan Lu’, ‘Jing Yuan’. The main decorations on the bronze mirror are mainly celestial beings. But the designs are vague and the techniques relatively inferior. The mirrors also carry manufacturing year such as ‘Tai Shi’, ‘Tai Kang’, ‘Yuan Kang’ etc. From the Sixteen Kingdoms to North Chao Period, owing to the chaos caused by the in the north, the founding of the bronze mirrors almost stagnated. Mirrors carrying manufacturing years have nat yet been discovered. The excavation of the bronze mirrors at the late North Song Dynasty is even more scarce. In contrast with this, the Yangtse River region was relatively unaffected by the late Han Period. The economy was more developed, especially the founding industry. The Wu county, Shanyin and Wuchang areas are all the manufacturing centers of the bronze mirror in Wu Kingdom (one of the Three Kingdoms). Mirrors with human portrait and divine beasts motifs all belong to the South. The mirror with divine beasts motifs are particularly populous at that time. Besides the mirror with circular nipple studs and divine beasts which is passed down from the East Han Dynasty, there are also the newly fashioned ‘cis form’, ‘Parallel arranged form’ and ‘contraposition form’ of divine beasts mirror patterns. The rulers in South Chao enjoyes the extravagance of palace life and delicate implements. But the bronze mirrors that have been discoered are only those used by common people. The refined products used by the emperors have not been heard of. However, the ancient books and records have included various odes to the mirror written by Fu Cheng , Yu and JianWen. How can there be so many songs and poems were there not any elaborate works. The mirrors that are excavated not do not represent the highest productive level.

054

금조명대경(禽鳥銘帶鏡)

위진(魏晉) | 지름 13.6cm 무게 0.3kg
1972년 서안시 미앙구(西安市 未央區) 출토

Mirror with Birds and Inscriptions

Wei and Jin Dynasty(220AD~420AD)
D 13.6cm 0.3kg
Excavated from Weiyang District of Xi'an in 1972

동경(銅鏡)은 원형(圓形)으로 꼭지는 동그랗고 유좌(鈕座)에는 즐치문(櫛齒紋)이 있다. 뒷면은 현문(弦紋)에 의해 4개 문양대로 나뉘었는데 안쪽부터 순서대로 유금문대(乳禽紋帶), 명문대(銘文帶), 즐치문대(櫛齒紋帶)와 돌기가 있는 쌍선(雙線) 거치문대(鋸齒紋帶)이다. 유금문대는 겹으로 된 원권문(圓圈紋)의 돌기 6개와 돌기를 사이에 두고 서로 마주한 새로 이루어졌다. 새들은 날개를 펴고 꽁지를 흩날리고 있으며 고개를 돌리고 부리는 구부러졌다. 명문대에는 전서체(篆書體) 명문(銘文) 여덟자가 있는데 시계 방향으로 이어서 읽으면 "長宜子孫, 靑同(銅)之竟(장의자손, 청동(동)지경)"이다. 글자 사이마다 돌기가 놓여 있다. 이 동경에 있는 금조(禽鳥)는 주작(朱雀) 등 전설 속 신령한 새의 이미지에서 벗어나 좀 더 세속화되었다.

위지삼공경(位至三公鏡)

위진남북조(魏晉南北朝) | 지름 10cm 무게 0.13kg
1965년 12월 4일 서안시(西安市) 군영(群英) 편직공장 출토

Mirror with 'Wei Zhi San Gong' Inscriptions

Wei, Jin, Southern and Northern Dynasty(220AD~581AD)
D 10cm 0.13kg
Excavated from Qunying Knitting Factory, Xi'an in Dec 4, 1965

동경(銅鏡)은 원형(圓形)으로 꼭지와 유좌(鈕座)는 모두 동그랗고 소연(素緣)은 넓다. 꼭지의 위아래에 각기 두 글자씩 "位至三公(위지삼공)"이란 명문(銘文)이 있다. '위지(位至)'의 오른쪽과 '삼공(三公)'의 왼쪽에는 짧은 호선(弧線) 한 줄이 세로로 배치되어 있다. 꼭지의 양쪽에는 봉조문(鳳鳥紋)이 하나씩 있으며 빈 공간은 구름문양으로 채웠다. 주요 부분과 넓은 연(緣) 사이에는 즐치문(櫛齒紋) 한 바퀴가 있다.

'삼공'이라는 칭호는 주대(周代)부터 존재하였는데 서한(西漢)에 이르러 승상(丞相), 태위(太尉)와 어사대부(御史大夫)를 통틀어 삼공이라고 하였다. 동한(東漢)의 삼공은 태위, 사도(司徒), 사공(司空)을 가리키는 것으로 삼사(三司)라 칭하기도 하였다. '위지삼공'을 동경의 명문으로 쓴 것은 '군의고관(君宜高官)'을 구체적으로 표현한 것으로 모두 아름다운 축복을 뜻하는 길상어(吉祥語)이다. 양쪽 문양이 일치하지는 않아 도안이 점차 중심대칭에서 축대칭으로 변해가고 있음을 알 수 있다. 이런 유형의 동경은 동한 말기부터 위진시대(魏晉時代)까지 유행하였다.

056

청개용호경(靑蓋龍虎鏡)

위진남북조(魏晉南北朝) | 지름 11cm 무게 0.31kg
1976년 6월 서안시(西安市) 문물상점에서 넘겨받음

**Dragon and Tiger Patterned Mirror
with 'Qing Gai' Inscriptions**

Wei, Jin, Southern and Northern Dynasty(220AD~581AD)
D 11cm 0.31kg
Transferred by Xi'an Culture Relic shop in Jun 1976

동경(銅鏡)은 원형(圓形)으로 꼭지는 크고 동그랗다. 유좌(鈕座)는 동그랗고 연부(緣部)는 삼각연(三角緣)으로 만들었다. 주요 부분에는 왼쪽에 호랑이, 오른쪽에 용을 부조(浮彫)하였는데 둘은 꼭지를 사이에 두고 있으며 둘 다 몸통 일부분이 꼭지에 깔려 있다. 호랑이 몸통의 빈 공간에 세로로 "靑蓋(청개)"란 예서체(隷書體) 명문(銘文)이 있다. 꼭지 아래쪽에 있는 신인(神人)은 왼쪽 무릎을 꿇고 오른손을 앞으로 내밀었는데 왼쪽에 있는 양에게 먹이를 주고 있는 듯하다. 주요 부분 바깥쪽에는 순서대로 즐치문(櫛齒紋), 삼각거치문(三角鋸齒紋)과 쌍선(雙線) 파절문(波折紋)이 배치되어 있다.

왕중수(王仲殊) 선생의 고증에 따르면 '청개(靑蓋)'는 동경을 만든 장인의 이름이라고 한다. 이 동경의 연, 꼭지 그리고 호랑이와 용의 조형은 모두 위진시대(魏晉時代) 동경의 특징을 띠었다.

신수경(神獸鏡)

위진남북조(魏晉南北朝) | 지름 17.3cm 무게 0.71kg
1966년 서안시 연호구(西安市 蓮湖區) 81철공장 201공사장 출토

Mirror with Divine Beast Patterns

Wei, Jin, Southern and Northern Dynasty(220AD~581AD)
D 17.3cm 0.71kg
Excavated from the 201 building site of the Bayi Ironwork
Factory at Lianhu District, Xi'an in 1966

동경(銅鏡)은 원형(圓形)으로 꼭지는 납작한 원형이고 유좌(鈕座)에는 수릉문(豎稜文)이 있으며 연부(緣部)에는 화문대(畵紋帶)가 있다. 주요 부분에는 신인(神人) 여섯과 신수(神獸) 네 마리가 번갈아 배치되어 있는데 그중 신 하나와 짐승 둘로 이루어진 두 조는 꼭지를 사이에 두고 마주하고 있다. 신은 머리에 관을 썼고 피백(帔帛)을 어깨에 걸쳤으며 두 손을 가슴 앞에서 맞잡고 용봉좌(龍鳳座)에 앉아 있다. 둘 다 얼굴에 미소를 머금고 표정이 인자하다. 신수는 몸을 옆으로 기울인 채 얼굴을 정면으로 하여 신인의 양쪽에 엎드려 있는데 눈은 동그랗고 입은 크며 털은 구불구불하다. 그중 한 신인의 왼쪽에 있는 신수의 몸통에는 고리 모양의 돌기가 있다. 나머지 두 조는 서로 마주 앉은 신인 둘로 이루어졌는데 역시 어깨에 걸친 피백이 휘날린다. 신인 사이에는 봉황새가 있다. 그 주변에 방형(方形)과 반원형(半圓形) 장식이 배열되어 있는데 방형에 있는 명문(銘文)은 모두 알아보기 힘들고 반원형에는 구름문양이 있다. 주요 부분의 바깥쪽에는 즐치문(櫛齒紋) 한 바퀴가 있다. 입장식(立墻式) 철릉(凸稜)에 의해 주요 부분과 연(緣)이 나뉘는데 연의 장식문양은 수레를 끄는 용 여섯 마리, 해와 달을 받쳐 든 신인, 용을 탄 우인(羽人), 새를 탄 우인, 자라 위에 앉은 우인 등으로 이루어졌다. 테두리에는 연속적인 마름모문양이 있다.

신수경 (神獸鏡)

위진남북조(魏晉南北朝) | 지름 11.8cm 무게 0.23kg
1975년 서안시 미앙구(西安市 未央區) 출토

Mirror with Divine Beast Patterns

Wei, Jin, Southern and Northern Dynasty(220AD~581AD)
D 11,8cm 0.23kg
Excavated from Weiyang District of Xi'an in 1975

동경(銅鏡)은 원형(圓形)으로 꼭지와 유좌(鈕座)는 모두 동그랗고 연부(緣部)에는 화문대(畵紋帶)가 있다. 주요 부분에는 동왕공(東王公), 서왕모(西王母), 종자기(鐘子期)와 백아(伯牙)가 거문고를 타는 모습이 새겨져 있는데 사이마다 신수(神獸)가 있으며 신수 몸통의 앞과 뒤를 고리 모양의 돌기로 처리하였다. 주요 부분 바깥쪽에 있는 환대(環帶)에는 방형(方形) 장식 8개와 반원형(半圓形) 장식 8개가 번갈아 배열되어 있으며 빈 공간은 작은 동그라미 하나와 점으로 채웠다. 방형 장식에는 글자가 하나씩 있는데 이어서 읽으면 "巧工作竟, 幽湅金□(교공작경, 우련금□)"이다. 환대 안쪽은 가는 현문(弦紋)이고 바깥쪽은 삼각형 철릉(凸稜)이며 모서리 안쪽에 작은 연꽃잎 문양 한 바퀴가 둘러져 있다. 넓고 두꺼운 연(緣)의 안쪽 경사면에는 거치문(鋸齒紋)이 있다. 연부는 바깥쪽이 높고 안쪽이 낮은데 안쪽에는 금수문대(禽獸紋帶), 바깥쪽에는 능형의 구름문양으로 장식하였다.

이 동경은 주제문양을 고부조(高浮彫)로 새겨 신인(神人), 신수(神獸)의 모습이 입체적이고 생동감이 있다. 도안은 모두 민간 전설에서 따온 것으로 그 당시의 표현과 결합하여 장수(長壽)와 행복을 기원하는 마음을 담아냈다.

신수경(神獸鏡)

위진남북조(魏晉南北朝) | 지름 11.5cm 무게 0.22kg
1965년 6월 9일 서안시 신성구 함녕로(西安市 新城區 咸寧路) 출토

Mirror with Divine Beast Patterns

Wei, Jin, Southern and Northern Dynasty(220AD~581AD)
D 11.5cm 0.22kg
Excavated from Xianning Road Xincheng District, Xi'an in
Jun 9, 1965

동경(銅鏡)은 원형(圓形)으로 꼭지와 유좌(鈕座)는 모두 동그랗고 유좌에 절상문(節狀紋)이 있으며 연부(緣部)에는 화문대(畵紋帶)가 있다. 내구(內區)에는 튀어나온 고리 모양 돌기 8개가 꼭지를 둘러싸고 분포되어 있으며 사이에는 여러 신(神)과 짐승이 배치되어 있다. 외구(外區)에는 안팎으로 튀어나온 좁은 능(稜)이 있으며, 그 사이에 방형(方形)과 반원형(半圓形) 장식이 배치되어 있다. 방형 장식에는 "君宜高官, 位至三公, 大吉羊(군의고관, 위지삼공, 대길양)"이라는 명문(銘紋)이 있다. 반원 장식 위에는 와문(渦紋)이 있으며 원 둘레와 바깥쪽 철릉(凸稜)에는 작은 연꽃잎이 있다. 연(緣) 안쪽 경사면에는 거치문(鋸齒紋)이 있고 바깥쪽에는 마름모문양, 안쪽에는 새, 물고기 등의 문양이 있다. 이런 유형은 환상유신수경(環狀乳神獸鏡)이라 부르기도 하는데 동경은 동한(東漢), 위진시대(魏晉時代)에 흔히 볼 수 있는 모양이다.

삼단식(三段式) 신수경(神獸鏡)

위진남북조(魏晉南北朝) | 지름 17.4cm 무게 0.55kg
1965년 6월 9일 서안시 신성구 함녕로(西安市 新城區 咸寧路) 출토

Mirror with Three Sectional Arranged Divine Beast Patterns

Wei, Jin, Southern and Northern Dynasty(220AD~581AD)
D 17.4cm 0.55kg
Excavated from Xianning Road Xincheng District, Xi'an in
Jun 9, 1965

동경(銅鏡)은 원형(圓形)으로 꼭지는 동그랗고 유좌(鈕座)는 연주문(聯珠紋) 형태이며 연부(緣部)에는 화문대(畵紋帶)가 있다. 주요 부분의 문양은 상중하 세 부분으로 나뉘었다. 상단 중심에는 거북이 있는데 등 위에 화개(華蓋 - 천자, 제왕의 수레 위에 씌우던 지붕)가 있고 화개의 양쪽에는 옆으로 선 사람이 다섯 명씩 있다. 중간에는 뿔이 달리고 눈이 둥글고 넓은 코에 수염이 난 신수(神獸) 두 마리가 꼭지를 등지고 몸을 웅크린 채 엎드려 있다. 둘 다 목을 빼들고 머리를 쳐들었다. 하단에는 엉긴 가지 양옆에 서로 마주하여 앉아 있는 신인(神人) 두 쌍이 있다. 주제문양 바깥쪽에는 방형(方形)과 반원형(半圓形) 장식이 12개씩 사이사이 배치되어 있다. 방형 장식 안에는 글자가 하나씩 있는데 이어서 읽으면 "淸而明, 利父母, 便弟兄九子昌(청이명, 이부모, 편제형구자창)"이다. 그 바깥에 즐치문(櫛齒紋)이 한 바퀴 둘러져 있고 연(緣)의 안쪽에는 운기문(雲氣紋)이 있다.

061

삼단식(三段式) 신수경(神獸鏡)

위진남북조(魏晉南北朝) | 지름 16.6cm 무게 0.85kg
1973년 6월 서안시 미앙구(西安市 未央區) 출토

Mirror with Three Sectional
Arranged Divine Beast Patterns

Wei, Jin, Southern and Northern Dynasty(220AD~581AD)
D 16,6cm 0,85kg
Excavated from Weiyang District of Xi'an in Jun 1973

동경(銅鏡)은 원형(圓形)으로 꼭지와 유좌(鈕座)는 모두 동그랗고 연부(緣部)는 좁다. 전체 문양은 즐치문(櫛齒紋)에 의해 내외구(內外區)로 나뉘었다. 내구(內區)는 꼭지를 사이에 둔 평행선 두 줄에 의해 주제문양이 상중하 세 부분으로 나뉘었다. 상단 중심에는 등 위에 화개(華蓋-천자, 제왕의 수레 위에 씌우던 지붕)를 씌운 거북이 있는데 화개 하단 오른쪽에는 몸집이 큰 신인(神人)이 정면으로 단정하게 앉아 있다. 신인의 양쪽에는 측면으로 신인을 향해 있는 시자(侍者)가 있는데 그중 한 명은 거북 등에 앉아 있고 다른 한 명은 꿇어앉아 있다. 왼쪽에 있는 시자 넷은 각기 손에 물건을 들고 주신(主神)을 향해 있다. 중간에는 신수(神獸) 두 마리가 꼭지를 사이에 두고 있으며, 서로 등진 채 목을 비틀어 고개를 돌렸다. 하단에는 엉긴 가지 양쪽에 신인 두 쌍이 마주하여 앉아 있다. 주제문양의 바깥쪽에는 "余造明鏡, □□作容, 翠羽秘蓋, 靈孺臺□, 倉頡作□, 以教后生, 遂人造火, 五味(여조명경, □□작용, 취우비개, 영유대□, 창힐작□, 이교후생, 수인조화, 오미)"라는 명문대(銘文帶)가 있으며 수미(首尾)는 동전문양을 사이에 두고 있다. 외구(外區)에는 오각형 기하문양이 있으며 변 양쪽에는 모두 권운문(卷雲紋)이 있다.

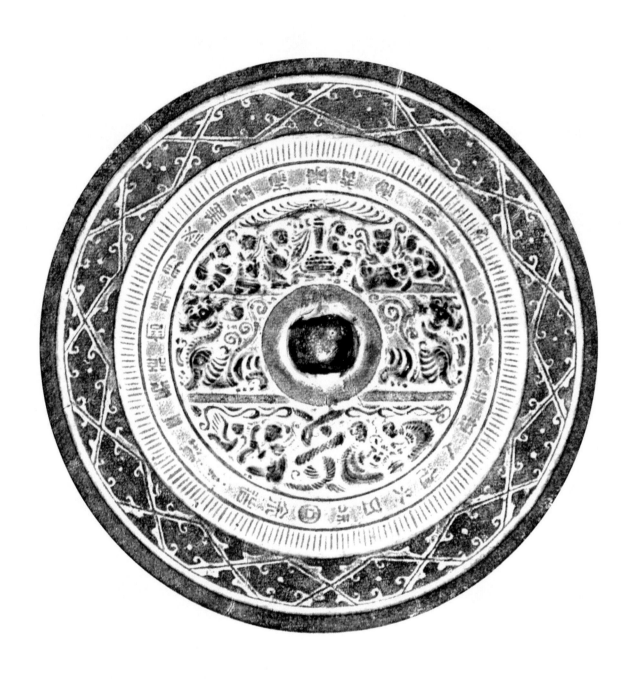

062

신수경 (神獸鏡)

위진남북조(魏晉南北朝) | 지름 11cm 무게 0.25kg
1983년 서안시(西安市) 문물상점에서 넘겨받음

Mirror with Divine Beast Patterns

Wei, Jin, Southern and Northern Dynasty(220AD~581AD)
D 11cm 0.25kg
Transferred by Xi'an Culture Relic shop in 1983

　동경(銅鏡)은 원형(圓形)으로 꼭지와 유좌(鈕座)는 모두 동그랗고 연부(緣部)에는 화문대(畵紋帶)가 있다. 뒷면 모양은 유좌 사방에 있는 방형(方形) 장식에 의해 네 부분으로 나뉘었고 각 부분에는 모양이 다른 질주하는 신수(神獸)가 배치되어 있다. 방형 장식 안에는 두 글자의 명문(銘文)이 있는데 이어서 읽으면 "金造明鏡服者□□ (금조명경복자□□)"이다. 주제문양의 바깥쪽에 즐치문(櫛齒紋) 한 바퀴가 있고 연(緣)의 안쪽에는 구련운문(勾蓮雲紋)이 있으며 바깥쪽은 민무늬이고 평평하다.

　이런 유형의 신수경(神獸鏡)은 대부분이 연대를 기록한 명문이 있으며 동한(東漢) 중기부터 동한 이후까지 유행하였다.

수당

隋唐

Sui and Tang Dynasty

수당대(隋唐代)는 중국이 통일되고 봉건 정치·경제·문화가 번영함에 따라 동경(銅鏡) 주조공예 역시 크게 발전하여 흥성기를 맞이하였다. 수나라는 통치기간이 짧았지만 동경 주조공예가 어느 정도 회복되면서 정교한 청동경이 다시 나타났으며 문양과 명문(銘文)에서 독자적인 풍격을 형성하였다. 당대(唐代)는 교통이 발달하고 외국과의 교류가 빈번해져서 각종 예술이 꽃피울 수 있었다. 청동경은 조형, 장식 및 공예기술 면에서 많이 새로워졌는데 종류가 다양하고 문양이 아름다우며 제작이 정교하였다. 또한 전체적으로 두껍고 무거우며 주석 성분이 많아져 거울 면이 맑고 깨끗하였다. 당나라 중기 이후 형태도 원형(圓形) 이외에 방형(方形), 규화형(葵花形), 능화형(菱花形), 연꽃 모양 등이 나타났으며 동시에 손잡이가 있는 동경도 나타났는데 이는 형태 면에서의 큰 변화이다. 꼭지는 대부분이 원형이지만 배낭 모양, 거북 모양 및 꽃 모양도 있었다. 수당대 동경은 중국의 전통적인 풍격을 유지하면서도 해외 예술의 정수를 흡수하여 문양이 자유롭고 생활분위기가 짙어져 문양의 도안화 전통을 바꾸어놓았다. 수당대 도읍지였던 서안(西安, 長安) 지역에서는 이 시기 동경이 다수 출토되었을 뿐만 아니라 각 동경 주조 중심지에서 생산된 동경의 유형이 모두 발견되었다.

수당대 동경의 문양은 복잡하고 다양한데 사신십이지신경(四神十二支神鏡), 서수경(瑞獸鏡), 서수포도경(瑞獸葡萄鏡), 서수난조경(瑞獸鸞鳥鏡), 작요화지경(雀繞花枝鏡), 대조경(對鳥鏡), 서화경(瑞花鏡), 신선인물고사경(神仙人物故事鏡), 반룡경(盤龍鏡), 팔괘경(八卦鏡), 만자경(卍字鏡) 및 금은평탈경(金銀平脫鏡), 나전경(螺鈿鏡), 첩금첩은경(貼金貼銀鏡) 등이 있다. 문양의 구도는 대칭식(對稱式), 산점식(散點式), 단독식(單獨式), 선전식(旋轉式), 만화식(滿花式) 등이 있다. 대칭식은 주로 화조경(花鳥鏡), 서수경(瑞獸鏡)과 인물경(人物鏡), 산점식은 주로 서화경, 단독식은 주로 반룡경, 만자경과 난조경(鸞鳥鏡)에 쓰인다. 제재와 풍격은 당시 새로운 공예미술을 반영하는 동시에 중서아시아의 특징 또한 흡수하였다. 명문은 사언(四言)이 가장 많고 오언(五言)이 그다음인데 모두 변려문(駢儷文) 형식이다. 내용은 "靈山孕寶, 神使觀爐, 形圓曉月, 光淸夜珠(영산잉보, 신사관로, 형원효월, 광청야주)", "賞得秦王鏡, 判不惜千金, 非關愿照膽, 特是自明心(상득진왕경, 판불석천금, 비관원조담, 특시자명심)" 등이 있으며 동경 자체를 주제로 하고 명문의 글씨체는 모두 정해서체(正楷書體)이다.

In Sui and Tang Dynasty, the feudal politics, economics and culture are prosperously developed, the founding art craft of bronze mirror had advanced much further, and is a noted peak state of Chinese bronze mirror founding. Though the highest reign of Sui Dynasty didn't last for long time, the craft of bronze mirror foundry had been restores, delicately made bronze mirrors were made at that time, which resemble a unique flavor in both pattern and inscription, thus leading to a unprecedented development. During Tang Dynasty, the transportation was very well formed, and the international communication was also very frequent, the intercultural communication made the arts gorgeous in each field, the bronze mirror was made to be innovated in from, decoration, and craftwork, and the more metal of tin are forged into to make the mirror face brighter and smoother. In the middle Tang Dynasty, bronze mirrors took all kinds of shapes like round, square, rectangle, sunflower, diamond, water lily, etc, and stem appear from the end, and this is one of the major change in history. The mirror button usually takes the shape of round shape, whereas some buttons are backpack, tortoise and flower like. The bronze mirrors at that time mix both the traditional Chinese flavors with some foreign soul elements, to make the pattern livelier, live, and to change the tradition of pattern as decoration.

The bronze mirrors of Sui and Tang Dynasty have various patterns and decorations, they are four gods twelve bronze mirro, Lucky Beast Bronze Mirror, Lucky Beast and Grape Bronze Mirror, Lucky Beast Twin Birds Bronze Mirror, Magpie in Flower Twigs Bronze Mirror, Twin Birds Bronze Mirror, Lucky Flower Bronze Mirror, Immortals Tales Bronze Mirror, Twisting Dragon Bronze Mirror, Eight Diagrams Bronze Mirror, 卍 Character Bronze Mirror, and some craftwork are Silver and Gold Gilding, Mother of Pearl Inlay Craft Bronze Mirror, Gold and silver Patch Bronze Mirror. The patterns are symmetry, which are mostly used for Flower and Birds Bronze Mirror, Lucky Beast Bronze Mirror, Human Figures Bronze Mirror; Scattered Pattern, which is commonly adopted in Lucky Flower Bronze Mirror; Sole Pattern, which appear in Twisting Dragon Bronze Mirror, 卍 Character Bronze Mirror and Twin Bird Bronze Mirror, etc; Rotation Pattern; and Full Decoration, etc. The subject and flavor also absorb soul elements of Middle East and West East at that time, besides the then art craft. The inscription on bronze mirrors is mostly four sentences style, some is five sentences style, which are all Twin Sentence Style. The words are 'spiritual mountain embody the treasure, god send for regarding, the shape is round like full moon, and the glister is bright as shining night pearl', etc, the inscription is made for description and praise of the bronze mirror, and the style is Chinese Regular Script.

063

사신십이지신경(四神十二支神鏡)

수(隋) | 지름 21.9cm 무게 1.05kg
1983년 서안시 남전현(西安市 藍田縣) 출토

Mirror with Four Gods and Twelve Animals Patterns

Sui Dynasty(581AD~618AD)
D 21.9cm 1.05kg
Excavated from Lantian Country in Shannxi Province in 1983

　동경(銅鏡)은 원형(圓形)으로 꼭지와 유좌(鈕座)는 모두 동그랗고 소연(素緣)이다. 유좌에는 명문(銘文)이 한 바퀴 있는데 시계 방향으로 읽으면 "光正隨人, 宜新長命(광정수인, 의신장명)"이고 글자 사이마다 작은 돌기가 있다. 주요 부분은 현문(弦紋) 세 바퀴에 의해 내외 두 부분으로 나뉘었다. 내구(內區)에 사신(四神)인 청룡(靑龍), 백호(白虎), 주작(朱雀)과 현무(玄武)가 꼭지를 둘러싸고 있으며 빈 공간은 산문양과 구름문양으로 채웠다. 외구(外區)는 쌍선(雙線)에 의해 12칸으로 나뉘었고 각기 쥐, 소, 호랑이, 토끼, 용, 뱀, 말, 양, 원숭이, 닭, 개, 돼지가 배치되어 있으며 빈 공간은 구름문양으로 채웠다. 그 바깥쪽에는 삼각형 거치문(鋸齒紋)이 있다.

　사신은 청룡, 백호, 주작과 현무이고 십이지신(十二支神)은 쥐[자(子)], 소[축(丑)], 호랑이[인(寅)], 토끼[묘(卯)], 용[진(辰)], 뱀[사(巳)], 말[오(午)], 양[미(未)], 원숭이[신(申)], 닭[유(酉)], 개[술(戌)], 돼지[해(亥)] 등 동물 혹은 영물(靈物)을 가리킨다. 수당대(隋唐代)에 이 두 종류의 문양은 동경에서 단독 또는 함께 쓰이기도 했다. 십이지신이 언제부터 생겨났는지는 알 수 없지만 남북조시대(南北朝時代)에 이미 그에 관한 문자가 있었고 북조시대 동경에서 도안이 처음 나타났다. 『서청고감(西淸古鑒)』에 수록된 당대(唐代)의 십이진경(十二辰鏡) 내구는 이미 사신이 아닌 다른 신수(神獸)로 대체되었고 십이지신 사이는 칸이 따로 없이 구름문양으로 연결되었으며 구도가 자연스럽다. 수(隋)나라와 초당(初唐) 시기 대부분 사신 및 십이지신 거울은 구도가 동한(東漢) 말기의 단조로운 규칙에서 벗어나지 못했으나 저부조(低浮彫)로 볼륨감을 표현하는 기법이 크게 개선되어 너무 얇거나 고부조(高浮彫)처럼 심하게 울퉁불퉁하지 않아 장식효과가 좋았다. 수대(隋代)의 십이지신과 사신은 구름 가운데 있고 형태는 크고도 생동감이 있었다. 당대의 것은 질주하고 날아오르는 자태와 운치를 더 중요시함으로써 형태가 작지만 생동감이 넘쳐 장식효과를 띠었다.

선산병조사신경 (仙山幷照四神鏡)

수(隋) | 지름 19.5cm 무게 0.84kg
1974년 서안시(西安市) 디젤유기계공장 출토

Mirror with Four Divine Beasts
Patterns and 'Xian Shan Bing
Zhao' Inscriptions

Sui Dynasty(581AD~618AD)
D 19.5cm 0.84kg
Excavated from Xi'an Diesel Engine Factory in 1974

동경(銅鏡)은 원형(圓形)으로 꼭지는 동그랗고 유좌(鈕座)는 짐승 모양이며 유좌의 바깥쪽에는 쌍선(雙線)의 네모난 틀이 있다. 뒷면의 문양은 입장식(立墻式) 철릉(凸稜) 한 바퀴에 의해 두 부분으로 나뉜다. 내구(內區)의 주제문양은 간략화한 박국문(博局紋)과 사신문(四神紋)인데, V형 박국문은 유좌 바깥쪽에 있는 쌍선 틀의 모서리에 위치하며 부호의 안쪽은 수면문(獸面紋)을 장식했다. 그 사이를 청룡(靑龍), 백호(白虎), 주작(朱雀), 현무(玄武)로 장식하고 빈 공간은 구름문양으로 채웠다. 내외구(內外區) 사이에 있는 철릉 위에는 작은 연판문(蓮瓣紋)과 거치문(鋸齒紋)이 있다. 외구(外區)에는 해서체(楷書體) 명문(銘文) 32자가 있는데 시계 방향으로 이어서 읽으면 "仙山幷照, 智水齊名, 花朝艶采, 月夜流明, 龍盤五瑞, 鴬舞雙情, 傳聞仁壽, 始驗銷兵(선산병조, 지수제명, 화조염채, 월야류명, 용반오서, 난무쌍정, 전문인수, 시험소병)"이다. 수미(首尾) 사이에는 작은 돌기가 있다. 명문 바깥쪽에는 거치문 한 바퀴가 있고 연부(緣部)는 권초문(卷草紋)으로 장식했다.

사신박국문경(四神博局紋鏡)의 주요 문양은 사신과 박국문인데 사신은 청룡, 백호, 주작, 현무를 가리킨다. 한대의 동경에서 각자 한쪽을 차지하는 사신은 사방(四方)을 뜻할 뿐만 아니라 벽사(辟邪)의 뜻도 있기에 "左龍右虎辟不祥, 朱雀玄武順陰陽(좌룡우호벽불상, 주작현무순음양)"이란 명문이 자주 보인다. 박국문 사이에 주로 사신을 배치한다. 이런 유형의 문양에는 가끔 십이지신(十二支神)의 명칭도 보이는데 모두 유좌 바깥쪽에 있는 네모난 틀 안에 배치된다.

능화서수경(菱花瑞獸鏡)

수(隋) | 지름 8.8cm 무게 0.24kg
1983년 서안시(西安市) 문물상점에서 넘겨받음

Mirror with Lucky Beasts Patterns
and 'Linghua' Inscriptions

Sui Dynasty(581AD~618AD)
D 8.8cm 0.24kg
Transferred by Xi'an Culture Relic shop in 1983

동경(銅鏡)은 원형(圓形)으로 꼭지와 유좌(鈕座)는 모두 동그랗고 삼각연(三角緣)이다. 뒷면의 문양은 입장식(立墻式) 철릉(凸稜) 한 바퀴에 의해 두 부분으로 나뉜다. 내구(內區)에는 질주하는 서수(瑞獸) 네 마리가 있고 빈 공간은 구름문양으로 채워졌으며 바깥쪽에 작은 연판문(蓮瓣紋)과 거치문(鋸齒紋)이 한 바퀴씩 있다. 외구(外區)에는 명문대(銘文帶)가 있는데 해서체(楷書體) 명문(銘文) 여덟 자를 시계 방향으로 이어서 읽으면 "鏡發菱花淨月澄華(경발릉화정월징화)"이다. 글자 사이마다 돌기로 장식된 간략화한 단화문(團花紋)이 있다. 외구와 연(緣) 사이에 있는 경사면에는 거치문이 있고 연은 연판문으로 장식했다. 명문 및 문양의 풍격으로 볼 때 이 동경의 연대는 수대(隋代)로 추측된다.

수(隋)나라, 초당(初唐) 및 중당(中唐)까지 동경에서는 서수(瑞獸)를 흔히 볼 수 있었다. 이런 서수는 대부분 부조(浮彫)로 새겨 입체감이 강할 뿐만 아니라 근육이 튼튼하고 자태가 아름다우며 행동이 민첩해 보인다. 한대(漢代) 동경에 있는 짐승과 비교해보면 더욱 사실적이다. 그중에서 체형이 크고도 튼튼한 것은 호랑이와 표범 종류이고 체형이 늘씬한 것은 늑대와 여우 종류인 듯하다.

066

광류서수경 (光流瑞獸鏡)

당(唐) | 지름 14.7cm 무게 0.7kg
1966년 7월 10일 서안시(西安市) 발전소 출토

Mirror with Lucky Beasts Patterns
and 'Guang Liu' Inscriptions

Tang Dynasty(618AD~907AD)
D 14.7cm 0.7kg
Excavated from Xi'an Power in Jul 10, 1966

동경(銅鏡)은 원형(圓形)으로 꼭지는 동그랗고 유좌(鈕座)는 화판형(花瓣形)이며 그 바깥쪽에 연주문(聯珠紋) 한 바퀴가 있다. 뒷면의 문양은 입장식(立墻式) 철릉(凸稜)에 의해 두 부분으로 나뉜다. 내구(內區)에는 서수(瑞獸) 여섯 마리가 꼭지를 둘러싸고 배열되어 있다. 서수는 모두 질주하는 자세로 머리를 쳐들거나 뒤돌아보는 모습이 생동감이 넘쳐흐른다. 바깥쪽에 작은 연판문(蓮瓣紋)과 거치문(鋸齒紋)이 한 바퀴씩 있다. 외구(外區)에는 명문대(銘文帶)가 있는데 해서체(楷書體) 명문(銘文) 22자를 시계 방향으로 이어서 읽으면 "光流素月, 質稟玄精, 澄空監水, 照迥凝淸, 終古永固, 瑩此心靈(광류소월, 질품현정, 징공감수, 조형응청, 종고영고, 형차심령)"이다. 명문의 수미(首尾)는 작은 돌기를 사이에 둔다. 철릉 모양의 삼각연(三角緣) 안쪽에는 거치문 두 바퀴가 있다. 전체 문양은 선이 거침없고 표현이 섬세하여 생동감이 넘치며 구도가 간결하고 자연스러워 주제가 두드러지게 표현되었다.

120

067

난규서수경 (蘭閨瑞獸鏡)

당(唐) | 지름 14.8cm 무게 0.38kg
1978년 서안시 안탑구(西安市 雁塔區) 기와골목 출토

Mirror with Lucky Beasts Patterns
and 'Lan Gui' Inscriptions

Tang Dynasty(618AD~907AD)
D 14.8cm 0.38kg
Excavated from WaHuTong in Yanta District, Xi'an in 1978

동경(銅鏡)은 원형(圓形)으로 꼭지와 유좌(鈕座)는 모두 동그랗다. 뒷면의 문양은 입장식(立墻式) 철릉(凸稜) 한 바퀴에 의해 두 부분으로 나뉘었다. 내구(內區)에는 서수(瑞獸) 네 마리가 있고 빈 공간은 변형된 새문양으로 채웠다. 서수는 두 마리씩 쌍을 이루었는데 둘은 머리를 숙이고 엎드렸으며 긴 꼬리를 아래로 드리웠다. 나머지 둘은 목을 꺾어 뒤를 돌아보는데 몸통은 휘었고 꼬리를 위로 치켜들었다. 변형된 새 문양은 전부 똑같이 날고 있는 형태이다. 외구(外區)의 명문대(銘文帶)를 시계 방향으로 읽으면 "蘭閨晼晼, 寶鏡團團, 曾雙比目, 經舞孤鸞, 光流粉黛, 采散羅紈, 可憐無盡, 嬌羞自看(반규원원, 보경단단, 증쌍비목, 경무고란, 광류분대, 채산라환, 가련무진, 교수자간)"이다. '간(看)' 자 뒤에 꽃술문양으로 문장을 끊었다. 연부(緣部)와 입장식 철릉의 안쪽에는 작은 연판문(蓮瓣紋)과 거치문(鋸齒紋)이 한 바퀴씩 둘러져 있고 테두리는 말렸다. 이 동경에 있는 서수 형상과 명문(銘文)은 초당(初唐) 시기에 유행하였다.

068

영산단화경(靈山團花鏡)

당(唐) | 지름 18.3cm 무게 0.64kg
1978년 서안시 신성구(西安市 新城區) 한삼채(韓森寨) 출토

Mirror with Six Blossom Patterns
and 'Ling Shan' Inscriptions

Tang Dynasty(618AD~907AD)
D 18.3cm 0.64kg
Excavated from HansenZhai in Xincheng District, Xi'an in 1978

동경(銅鏡)은 원형(圓形)으로 꼭지와 유좌(鈕座)는 모두 동그랗다. 유좌 바깥쪽에 연주문(聯珠紋) 한 바퀴가 있고 뒷면의 장식문양은 입장식(立墻式) 철현문(凸弦紋)에 의해 두 부분으로 나뉘었다. 내구(內區)에는 꼭지를 중심으로 단화(團花) 여섯 송이가 둘러져 있다. 단화는 나팔 모양의 꽃잎 6개, 작은 돌기 7개로 된 꽃술, 바깥쪽 연주문 한 바퀴, 현문(弦紋) 두 바퀴로 이루어졌다. 단화 사이는 권초문(卷草紋)과 인동문(忍冬紋)으로 채웠다. 외구(外區)에는 명문대(銘文帶)가 있는데 해서체(楷書體) 명문(銘文) 32자를 시계 방향으로 읽으면 "靈山孕寶, 神使觀爐, 形圓曉月, 光淸夜珠, 玉臺希世, 紅妝應圖, 千嬌集影, 百福來扶(영산잉보, 신사관로, 형원효월, 광청야주, 옥태희세, 홍장응도, 천교집영, 백복래부)"이다. 수미(首尾) 사이에는 돌기문양을 두었다. 연부(緣部)와 입장식 철현문 안쪽에는 작은 연판문(連瓣紋)과 거치문(鋸齒紋)이 한 바퀴씩 둘러져 있다. 이 같은 유형의 동경은 초당(初唐) 시기에 유행하였다.

광류오서수포도경(光流五瑞獸葡萄鏡)

당(唐) | 지름 14.1cm 무게 0.32kg
1974년 서안시 신성구(西安市 新城區) 한삼채(韓森寨) 출토

Mirror with Grape and Five Lucky Beasts Patterns and 'Guang Liu' Inscriptions

Tang Dynasty(618AD~907AD)
D 14.1cm 0.32kg
Excavated from HansenZhai in Xincheng District, Xi'an in 1974

동경(銅鏡)은 원형(圓形)으로 꼭지는 크고 둥글며 유좌(鈕座)도 동그랗다. 뒷면의 장식문양은 입장식(立墻式) 철현문(凸弦紋)에 의해 두 부분으로 나뉘었다. 내구(內區)에는 서수(瑞獸) 다섯 마리가 동일한 방향으로 꼭지를 에워싸고 질주하고 있다. 여우 또는 늑대 같은데, 어떤 것은 머리를 숙인 채 몸을 구부렸으며 어떤 것은 머리를 돌려 뒤를 바라보는 듯하다. 짐승 사이는 활엽 화초와 포도문양으로 채웠다. 외구(外區)의 해서체(楷書體) 명문대(銘文帶)를 시계 방향으로 읽으면 "光流素月, 質稟玄精, 澄空鑒水, 照迴凝淸, 終古永固, 瑩此心靈(광류소월, 질품현정, 징공감수, 조형응청, 종고영고, 형차심령)"이다. 명문(銘文)의 수미(首尾) 사이에 단화문(團花紋)을 두었다. 입장식 철릉(凸稜)과 연부(緣部) 안쪽에는 작은 연판문(蓮瓣紋)과 거치문(鋸齒紋)이 한 바퀴씩 둘러졌고 테두리는 말렸다. 보편적으로 '광류(光流)' 동경은 당고종(唐高宗) 시기에 유행하였다고 본다. 당시 포도문양도 있었으나 아직 주요 문양은 아니었고 무측천(武則天) 시기에 이르러 전형적인 서수포도경(瑞獸葡萄鏡)으로 발전하였다. 열매가 주렁주렁 열린 포도는 다산(多産)과 풍작(豊作)을 뜻한다.

070

서수포도경(瑞獸葡萄鏡)

당(唐) | 지름 17.6cm 무게 0.83kg
1978년 서안시 연호구(西安市 蓮湖區) 화력발전소 출토

Mirror with Grape and Lucky Beasts Patterns

Tang Dynasty(618AD~907AD)
D 17.6cm 0.83kg
Excavated from the Power Plant in Lianhu District, Xi'an in 1978

동경(銅鏡)은 원형(圓形)으로 꼭지와 유좌(鈕座)는 모두 동그랗다. 뒷면의 장식 문양은 철현문(凸弦紋) 한 바퀴에 의해 두 부분으로 나뉘었다. 내구(內區)에는 서수(瑞獸) 여섯 마리가 포도넝쿨에 기어오르고 있는데 형태가 자연스럽고 생생하다. 외구(外區)는 동물들이 사이사이 배치되어 있고 빈 공간은 포도송이와 큰 잎으로 채워져 있다. 내외구(內外區) 사이 능(稜) 안쪽에는 작은 연판문(蓮瓣紋)과 거치문(鋸齒紋)이 한 바퀴씩 둘러져 있다. 연부(緣部)는 연속된 당초문(唐草紋)으로 장식되었고 테두리는 말렸다. 전체적으로 부조(浮彫)기법을 사용하여 입체감이 강하다.

서수포도경(瑞獸葡萄鏡)은 당대(唐代) 동경 가운데서 양이 가장 많고 가장 널리 유행했던 유형이다. 이 같은 동경의 서수문(瑞獸紋)은 평안(平安)과 길상(吉祥), 벽사(辟邪) 등 여러 가지 의미를 지녀 민간에서 광범위하게 전해 내려왔다. 자료에 따르면 포도경은 고종(高宗) 시기에 나타났고 서수포도경은 무측천(武則天)에서 중종(中宗) 시기까지 유행했다. 현종(玄宗) 시기에도 일정 정도 있었으나 그다지 유행하지 않았다. 서수포도문(瑞獸葡萄紋)은 초당(初唐)과 중당(中唐)의 시대적 특징을 띤 문양 중 하나로 당나라 동경 가운데 출토량이 가장 많다.

071

서수포도경(瑞獸葡萄鏡)

당(唐) | 지름 20.7cm 무게 1.55kg
1979년 6월 서안시(西安市) 문물상점에서 넘겨받음

Mirror with Grape and Lucky
Beasts Patterns

Tang Dynasty(618AD~907AD)
D 20.7cm 1.55kg
Transferred by Xi'an Culture Relic shop in Jun 1979

동경(銅鏡)은 원형(圓形)으로 꼭지는 복수뉴(伏獸鈕)이다. 장식문양은 내외 부분으로 나뉘며 그 사이에 당초문(唐草紋)이 있다. 내구(內區)에는 꼭지를 에워싸고 서수(瑞獸) 여덟 마리가 배치되어 있다. 서수는 한 쌍씩 마주하고 있는데 엎드리거나 눕거나 또는 기어오르거나 뛰어오르는 등 자세가 다양하다. 서수 사이는 포도와 잎가지로 채웠다. 외구(外區)에는 비천(飛天), 금강(金剛), 난조(鸞鳥)와 어화룡(魚化龍 - 물고기가 변한 용)이 번갈아 배치되었다. 내구와 외구 사이에 있는 쌍철릉(雙凸稜) 두 줄의 안쪽에는 권운문(卷雲紋)과 와문(渦紋)이 있다. 연부(緣部)에는 연속된 당초문이 있고 테두리는 말렸다.

이 동경에 장식된 어화룡은 용머리에 물고기 몸통을 가진 용으로 보기 드문 것이다. 한대(漢代) 장형(張衡)의 『서경부(西京賦)』에 "어룡만연(魚龍漫衍 - 옛날 잡기 중의 하나로 광대들이 동물모형을 이용하여 펼치는 공연인데 이후 권모술수를 부린다는 의미 또한 갖게 되었다)"이라는 구절이 있다. 『수서(隋書)』 「음악지(音樂志)」에도 "물고기가 용이 되고 용이 물고기로 변하는 대형 환술인 황룡변(魚化龍, 龍變魚, 黃龍變)"이라는 기록이 있으며, 남송(南宋) 시인 신기질(辛棄疾)의 「정소(靜素) 원석(元夕)」이라는 시에도 "퉁소 소리 요란하고, 달빛 또한 흐르는데, 밤새 어룡이 춤을 추네(鳳簫聲動, 玉壺光轉, 一夜魚龍舞)"는 구절이 있다. 후에 물고기가 용문으로 뛰어올라 용이 된다는 전설로 바뀌어 부귀(富貴)와 길상(吉祥)을 뜻하게 되었다.

072

서수포도경 (瑞獸葡萄鏡)

당(唐) | 지름 14.7cm 무게 0.86kg
1979년 서안시(西安市) 문물상점에서 넘겨받음

Mirror with Grape and Lucky Beasts Patterns

Tang Dynasty(618AD~907AD)
D 14.7cm 0.86kg
Transferred by Xi'an Culture Relic shop in 1979

동경(銅鏡)은 원형(圓形)으로 꼭지는 복수뉴(伏獸鈕)이다. 내외구(內外區)는 철현릉(凸弦稜)에 의해 나뉘었다. 내구(內區)는 포도넝쿨로 장식되었는데 5개의 포도잎에 열매가 풍성하다. 한 송이를 제외한 아홉 송이의 포도송이는 철릉(凸稜)을 따라 균일하게 배열되어 있으며 포도넝쿨 사이로 춤추는 나비와 잠자리가 있다. 서수(瑞獸) 여섯 마리는 엎드렸거나 고개를 치켜들거나 질주하거나 몸을 돌려 포도넝쿨에 기어오르기도 한다. 내구의 포도넝쿨이 외구(外區)에까지 뻗어나가 엉킨다. 외구에는 형태가 다양한 새들이 포도넝쿨 사이에 있는데 까치는 모두 복부가 정면으로 노출된 보기 드문 형태이다. 연부(緣部)에는 첩운문(疊雲紋) 한 바퀴가 둘러져 있고 테두리는 말렸다.

서수문(瑞獸紋)은 해수(海獸), 해마(海馬), 산예(狻猊), 천마(天馬) 등이 있는데 당대(唐代) 동경 중 양이 가장 많고 가장 널리 유행했던 종류로 무측천(武則天) 시기에 성행해서 현종(玄宗) 개원(開元) 말기에 쇠퇴하게 되었다. 당대에는 대외교류가 활발하여 실크로드를 통해 짐승과 포도로 조합된 도안이 유입된 후 이를 중국 장인들이 동경에 사용했던 것이다.

073

서수포도경(瑞獸葡萄鏡)

당(唐) | 지름 20,4cm 무게 1,91kg
1975년 서안시 파교구(西安市 灞橋區) 방직타운 출토

Mirror with Grape and Lucky Beasts Patterns

Tang Dynasty(618AD~907AD)
D 20,4cm 1,91kg
Excavated from Baqiao District, Xi'an in 1975

동경(銅鏡)은 원형(圓形)으로 꼭지는 복수뉴(伏獸鈕)이다. 뒷면은 철릉(凸稜)에 의해 두 부분으로 나뉘었다. 내구(內區)에는 형태가 다양한 서수(瑞獸) 여섯 마리가 꼭지를 에워싸고 있다. 서수는 걷거나 엎드리거나 기어오르거나 웅크리거나 하면서 포도넝쿨 사이에서 노닐고 있다. 외구(外區)는 전지(纏枝) 포도송이와 커다란 잎 사이로 이를 쪼아 먹는 서수와 날짐승이 배치되었다. 연부(緣部)에는 첩운문(疊雲紋) 한 바퀴가 둘러져 있고 테두리는 말렸다. 뒷면은 전체적으로 고부조(高浮彫)로 새겨졌는데 서수의 모양이 생동하고 입체감이 강하다. 포도가지를 바탕문양으로 하는 동시에 공간을 뛰어넘어 내외구(內外區)의 구분을 없앰으로써 생동감이 넘친다. 당(唐)나라 중기의 동경이다.

서수포도경 (瑞獸葡萄鏡)

당(唐) | 지름 14.9cm 무게 0.91kg
1974년 섬서성 인유현(陝西省 麟游縣) 화목공사(花木公社) 자구대대
(字溝大隊) 출토

Mirror with Grape and Lucky Beasts Patterns

Tang Dynasty(618AD~907AD)
D 14.9cm 0.91kg
Excavated from Zigou Village Huamu Community Linyou
County in Shanxi Province in 1974

동경(銅鏡)은 원형(圓形)으로 꼭지는 복수뉴(伏獸鈕)이다. 철현릉(凸弦稜)에 의해 내외구(內外區)로 나뉘었다. 내구(內區)의 주제문양은 서수(瑞獸) 다섯 마리가 포도넝쿨 속에서 뛰노는 모습이다. 서수는 머리가 작고 목이 짧으며 입을 벌리고 머리를 돌린 채로 달리는 모습인데 그 생생한 모습이 섬세하게 표현되었다. 외구(外區)에는 날짐승 여덟 마리가 열매가 주렁주렁 열린 포도넝쿨 사이에 있다. 어떤 것은 포도가지 위에서 휴식하고 어떤 것은 사이에서 날고 있는데 동적인 모습과 정적인 모습이 어우러져 활기가 넘친다. 연부(緣部)는 겹꽃잎문양 한 바퀴가 둘러져 있고 테두리는 말렸다.

075

서수포도경(瑞獸葡萄鏡)

당(唐) | 지름 12.6cm 무게 0.64kg
1974년 서안시 신성구(西安市 新城區) 한삼채(韓森寨) 출토

Mirror with Grape and Lucky Beasts Patterns

Tang Dynasty(618AD~907AD)
D 12.6cm 0.64kg
Excavated from HansenZhai in Xincheng District, Xi'an in 1974

동경(銅鏡)은 원형(圓形)으로 꼭지는 복수뉴(伏獸鈕)이다. 철현릉(凸弦稜)에 의해 내외구(內外區)로 나뉘었다. 내구(內區)에는 서수(瑞獸) 네 마리가 동일한 방향으로 꼭지를 둘러쌌는데 포도넝쿨에 기대어 갖가지 형태를 취하고 있다. 외구(外區)에는 절지(折枝) 포도와 열매가 주렁주렁 열린 넝쿨이 있으며 그 사이로 꼬리가 긴 새와 잠자리, 나비가 가지에 앉아 포도를 쪼고 있다. 연부(緣部)는 화엽문(花葉紋) 한 바퀴가 둘러져 있고 테두리는 말렸다.

이 동경은 각종 새와 짐승들의 즐겁게 노니는 모습으로 장식되었다. 넝쿨이 외구에까지 뻗어나간 것을 보아 동경이 쇠퇴기에 들어서는 전환기 작품으로 보인다.

076

금배서수포도경 (金背瑞獸葡萄鏡)

당(唐) | 지름 19.7cm 무게 0.3kg
2002년 서안시 파교구(西安市 灞橋區) 마가구(馬家溝) 출토

Gold Back Mirror with Grape and
Lucky Beasts Patterns

Tang Dynasty(618AD~907AD)
D 19.7cm 0.3kg
Excavated from Majiagou Village in Baqiao District, Xi'an in 2002

　동경(銅鏡)은 팔판능화형(八瓣菱花形)으로 뒷면에 금판을 덧붙였고 그 위를 망치로 두드려 문양을 표현했다. 가운데 볼록하게 올라온 꼭지 부분에는 서로 뒤를 좇는 짐승 한 쌍이 있고, 철릉(凸稜) 한 바퀴에 의해 문양은 내외구(內外區)로 나뉘었다. 내구(內區)는 넝쿨에 둥그렇게 둘러싸인 신수(神獸) 여덟 마리로 이루어졌다. 신수는 걷거나 엎드리거나 또는 가지에 기어오르거나 뛰어오르며 뛰놀고 있다. 내구의 당초문(唐草紋)은 철릉을 넘어 외구(外區)에까지 뻗어나가 능판(菱瓣)에서 꽃을 피웠다. 각 판(瓣)에는 네 잎 꽃봉오리가 능판의 꼭짓점과 마주하고 양쪽에는 포도 한 송이와 가지를 잡거나 포도송이를 쪼는 새 한 마리가 있다. 새의 형태는 모두 다르다. 연부(緣部)에는 틀을 따라 각양각색의 절지화(折枝花)가 둘러져 있다.

　금은각경(金銀殼鏡)은 당대(唐代) 동경의 특수 제작공예 중 하나로 뒷면에 금판이나 은판을 덧붙인 다음 그 위에 갖가지 문양을 두드려 새기는 것이다. 이 금각경은 태체(胎體)가 두껍고 무거우며, 금판 재질이 세밀하고 매끄러우며 제작 또한 정교하여 새 날개의 깃털까지 생생하게 표현되었다. 넝쿨이 외구로 뻗은 것을 보아 성당(盛唐) 후기 작품으로 추정된다. 『구당서(舊唐書)』 「고계보전(高季輔傳)」에는 "일찍 태종(太宗)이 그의 뛰어난 전형 능력을 높이 사 금배경(金背鏡) 하나를 하사하였다(太宗曾賜金背鏡一面, 以表其淸鑒焉)"라는 기록이 있는데 여기서 말하는 '금배경'이 바로 뒷면에 금(金)을 덧붙인 동경이다.

은배서수경(銀背瑞獸鏡)

당(唐) | 지름 8.6cm 무게 0.12kg
1979년 서안시 파교구(西安市 灞橋區) 출토

Sliver Back Mirror with Lucky Beasts Patterns

Tang Dynasty(618AD~907AD)
D 8.6cm 0.12kg
Excavated from Baqiao District of Xi'an in 1979

동경(銅鏡)은 팔판능화형(八瓣菱花形)으로 꼭지는 동그랗다. 뒷면에는 은판을 덧붙였고 그 위에 서수화문(瑞獸花紋)을 두드려 새겼다. 내외구(內外區)는 좁은 철릉(凸稜)에 의해 나뉘었다. 내구(內區)가 넓은데 철릉 가까이에 있는 인동화문(忍冬花) 한 그루의 넝쿨이 전체 내구에 뻗어나가 바탕모양이 되었다. 주제문양은 서수(瑞獸) 네 마리가 꼭지를 에워싸고 배열되었다. 서수들은 갖가지 자세로 꽃가지에 기어오르는데 그중 하나는 옆구리에 한 쌍의 날개가 나 있다. 기법이 섬세하여 서수 날개의 깃털마저도 낱낱이 보인다. 외구(外區)는 철릉과 연부(緣部) 사이 공간을 전지인동문(纏枝忍冬紋)으로 채웠다. 그러나 외구를 독립적인 공간으로 표현하는 일반적인 팔판능화경(八瓣菱花鏡)과 달리 이 동경은 인동문(忍冬紋)이 끊어지지 않고 외구의 8개 화판(花瓣)에 전체적으로 뻗어나갔다.

이 은배경(銀背鏡)의 제작공예는 앞서 소개한 금배경(金背鏡)과 동일한 것이라 추측된다.『천공개물(天工開物)』「오금(五金)」「황금(黃金)」에는 "무릇 금빛은 화려함과 귀중함을 의미하여 인공으로 박(箔)을 만들어 사용한다. ……금박을 만들려면 얇게 하여 오금지(烏金紙)로 싼 다음 망치로 힘껏 두드린다. ……이렇게 만들어진 박(箔)은 먼저 숙칠(熟漆)을 한 다음 붙인다(凡色至于金, 爲人間華美貴重, 故人工成箔而后施之. ……凡造金箔, 旣成薄片后, 包入烏金紙內, 竭力揮椎打成. ……以之華物, 先以熟漆布地, 然后粘貼)"라는 기록이 있다. 이로 보아 이 같은 동경은 먼저 금판이나 은판을 도안에 따라 두들기는 기법으로 압축 성형한 다음 뒷면을 칠한 후 붙이는 것임을 알 수 있다.

천추용문경(千秋龍紋鏡)

당(唐) | 지름 21cm 무게 1.21kg
1998년 서안시 장안구 곽두진(西安市 長安區 郭杜鎭) 중위(中緯) 공사장 출토

Mirror with Dragon Patterns and 'Qian Qiu' Inscriptions

Tang Dynasty(618AD~907AD)
D 21cm 1.21kg
Excavated from Zhouwei Building Site of Guodu County at
Chang'an District, Xi'an in 1998

　동경(銅鏡)은 팔판규화형(八瓣葵花形)으로 꼭지는 동그랗다. 용머리가 꼭지 가까기에 있고 몸통은 C자 모양으로 꼭지를 에워쌌다. 용머리는 구조가 뚜렷한데 두 뿔 뒤의 털과 구레나룻이 세밀하고 크게 벌린 입 사이로 혀를 내밀었다. 앞다리 중 하나는 곧게 서고 다른 하나는 앞으로 뻗었으며 뒷다리 중 하나는 구부리고 다른 하나는 쭉 펴 꼬리와 엉겼다. 사지에는 모두 날카로운 발톱이 3개씩 달려 있다. 등지느러미, 복갑(腹甲), 비늘과 팔꿈치에 있는 털 또한 섬세하게 표현되었다. 용 주변에는 구름 세 점이 있다. 연부(緣部) 가까이에 있는 철현문(凸弦紋)과 테두리 사이에는 꽃과 구름, 그리고 방승(方勝)이 사이사이 배열되어 있다. 방승의 네모 틀 안에는 "千(천)", "秋(추)" 두 자가 있다.

　이런 운룡천추문경(雲龍千秋紋鏡)은 당현종(唐玄宗)의 생일과 관련이 있다. 기록에 의하면, 현종은 매년 8월 5일 천추절(千秋節)에 신하들에게 금경(金鏡)을 하사하였다. 현종은 손수 「천추절사군신경(千秋節賜群臣鏡)」이란 시를 지어 "천추경을 주조하니, 백련금에서 빛이 나네. 군신에게 하사하니, 거울 보고 청심 닦으라(鑄得千秋鏡, 光生百煉金. 分將賜群臣, 遇象見淸心)"라고 읊었다. 또한 석예(席豫)는 「봉화칙사공주경(奉和敕賜公主鏡)」에서 "이렇게 좋은 날 용경을 하사하니, 아름다운 빛 봉대(鳳台)에서 비추는 듯하네(令節頒龍鏡, 仙輝下鳳台)", 백거이는 『신악부(新樂府)』 「백련경(百煉鏡)」에서 "뒷면에 구오지존 비천룡 있으니, 사람마다 천자경이라 부르네(背有九五飛天龍, 人人呼爲天子鏡)"라고 읊었다. 운룡문(雲龍紋)은 성당(盛唐) 시기 황실의 사랑을 받았던 주제문양의 일종이다. 이 운룡문경(雲龍紋鏡)은 다른 운룡문경과 마찬가지로 표면이 매끄럽고 광택이 나며 공예기법이 정교하다. 구름이 떠다니는 하늘에서 날아예는 용이 입을 벌려 음식을 탐하는 모습은 생동감이 넘친다.

079

반룡경(盤龍鏡)

당(唐) | 지름 17.6cm 무게 0.75kg
1993년 서안시 파교구(西安市 灞橋區) 출토

Mirror with Twisting Dragon Patterns

Tang Dynasty(618AD~907AD)
D 17.6cm 0.75kg
Excavated from Baqiao District of Xi'an in 1993

동경(銅鏡)은 팔판규화형(八瓣葵花形)으로 꼭지는 동그랗다. 뒷면은 철릉(凸稜)에 의해 두 부분으로 나뉘었다. 내구(內區)는 꼭지를 에워싼 용무늬이다. 용은 입을 벌려 이빨을 드러냈으며 꼭지를 구슬처럼 머금고 발톱을 치켜세웠다. 발마다 발톱이 3개씩 있고 주위에는 구름으로 장식하였다. 외구(外區)는 해바라기 꽃잎 8개에 나비와 구름문양을 사이사이 장식하였다. 규화형 반룡경(盤龍鏡)은 당대(唐代)에는 연부(緣部)가 대부분 안팎으로 나뉘었지만 오대(五代), 송대(宋代), 금대(金代)에는 그 구분이 없어졌다. 이 같은 용문경(龍紋鏡)은 당현종(唐玄宗) 시기에 유행하였다.

쌍룡경(雙龍鏡)

당(唐) | 지름 20.7cm 무게 1.07kg
1979년 서안시(西安市) 문물상점에서 넘겨받음

Mirror with Two Dragon Patterns

Tang Dynasty(618AD~907AD)
D 20.7cm 1.07kg
Transferred by Xi'an Culture Relic shop in 1979

동경(銅鏡)은 육판규화형(六瓣葵花形)으로 꼭지는 동그랗다. 뒷면은 철현문(凸弦紋)에 의해 두 부분으로 나뉘었다. 내구(內區)의 주제문양은 한 쌍의 용이다. 두 마리 모두 머리를 쳐들고 이를 드러내며 마주하여 꼭지를 구슬처럼 머금고 발톱을 치켜세웠다. 튼튼한 꼬리는 들린 왼쪽 뒷다리를 휘감고 비늘과 수염 또한 섬세하게 표현되었다. 수미(首尾)가 서로 맞닿은 용들은 꼭지를 등지고 휘어진 몸통으로 고리를 이룬다. 수미 사이는 몸통과 비슷한 도안으로 연결되고 주위에는 상운(祥雲)이 감돈다. 연부(緣部)의 해바라기 꽃잎 6개 안에는 각기 구름이 한 점씩 있다.

용의 형태는 당대(唐代)에 이르러 완성되어 그 형상과 자태, 운치 등이 모두 정점에 달하였다. 이 밖에 당시에는 용을 두드러지게 표현할 수 있는 구름 또한 중요시하였다. 당대의 용무늬에서 가장 중요한 것은 균형 잡힌 형체와 섬세하게 표현된 비늘이다. 따라서 이 동경은 중당(中唐) 시기 것으로 볼 수 있다.

쌍작쌍마화지경(雙鵲雙馬花枝鏡)

당(唐) | 지름 24cm 무게 1.8kg
1979년 서안시 신성구(西安市 新城區) 한삼채(韓森寨) 출토

Mirror with Twin Bird Twin Horse and Flowers Patterns

Tang Dynasty(618AD~907AD)
D 24cm 1.8kg
Excavated from HansenZhai Village in Xincheng District, Xi'an in 1979

　동경(銅鏡)은 팔판규화형(八瓣葵花形)으로 꼭지는 동그랗다. 주요 부분에는 성장(盛裝)을 한 말 두 마리가 연꽃을 밟은 채 꼭지를 사이에 두고 서로 마주 보고 있다. 꼭지 위쪽에 까치 두 마리가 꽃가지를 문 채 날개를 펴고 앞뒤로 날고 있다. 꼭지 아래쪽에 있는 절지화(折枝花)는 활짝 핀 것도 있고 봉오리 형태인 것도 있다. 규화형 안쪽에는 구름과 절지화가 번갈아 배열되었다.

　당현종(唐玄宗) 초에 궁에서는 말놀음을 즐겨 구경했는데 말놀음은 일반적으로 금반 위에서 진행되었다. 이 동경에 장식한 말 도안은 궁정생활을 진실하게 반영하고 있으며 전체 문양이 생기가 넘치고 수려하다. 이는 양한(兩漢) 및 위진대(魏晉代) 다중동심원(多重同心圓)의 질박하고 반듯한 형식과는 완전히 다른 것이었다.

운도작요화지경(雲濤鵲繞花枝鏡)

당(唐) | 지름 10.6cm 무게 0.23kg
1983년 서안시(西安市) 문물상점에서 넘겨받음

Mirror with Birds and Flower Twigs in
Clouds Patterns

Tang Dynasty(618AD~907AD)
D 10.6cm 0.23kg
Transferred by Xi'an Culture Relic shop in 1983

동경(銅鏡)은 팔판능화형(八瓣菱花形)으로 꼭지는 동그랗다. 뒷면은 철현문(凸弦紋) 두 바퀴에 의해 내구(內區), 중구(中區), 외구(外區)로 나뉘었다. 내구에는 산 4개와 운해문(雲海紋)으로 장식되었는데 산은 꼭지와 함께 오악(五岳)을 이룬다. 중구에는 새 네 마리가 꽃가지를 입에 문 채 동일한 방향으로 날고 있고 새 사이에는 잎 2개, 봉오리 2개가 있는 절지화(折枝花)가 있으며 그 양쪽에는 벌 또는 나비가 한 마리씩 있다. 외구의 능판(菱瓣)과 현문(弦紋) 사이는 여덟 부분으로 나뉘어 다른 모양의 절지화가 번갈아 장식되었다.

당대(唐代)의 작조화지경(鵲鳥花枝鏡)은 서수포도경(瑞獸葡萄鏡)과 서수난조경(瑞獸鸞鳥鏡)을 기초로 변화한 것이다. 화조문(花鳥紋)은 현실 속 날짐승이나 전설 속 난봉(鸞鳳)과 생동감이 있는 절지화초, 풍성한 당초문(唐草紋)으로 조합된 문양으로서 당대 동경의 전형적인 문양 중 하나이다. 당묘(唐墓)에서 출토된 동경 100점에 대한 연구에 의하면, 작조화지경은 중종(中宗) 신룡(神龍) 2년(AD 706)의 기년묘(紀年墓)에서 처음으로 나타나고 성당(盛唐)과 중당(中唐) 시기에 유행하였다.

083

화조경(花鳥鏡)

당(唐) | 지름 13.8cm 무게 0.6kg
1975년 서안시 신성구(西安市 新城區) 황하(黃河)공장 출토

Mirror with Flower and Bird Patterns

Tang Dynasty(618AD~907AD)
D 13.8cm 0.6kg
Excavated from Huanghe Factory at Xincheng District, Xi'an in 1975

동경(銅鏡)은 팔판능화형(八瓣菱花形) 안에 내접한 원형(圓形)이 있고 꼭지는 복수뉴(伏獸鈕)이다. 주요 부분에는 난조(鸞鳥) 두 마리, 까치 두 마리와 절지화(折枝花) 네 송이가 사이사이 둘러져 있다. 새들은 같은 방향으로 줄지어 있는데 그중 두 마리가 입에 꽃가지를 문 채 날개를 펴고 날고 있으며, 나머지 두 마리 모두 서 있는데 한 마리는 날갯짓하며 날아오르려는 듯하고 또 한 마리는 날갯짓하며 고개를 돌렸다. 절지화는 꽃봉오리 2개와 잎 4개로 이루어졌다. 연부(緣部) 꽃잎에는 여의운두(如意雲頭) 모양의 동일한 유운문(流雲紋)이 있는데 여의 머리가 꽃잎으로 대체되었다.

화조경(花鳥鏡)은 당대(唐代) 동경 중 일반적인 유형이다. 당나라 사람 설봉(薛逢)은 "시집올 때 거울이 여전하니, 까치도 능화도 빛이 나는구나(嫁時寶鏡依然在, 鵲影菱花滿光彩)"라고 하였는데 이는 당나라 중·후기에 화조경이 두루 사용된 모습을 읊은 것이다.

화조경(花鳥鏡)

당(唐) | 지름 19.7cm 무게 1.4kg
1979년 서안시(西安市) 백대양(大白楊) 재활용품 창고 수집

Mirror with Flower and Bird Patterns

Tang Dynasty(618AD~907AD)
D 19.7cm 1.4kg
Collected in Dabaiyang Warehouse, Xi'an in 1979

동경(銅鏡)은 팔판능화형(八瓣菱花形) 안에 내접한 원형(圓形)이 있고 꼭지는 복수뉴(伏獸鈕)이다. 주요 부분의 주제문양은 국화 위에 엎드린 기러기 두 마리와 연좌(蓮座) 위에서 노니는 한 쌍의 원앙새이다. 새들은 모두 역대칭 방식으로 배열되어 있는데 풍성한 날개가 섬세하게 표현되었다. 연부(緣部) 판(瓣)에는 나는 새와 화훼(花卉)문양이 번갈아 장식되어 있다.

실생활 속의 새 혹은 전설 속의 난조(鸞鳥)와 봉황 그리고 생동감이 넘치는 절지화(折枝花), 풍성한 당초문(唐草紋)은 당대(唐代) 동경에서 대표적인 문양 중 하나이다. 화훼와 나는 새로 조합된 사실적 제재는 성당(盛唐) 시기에 나타나 중당(中唐) 시기에 여전히 유행하였다.

085

화조경(花鳥鏡)

당(唐) | 지름 12,3cm 무게 0,31kg
1983년 서안시 신성구(西安市 新城區) 한삼채(韓森寨) 출토

Mirror with Flower and Bird Patterns

Tang Dynasty(618AD~907AD)
D 12,3cm 0,31kg
Excavated from HansenZhai in Xincheng District, Xi'an in 1983

동경(銅鏡)은 팔판능화형(八瓣菱花形) 안에 내접한 원형(圓形)이 있고 꼭지는 둥그렇다. 주요 부분에는 춤추는 기러기 네 마리와 사이사이에 놓인 병체화(井蒂花)가 꼭지를 중심으로 상하좌우에 역대칭으로 배열되어 있다. 연부(緣部)에는 나비와 절지화(折枝花)가 번갈아 있다.

086

화조경 (花鳥鏡)
당(唐) | 지름 12.5cm 무게 0.45kg
1979년 서안시 미앙구(西安市 未央區) 출토

Mirror with Flower and Bird Patterns
Tang Dynasty(618AD~907AD)
D 12.5cm 0.45kg
Excavated from Weiyang District of Xi'an in 1979

동경(銅鏡)은 팔판능화형(八瓣菱花形) 안에 내접한 원형(圓形)이 있고 꼭지는 동그랗다. 주요 부분은 꼭지를 에워싸고 까치 네 마리와 절지화(折枝花)가 번갈아 놓여 있는데 그중 까치 두 마리는 날개를 펴고 날고 있으며, 나머지 두 마리는 조용히 서 있다. 연부(緣部) 부분의 꽃잎 안에는 나비와 구름이 번갈아 배열되어 있다.

새문양은 당대(唐代) 동경에서 매우 유행했던 문양이다. 예를 들어, 쌍봉상희(雙鳳相戲), 공작천화(孔雀穿花), 앵무대비(鸚鵡對飛) 등의 문양은 길상(吉祥)과 행복, 경사와 원만함의 뜻이 담겨 인기가 많았다. 이런 문양은 오랫동안 유행해 송대(宋代)에도 흔히 볼 수 있었다.

087

화조경(花鳥鏡)

당(唐) | 지름 13.3cm 무게 0.56kg
1972년 서안시 연호구(西安市 蓮湖區) 출토

Mirror with Flower and Bird Patterns

Tang Dynasty(618AD~907AD)
D 13.3cm 0.56kg
Excavated from Lianhu District of Xi'an in 1972

동경(銅鏡)은 팔판능화형(八瓣菱花形) 안에 내접한 원형(圓形)이 있고 꼭지는 동그랗다. 꼭지 위쪽에는 새 한 마리가 나뭇가지 위에서 날개를 접은 채 머리를 돌리고 있으며 꼭지 아래쪽에는 날개를 펴고 꽃가지에 날아오르려는 까치 한 마리가 있다. 휘어진 꽃가지 끝부분에는 꽃잎이 있는데 모양은 인동문(忍冬紋)과 비슷하다. 꼭지의 좌우에는 한 쌍의 까치가 날개를 펴고 날고 있다. 연부(緣部)에 있는 능형 꽃잎 안쪽에는 절지화(折枝花)와 나비가 번갈아 배열되어 있다. 전체 도안은 정(靜)과 동(動)이 어우러져 활기가 넘친다.

088

조수화지경(鳥獸花枝鏡)

당(唐) | 지름 17.5cm 무게 1.27kg
1996년 서안시 미앙구(西安市 未央區) 출토

Mirror with Bird, Beast and Flowers Patterns

Tang Dynasty(618AD~907AD)
D 17.5cm 1.27kg
Excavated from Weiyang District of Xi'an in 1996

동경(銅鏡)은 팔판능화형(八瓣菱花形) 안에 내접한 원형(圓形)이 있고 꼭지는 동그랗다. 주요 부분에는 걷는 모습의 서수(瑞獸) 한 쌍과 까치 한 쌍이 모두 같은 방향으로 꼭지를 둘러싸고 배열되어 있으며 새와 짐승 사이는 절지화(折枝花)로 구분되었다. 연부(緣部)에는 나비가 있는 절지화와 화초문(花草紋)이 번갈아 배치되어 있다. 고부조(高浮彫)기법으로 조각한 새와 짐승의 형태는 생동감이 있고 자연스러우며 화초문은 산뜻하고 아름답다.

143

089

조수화지경(鳥獸花枝鏡)

당(唐) | 지름 13.3cm 무게 0.68kg
1983년 서안시(西安市) 문물상점에서 넘겨받음

Mirror with Bird, Beast and Flowers Patterns

Tang Dynasty(618AD~907AD)
D 13.3cm 0.68kg
Transferred by Xi'an Culture Relic shop in 1983

　　동경(銅鏡)은 팔판능화형(八瓣菱花形) 안에 내접한 원형(圓形)이 있고 꼭지는 동그랗다. 주요 부분에는 짐승 두 마리와 난조(鸞鳥) 두 마리가 꼭지를 둘러싸고 번갈아 배열되어 있다. 서수(瑞獸)는 머리와 꼬리를 쳐든 채 질주하고 있고 난조는 꽃가지 위에 서서 꽃봉오리를 쪼려는 듯싶다. 새와 짐승의 사이에는 화지문(花枝紋) 4개가 있다. 연부(緣部)에는 구름과 꿀벌, 나비가 배치되어 있다. 중요한 문양이 주요 부분에 집중되어 있으나 복잡해 보이지 않는다. 길게 뻗은 가지와 역동적인 짐승은 구도가 더 꽉 차 보이게 할 뿐만 아니라 선이 뚜렷하고 날렵해 보이게 한다. 연부의 문양은 조밀함과 성김이 잘 어우러져 부차적이지만 주제를 더욱더 부각시킨다.

090

서수난조경(瑞獸鸞鳥鏡)

당(唐) | 지름 19.7cm 무게 1.52kg
1979년 서안시 연호구(西安市 蓮湖區) 출토

Mirror with Lucky Beast and Twin Birds Patterns

Tang Dynasty(618AD~907AD)
D 19.7cm 1.52kg
Excavated from Lianhu District of Xi'an in 1979

동경(銅鏡)은 팔판능화형(八瓣菱花形) 안에 내접한 원형(圓形)이 있고 꼭지는 복수뉴(伏獸鈕)이다. 내구(內區)에는 춤추는 난조(鸞鳥) 한 쌍과 질주하는 서수(瑞獸) 한 쌍이 역대칭식으로 배열되어 있으며 그 사이에 병체화(幷蒂花)가 있다. 연부(緣部)에는 나는 새, 꿀벌, 절지화(折枝花)가 사이사이 배열되어 있다.

091

쌍난함수경 (雙鸞銜綬鏡)

당(唐) | 지름 25cm 무게 1.87kg
1998년 서안시 안탑구(西安市 雁塔區) 곡강(曲江) 출토

Mirror with Two Birds Picking
Ribbon Patterns

Tang Dynasty(618AD~907AD)
D 25cm 1.87kg
Excavated from Qujiang, Yanta District, Xi'an in 1998

　동경(銅鏡)은 팔판규화형(八瓣葵花形) 안에 내접한 원형(圓形)이 있고 꼭지는 동그
랗다. 주요 부분은 난조(鸞鳥) 한 쌍이 꼭지를 사이에 두고 마주 서 있다. 입에 수대(綬
帶)를 문 난조는 가슴을 펴고 날갯짓하며 꽁지가 바람에 흩날린 채 꽃가지를 밟고 서 있
는데 수려한 그 모습은 마치 바람을 맞받으며 춤추는 듯하다. 꼭지의 아래위로 병체화
(幷蒂花)가 하나씩 있다. 연부(緣部) 가까운 부분에 있는 철현문(凸弦紋) 한 바퀴와 꽃
잎 사이에 모양이 상이한 절지화(折枝花)가 하나씩 있다.

　쌍난함수경(雙鸞銜綬鏡)은 중국 동경의 전환기에 나타난 대표적인 형태이다. 옛사
람들은 난조를 길상(吉祥)과 태평천하(太平天下)를 뜻하는 서조(瑞鳥)로 간주하였는
데 또한 '銜(함)'과 '獻(헌)', '綬(수)'와 '壽(수)', '帶(대)'와 '代(대)'의 발음이 비슷하므로
'쌍난함수(雙鸞銜綬)'는 길상, 건강과 장수(長壽), 부부간의 사랑, 가정화목, 번성 등을
뜻하였다. 서한(西漢) 말기부터 단봉(丹鳳), 주작(朱雀) 등 서조(瑞鳥)를 도안으로 한 동
경이 나타났고 쌍난함수경은 성당(盛唐)과 중당(中唐) 시기, 즉 당현종(唐玄宗) 시기부
터 당덕종(唐德宗) 시기(712~805)까지 유행하였다. 만당(晚唐), 오대(五代)에 들어서서
동경의 주제문양, 예술기법 및 풍격, 시대적인 특징도 확연히 달라짐으로써 성당 시기
동경의 웅장하고 화려하며 다채로운 풍격을 완전히 잃고 말았다.

092

쌍난서수화조경(雙鸞瑞獸花鳥鏡)

당(唐) | 지름 16.3cm 무게 0.82kg
1992년 서안시(西安市) 문물상점에서 넘겨받음

Mirror with Twin Birds and Lucky
Beast Patterns

Tang Dynasty(618AD~907AD)
D 16.3cm 0.82kg
Transferred by Xi'an Culture Relic shop in 1992

　동경(銅鏡)은 팔판규화형(八瓣葵花形) 안에 내접한 원형(圓形)이 있고 꼭지는 동
그랗다. 주요 부분에는 난조(鸞鳥) 한 쌍이 꼭지를 사이에 두고 마주하여 날개를 펼치
고 있다. 난조는 목을 구부리고 가슴을 내밀었으며 꽁지는 위로 휘날린다. 꼭지 아래
쪽에는 입에 포도넝쿨을 문 서수(瑞獸)가 질주하고 있다. 꼭지 위쪽에는 까치가 입에
수대(綬帶)를 물고 날고 있는데 이는 부귀(富貴)와 장수(長壽)를 뜻한다. 연부(緣部)
의 가까운 부분에 있는 철현문(凸弦紋) 한 바퀴와 꽃잎 사이에는 나뭇가지를 오르는
까치, 수대를 문 까치, 여의운두(如意雲頭)와 절지화(折枝花)가 번갈아 대칭으로 놓
여 있다.

　이 동경은 다른 쌍난경(雙鸞鏡)과 달리 수대를 문 까치와 포도넝쿨을 문 서수가 함
께 배치되어 있는데 이는 매우 드물다.

093

쌍난서수경 (雙鸞瑞獸鏡)

당(唐) | 지름 22.5cm 무게 1.03kg
1979년 서안시(西安市) 문물상점에서 넘겨받음

Mirror with Twin Birds and Lucky
Beast Patterns

Tang Dynasty(618AD~907AD)
D 22.5cm 1.03kg
Transferred by Xi'an Culture Relic shop in 1979

동경(銅鏡)은 팔판규화형(八瓣葵花形) 안에 내접한 원형(圓形)이 있고 꼭지는 둥 그렇다. 주요 부분에는 형태가 같은 난조(鸞鳥) 한 쌍이 꼭지를 사이에 두고 마주하고 있다. 난조는 목을 굽히고 가슴을 폈으며 날갯짓하며 꽁지를 쳐들었고 한쪽 발을 들어 춤을 추려는 듯하다. 꼭지 위쪽에는 몸통이 말과 같고 머리에 뿔이 있는 서수(瑞獸)가 입에 포도넝쿨을 문 채 질주하고 있다. 꼭지 아래쪽에는 큰 잎의 절지(折枝) 포도넝쿨과 그 위 포도송이에 서서 포도알을 쪼는 듯한 꼬리 긴 앵무새가 있다. 연부(緣部)의 가까운 부분에 있는 철현문(凸弦紋) 한 바퀴와 꽃잎 사이에는 해바라기, 여의운두(如意雲頭), 꽃망울 하나와 잎 2개로 구성된 절지화(折枝花), 방승(方勝) 등 네 가지 문양이 있다. 문양은 2개씩 대칭을 이루며 해바라기 속에는 "千(천)", "秋(추)" 자가 있다.

이 같은 동경은 매년 음력 8월 5일 당현종(唐玄宗)의 생일인 '천추절(千秋節)'을 경축하기 위해 특별히 만든 것이다. 『신당서(新唐書)』 「예악지(禮樂志)」에는, "이날이 되면 신하들은 감로주(甘露酒)를 올리고 동경을 제작하여 생신을 축하하거나 서로 선물로 하였다. 또한 현종은 동경을 군신에게 하사하여 성은을 표하기도 하였다. 그리하여 '천추절'을 '천추금감절(千秋金鑑節)'이라 부르기도 하였다"라고 기록되어 있다.

094

쌍난쌍수경 (雙鸞雙獸鏡)

당(唐) | 지름 22.2cm 무게 1.22kg
1985년 서안시 파교구(西安市 灞橋區) 방직타운 출토

Mirror with Twin Birds and Twin
Beast Patterns

Tang Dynasty(618AD~907AD)
D 22.2cm 1.22kg
Excavated from Baqiao District, Xi'an in 1985

동경(銅鏡)은 팔판규화형(八瓣葵花形)으로 꼭지는 동그랗고 유좌(鈕座)는 꽃잎 모양이다. 뒷면에는 꼭지를 둘러싸고 저부조(低浮彫)로 새긴 난조(鸞鳥) 두 마리와 짐승 두 마리가 있다. 풍성한 날개를 펴고 꽁지를 쳐든 난조 두 마리는 꼭지를 사이에 두고 마주하여 춤추는 듯하다. 꼭지 아래쪽에는 어깨에 털이 난 서수(瑞獸)가 질주하고 있는데 그 밑으로 한 점의 상운(祥雲)이 있고, 앞뒤에 절지화(折枝花)가 있다. 꼭지의 위쪽에는 몸에 비늘이 덮이고 역시 어깨에 털이 난 서수가 상운 세 점 사이에서 질주하고 있다.

기년묘(紀年墓)에서 출토된 동경 연구에 의하면 난조서수경(鸞鳥瑞獸鏡)은 당대(唐代) 동경 출토량의 10%를 차지한다. 난조서수경은 서수포도경(瑞獸葡萄鏡) 이후에 유행하였고 주제문양 또한 뚜렷한 발전과 계승의 관계가 보인다. 가장 오래된 능화형(菱花形) 은각(銀殼) 난조서수경은 무측천(武則天) 장수원년(長壽元年, 694)에 주조된 것으로 은을 벗기면 뒷면에 새겨진 "長壽元年(장수원년)"이라는 글자가 있다. 이 동경의 연대는 성당(盛唐)이나 중당(中唐) 시기로 구분된다.

095

쌍난화조경(雙鸞花鳥鏡)

당(唐) | 지름 21.3cm 무게 0.93kg
1983년 서안시(西安市) 문물상점에서 넘겨받음

Mirror with Two Birds and Flowers
Patterns

Tang Dynasty(618AD∼907AD)
D 21.3cm 0.93kg
Transferred by Xi'an Culture Relic shop in 1983

동경(銅鏡)은 팔판규화형(八瓣葵花形)으로 꼭지는 동그랗고 유좌(鈕座)는 꽃잎 모양이다. 뒷면에는 새 여섯 마리가 있다. 꼭지 양쪽에는 체격이 큰 난조(鸞鳥) 한 쌍이 마주하여 있는데 풍성한 꽁지를 쳐든 채 날갯짓하며 절지(折枝) 연꽃 위에 서 있다. 꼭지 위쪽에는 까치 한 쌍이 입에 수대(綬帶)를 물고 하늘 높이 날고 있다. 꼭지의 아래쪽에는 앵무새 한 쌍이 절지화(折枝花) 위에 서 있는데 하나는 머리를 숙여 먹이를 찾고 다른 하나는 입에 꽃가지를 물었다. 전체 구도는 생기가 넘치고 조화로운 분위기를 담아냈다.

096

쌍난화조경 (雙鸞花鳥鏡)

당(唐) | 지름 25.7cm 무게 1.96kg
1974년 서안시 신성구(西安市 新城區) 한삼채(韓森寨) 출토

Mirror with Two Birds and Flowers
Patterns

Tang Dynasty(618AD~907AD)
D 25.7cm 1.96kg
Excavated from HansenZhai in Xincheng District, Xi'an in 1974

동경(銅鏡)은 팔판규화형(八瓣葵花形) 안에 내접한 원형(圓形)이 있고 꼭지는 동그랗다. 꼭지의 양쪽에는 난조(鸞鳥) 한 쌍이 목을 굽힌 채 날갯짓하며 꽁지를 세우고 활짝 핀 꽃잎 위에 마주하여 서 있다. 꼭지의 아래쪽에 있는 절지화(折枝花)에는 활짝 핀 연방(蓮房)이 있는데 연방 양쪽으로 연잎 2개가 대칭되게 있다. 꼭지 위쪽에는 방승(方勝) 하나를 좌우 양쪽에서 물고 있는 까치 두 마리가 있다. 방승 위에는 꽃바구니가 있고 수대(綬帶)의 술은 바람에 나부낀다. 주제문양의 빈 공간은 여의유운문(如意流雲紋)으로 채웠다. 연(緣)의 가까운 부분에 철현문(凸弦紋) 한 바퀴와 8개 판(瓣)에는 절지화와 나비가 번갈아 배치되어 있다. 이 동경은 중당(中唐) 시기 작품으로 매끈하고 윤이 나며 문양 또한 수려하고 정교하다.

151

097

원앙계수화지경 (鴛鴦系綬花枝鏡)

당(唐) | 지름 20cm 무게 1.25kg
1975년 서안시 신성구(西安市 新城區) 한삼채(韓森寨) 출토

Mirror with Mandarin Duck Tied in
Ribbon among Flowers Patterns

Tang Dynasty(618AD~907AD)
D 20cm 1.25kg
Excavated from HansenZhai in Xincheng District, Xi'an in 1975

동경(銅鏡)은 팔판규화형(八瓣葵花形) 안에 내접한 원형(圓形)이 있고 꼭지는 동
그랗다. 주요 부분에는 꼭지 양쪽에 연꽃 모양의 수대(綬帶)를 목에 매고 연좌(蓮座)
위에 엎드린 원앙 한 쌍이 있는데 조형이 아름답고 자태가 우아하다. 꼭지 아래위에
는 크고 아름다우며 자연스러운 연꽃 도안이 있다. 연부(緣部)에는 연꽃과 연잎을
가지고 노는 나비문양이 번갈아 배치되어 있다.

안사고(顏師古)는『급취편(急就篇)』에서 "綬(수)는 受(수)와 같은 뜻으로 인장에
매는 것을 뜻한다(綬者受也, 所以承环印也)"라고 하였다. 이로 보아 수대는 인장을
매는 끈으로 관직과 녹봉을 뜻하며 한대(漢代) 동경에 있는 '군의고관(君宜高官)'과
뜻이 같다. 그 외에 '蓮'과 '連'은 동음이의어로 여기서의 연꽃은 빠른 승진을 뜻한
다. 이러한 문양은 길상(吉祥), 행복, 기쁨과 원만함을 뜻하므로 당시 인기가 많았다.

098

오악경 (五岳鏡)

당(唐) | 지름 17.7cm 무게 0.87kg
1998년 서안시 안탑구(西安市 雁塔區) 기와골목 출토

Mirror with Five Mountain Patterns

Tang Dynasty(618AD∼907AD)
D 17.7cm 0.87kg
Excavated from Wa Hutong in Yanta District, Xi'an in 1998

동경(銅鏡)은 팔판규화형(八瓣葵花形)으로 꼭지는 동그랗다. 뒷면 중심에 있는 꼭지와 주요 부분에 있는 4개의 산이 함께 오악(五岳)을 구성한다. 4개의 산 사이에는 코끼리, 늑대, 호랑이와 코뿔소가 있다. 꼭지의 주변은 해수문(海水紋)으로 장식하고, 그 사이에 제비 네 마리가 대칭으로 배치되어 있으며 바닷물 바깥쪽으로 화초 여덟 송이가 둘러져 있다. 이 같은 동경은 당대(唐代) 서수난조경(瑞獸鸞鳥鏡)의 한 종류로 난조(鸞鳥)와 꽃가지가 없다.

쌍작월궁반룡경(雙鵲月宮盤龍鏡)

당(唐) | 지름 15.2cm 무게 0.16kg
1983년 서안시(西安市) 문물상점에서 넘겨받음

Mirror with Two Birds, Moon Palace and
Twisting Dragon Pattern

Tang Dynasty(618AD~907AD)
D 15.2cm 0.16kg
Transferred by Xi'an Culture Relic shop in 1983

동경(銅鏡)은 팔판규화형(八瓣葵花形)으로 꼭지는 동그랗다. 꼭지의 좌우 양쪽에는 입에 수대(綬帶)를 문 까치 한 쌍이 날개를 펼치고 꼭지
위쪽에 있는 월궁을 향해 날고 있다. 원형(圓形)의 월궁에는 나뭇잎이 커다란 계수나무가 있는데 계수나무 양쪽 아래에는 약을 찧는 옥토끼
와 폴짝거리는 두꺼비가 있다. 꼭지의 아래쪽에는 교룡(交龍) 한 마리가 바닷속에서 뛰쳐나오고 있다. 교룡은 목을 구부리고 머리를 쳐든 채
나는 모습이며 양쪽은 상운(祥雲)으로 장식하였다. 이 동경은 용문경(龍紋鏡), 작조경(鵲鳥鏡)과 월궁경(月宮鏡)의 도안을 하나로 녹여내었
다. 전체 화면은 상중하 세 부분으로 나뉘는데 구상이 독특하고 참신하며 내용이 풍부하다. 또한 대칭되지만 딱딱하지 않고 변화무쌍하며 표
현력이 뛰어나다.

100

쌍봉경 (雙鳳鏡)

당(唐) | 지름 28.1cm 무게 1.41kg
1996년 서안시 안탑구(西安市 雁塔區) 곡강(曲江) 출토

Mirror with Two Phoenixes Patterns

Tang Dynasty(618AD～907AD)
D 28.1cm 1.41kg
Excavated from Qujiang in Yanta District, Xi'an in 1996

동경(銅鏡)은 원형(圓形)으로 꼭지는 동그랗고 유좌(鈕座)는 꽃잎 모양이며 소연(素緣)은 좁다. 뒷면에는 봉황새 두 마리가 수미(首尾)가 맞닿은 채로 날개를 펼치고 긴 꽁지를 휘날리며 꼭지를 둘러싸고 날고 있다. 입에는 방승(方勝)이 달린 수대(綬帶)를 물었는데 수대가 가슴에서 꽁지까지 나부껴서 꽁지 부분에 드러난 빈 공간을 채워준다. 움직이는 듯한 풍성한 화면은 당대(唐代) 말기 풍격이다.

101

쌍봉경 (雙鳳鏡)

당(唐) | 지름 17cm 무게 0.43kg
1988년 서안시공안국(西安市公安局)에서 넘겨받음

Mirror with Two Phoenixes Patterns

Tang Dynasty(618AD~907AD)
D 17cm 0.43kg
Transferred from the Public Security Bureau of Xi'an in 1988

동경(銅鏡)은 원형(圓形)으로 꼭지는 다리 모양이고 소연(素緣)은 좁다. 뒷면은 저부조(低浮彫)로 새긴 봉황새 두 마리가 꼭지를 둘러싸고 같은 방향으로 날고 있다. 봉황새는 머리를 높이 쳐들고 입을 살짝 벌렸으며 목을 쭉 뻗었다. 또한 양 날개를 활짝 펼치고 기다랗고 풍성한 꽁지를 뒤쪽으로 높이 휘날린다. 조각기법이 간결하고 생동감이 있으며 구도가 뛰어나다.

102

모란쌍봉경 (牡丹雙鳳鏡)

당(唐) | 지름 17.9cm 무게 0.65kg
1998년 서안시 안탑구(西安市 雁塔區) 곡강(曲江) 출토

**Mirror with Two Phoenixes and Peony
Flowers Patterns**

Tang Dynasty(618AD~907AD)
D 17,9cm 0.65kg
Excavated from Qujiang in Yanta District, Xi'an in 1998

동경(銅鏡)은 원형(圓形)으로 꼭지는 동그랗고 유좌(鈕座)는 꽃잎 모양이며 소연(素緣)은 좁다. 뒷면은 가지와 잎이 무성한 커다란 모란꽃잎으로 가득 찼으며 그 사이로 봉황새 두 마리가 꼭지를 사이에 두고 있다. 그중 한 마리는 머리를 쳐들고 날갯짓하고 다른 한 마리는 머리를 돌려 깃털을 다듬고 있다. 둘 다 깃털이 풍성하고 가슴을 펴고 꽁지를 흘날리는 것이 활력이 넘쳐 보인다. 꼭지 아래쪽에는 우산 모양 버섯 네 송이가 있는데 버섯 위로 상운(祥雲) 두 점이 꼭지를 받치고 있다. 왼쪽 봉황새 위로 연(緣)과 가까운 부분에는 작은 새 두 마리가 꽃잎 사이에서 노닐고 있다. 전체 화면은 구도가 꽉 차고 묘사가 섬세한데 민간의 전지(剪紙 - 일종의 민간 공예로 종이를 오려 다양한 형상을 만드는 것) 공예기법을 이용하였다.

103

보상화경(寶相花鏡)

당(唐) | 지름 19.5cm 무게 0.95kg
1998년 서안시 미앙구(西安市 未央區) 출토

Mirror with Jewelry Flower Patterns

Tang Dynasty(618AD~907AD)
D 19.5cm 0.95kg
Excavated from Weiyang District of Xi'an in 1998

동경(銅鏡)은 육판규화형(六瓣葵花形)으로 꼭지는 동그랗고 유좌(鈕座)에는 안에서부터 순서대로 거치문(鋸齒紋), 연주문(聯珠紋), 호형엽문(弧形葉紋)이 있다. 주제문양은 두 가지 모양의 화훼문(花卉紋) 6개가 번갈아 놓여 있다. 하나는 육판(六瓣) 중간의 원 7개로 꽃술을 나타냈다. 원 바깥쪽에는 거치문대(鋸齒紋帶)와 연주문대(聯珠紋帶)가 있으며 가장 바깥에는 능형(菱形) 꽃잎 6개를 둘렀다. 또 다른 하나도 마찬가지로 꽃술이 있고 그 바깥에 회전식 잎 6개로 중간 부분을 구성하고 그 겉에 절지화(折枝花) 여섯 송이와 잎 6개로 활짝 핀 꽃 모양을 만들었다. 이렇게 자연 형태의 꽃(주로 연꽃)을 예술적으로 처리하여 장식문양으로 만든 것을 '보상화(寶相花)'라고 한다.

보상화경(寶相花鏡)은 단화경(團花鏡)이나 화지경(花枝鏡)이라 부르기도 하며 원형(圓形), 규화형(葵花形), 능형(菱形) 등이 있다. 보상화는 연꽃에서 변형된 것으로 북조(北朝), 수(隋), 초당(初唐) 시기 석굴사(石窟寺)의 조형 문양에서 초기 모습을 볼 수 있다. 성당(盛唐) 이후 변화가 커져 연꽃에 시계꽃, 석류, 포도 및 모란꽃의 각종 요소를 추가하여 더욱더 이상화하였다. 보상화는 불교의 대표적인 상징물로 원래는 주로 사찰 장식으로 쓰였으나 당대(唐代)에 이르러서는 세속적인 장식으로도 쓰이기도 하였다. 동경이 바로 그중 하나이다.

104

보상화경(寶相花鏡)

당(唐) | 지름 11.4cm 무게 0.33kg
1979년 서안시(西安市) 백대양(大白楊) 재활용품 창고 수집

Mirror with Jewelry Flower Patterns

Tang Dynasty(618AD~907AD)
D 11.4cm 0.33kg
Collected in Dabaiyang Warehouse, Xi'an in 1979

동경(銅鏡)은 원형(圓形)으로 꼭지는 거북 모양이고 유좌(鈕座)는 연잎 모양이며 소연(素緣)은 좁다. 뒷면은 꼭지를 중심으로 연꽃 모양과 장미꽃 모양 꽃잎으로 된 보상화(寶相花) 여덟 송이가 번갈아 배치되어 있다. 연꽃 모양의 단화(團花)는 꽃잎이 6개이고 동그라미 안에 있는 돌기 7개로 꽃술을 표현하였다. 장미꽃 모양의 단화는 잎 4개가 중간 부분을 구성하여 활짝 핀 꽃과 같다. 이런 유형의 보상화경(寶相花鏡)은 주로 개원(開元), 천보연간(天寶年干)에 유행하였다.

105

보상화경(寶相花鏡)

당(唐) | 지름 8.9cm 무게 0.19kg
1983년 서안시(西安市) 문물상점에서 넘겨받음

Mirror with Jewelry Flower Patterns

Tang Dynasty(618AD~907AD)
D 8.9cm 0.19kg
Transferred by Xi'an Culture Relic shop in 1983

동경(銅鏡)은 팔판규화형(八瓣葵花形) 안에 내접한 원형(圓形)이 있고 꼭지는 복수뉴(伏獸鈕)이다. 뒷면에는 꼭지를 꽃술로 한, 저부조(低浮彫)로 새긴 팔판연화형(八瓣蓮花形) 보상화(寶相花)가 있다. 장식기법은 간결하면서도 대범하고 고아하면서도 무게감이 있다. 이런 종류의 동경은 양이 적은데 단화경(團花鏡)의 간략화 형식으로 볼 수 있으며 주로 중당(中唐), 만당(晚唐) 시기에 유행하였다.

연꽃도안은 당대(唐代) 동경 문양으로 유행하였다. 연꽃은 불교의 상징으로 연꽃문양 중에는 사실적인 것도 있고 변형된 것도 있다. 당대 동경의 보상화는 대부분 연꽃과 비슷하고 송대(宋代) 동경의 보상화는 대부분 모란과 비슷하다.

106

보상화경(寶相花鏡)

당(唐) | 지름 11.4cm 무게 0.39kg
1979년 서안시(西安市) 문물상점에서 넘겨받음

Mirror with Jewelry Flower Patterns

Tang Dynasty(618AD~907AD)
D 11.4cm 0.39kg
Transferred by Xi'an Culture Relic shop in 1979

동경(銅鏡)은 팔판능화형(八瓣菱花形) 안에 내접한 원형(圓形)이 있고 꼭지는 동그랗다. 뒷면에는 꼭지로 꽃술을 표현한 팔판보상화(八瓣寶相花)가 있다. 이 동경은 두껍고 무거우며 표면은 흑칠고(黑漆古)로 까맣고 윤이 난다. 화면은 간결하면서도 대범하며 수려하고 거침없다.

107

보상화경(寶相花鏡)

당(唐) | 지름 21.7cm 무게 1.1kg
1983년 서안시(西安市) 문물상점에서 넘겨받음

Mirror with Jewelry Flower Patterns

Tang Dynasty(618AD∼907AD)
D 21.7cm 1.1kg
Transferred by Xi'an Culture Relic shop in 1983

동경(銅鏡)은 원형(圓形)으로 꼭지는 다리 모양이고 좁은 연부(緣部)는 평평하다. 뒷면에는 꽃잎으로 이루어진 방형(方形) 틀 9개가 있으며 맨 바깥쪽 틀은 연(緣)에 의해 잘렸다. 틀 안에는 보상화(寶相花)가 하나씩 있는데 넓은 잎 4개가 꽃잎을 중심으로 배치되어 있다. 연 부근에도 같은 꽃무늬로 장식하였으며 가장자리의 단화문(團花紋)은 자연스럽게 잘렸다.

단화경(團花鏡)은 수당대(隋唐代)의 주요한 동경이다. 그러나 일반적인 꼭지를 중심으로 한 꽃가지 문양이나 산점단화(散點團花)의 문양 구도와 달리 이 동경은 꼭지와 원으로 된 형태의 제약을 벗어나 오직 단화와 잎으로만 도안을 구성하였다. 이처럼 구체적인 화훼(花卉) 형상에서 점차 추상적으로 변화하는 방식은 매우 드물다.

부용연화경(芙蓉蓮花鏡)

당(唐) | 지름 18.9cm 무게 0.9kg
1988년 서안시공안국(西安市公安局)에서 넘겨받음

Mirror with Lotus and Furong Flower Patterns

Tang Dynasty(618AD~907AD)
D 18.9cm 0.9kg
Transferred from the Public Security Bureau of Xi'an in 1988

동경(銅鏡)은 팔판규화형(八瓣葵花形)으로 꼭지는 동그랗고 유좌(鈕座)는 연주문(聯珠紋) 바깥쪽에 이중으로 연꽃잎이 있다. 뒷면의 주제문양은 화훼문(花卉紋)으로 당초문(唐草紋) 여덟 송이가 꼭지를 중심으로 둘러져 있다. 당초문의 넝쿨은 이어져 안쪽을 향한 8개 연호(連弧)를 이뤘는데 연꽃과 부용화가 번갈아 배치되어 있으며, 꽃가지 사이에는 구불구불한 꽃잎이 있다. 구도가 간결하고 도안이 참신한 만당(晚唐) 시기 풍격이다.

부용연화경(芙蓉蓮花鏡)

109

선기경(仙騎鏡)

당(唐) | 지름 12.1cm 무게 0.37kg
1987년 서안시(西安市) 문물상점에서 넘겨받음

Mirror with Immortal Mounting Beast
Patterns

Tang Dynasty(618AD~907AD)
D 12.1cm 0.37kg
Transferred by Xi'an Culture Relic shop in 1987

동경(銅鏡)은 팔판능화형(八瓣菱花形) 안에 내접한 원형(圓形)이 있고 꼭지는 동그랗다. 주요 부분에는 짐승이나 학을 탄 선인(仙人) 넷이 꼭지를 에워싸고 같은 방향으로 날고 있다. 선인은 관을 썼으며 피백(披帛)은 양 옆구리를 지나 등에서 원호 모양으로 감긴 후 다시 두 갈래로 나뉘어서 휘날린다. 선인은 봉황, 학, 서수(瑞獸)를 타고 있다. 사이사이 운기문(雲氣紋)이 장식된 하늘에서 피백을 휘날리며 날고 있는 선인의 모습은 속세를 벗어난 느낌을 준다. 연부(緣部)에 있는 꽃잎 안에는 나비와 절지화(折枝花)가 번갈아 배치되어 있다.

이런 동경의 문양은 중국의 산수화와 인물화를 하나로 녹여낸 것으로 고결하고 아름다운 느낌을 준다. 비선(飛仙)의 모습은 단지 승천(升天)이나 선도(仙道)뿐만 아니라 정신적 경지, 즉 영혼의 안식처를 느끼게 한다.

110

선기경(仙騎鏡)

당(唐) | 지름 10.9cm 무게 0.29kg
1977년 서안시 신성구(西安市 新城區) 한삼채(韓森寨) 출토

Mirror with Immortal Mounting Beast
Patterns

Tang Dynasty(618AD∼907AD)
D 10.9cm 0.29kg
Excavated from HansenZhai in Xincheng District, Xi'an in 1977

동경(銅鏡)은 팔판능화형(八瓣菱花形) 안에 내접한 원형(圓形)이 있고 꼭지는 둥그랗다. 뒷면은 철현문(凸弦紋) 한 바퀴에 의해 두 부분으로 나뉜다. 내구(內區)에는 선인(仙人) 둘이 각기 서수(瑞獸)를 타고 피건(帔巾)을 휘날리며 하늘을 질주하면서 같은 방향으로 꼭지를 둘러싸고 있다. 선인의 머리에는 두광(頭光)이 있고 표정은 태연하다. 그 사이에 겹겹이 둘러싸인 산봉우리 2개가 있는데 산꼭대기에는 상서로운 빛이 감돈다. 연부(緣部)에는 꿀벌 네 마리, 여의상운(如意祥雲) 두 점과 절지화(折枝花) 두 송이가 번갈아 배치되어 있다.

동경은 구도가 격조 있고 자연스러우며 도안이 섬세하고 또렷한 것이 서안 동쪽 교외 곽가탄(郭家灘) 89호 당묘(唐墓)에서 출토된 동경과 거의 비슷하다. 이런 유형의 동경은 당현종(唐玄宗) 개원(開元) 시기에 주조하기 시작하여 중당(中唐) 시기에 유행하다가 만당(晚唐) 시기에 점점 쇠퇴하였다.

111

월궁선연경(月宮嬋娟鏡)

당(唐) | 지름 14.1cm 무게 0.82kg
1969년 12월 서안시 연호구(西安市 蓮湖區) 축전기공장 출토

Mirror with Beauty in Moon Palace Patterns

Tang Dynasty(618AD~907AD)
D 14.1cm 0.82kg
Excavated from Xi'an Capacitorin Factory in Dec 1969

　동경(銅鏡)은 원형(圓形)이며 소연(素緣)은 좁다. 주제문양은 월궁도(月宮圖)이다. 하늘 높이 뻗은 나무 한 그루가 있는데 꼭지를 일부분으로 한 나무줄기는 구불구불하고 위에는 잎이 무성하다. 나무의 오른쪽에는 머리에 관을 쓰고 두 손을 위로 쳐들어 춤추며 나는 여자가 있는데 왼손에 받쳐 든 쟁반 안에는 계수나무 잎이 있다. 여자의 등 뒤로는 옷끈이 펄럭펄럭 휘날리고 발밑 나무와 가까운 곳에는 사지를 쭉 뻗은 두꺼비 한 마리가 있다. 나무의 왼쪽에는 두 귀를 쫑긋 세운 흰 토끼 한 마리가 앞발로 절굿공이를 잡고 윗부분이 동그랗고 아랫부분이 네모난 용기를 이용해 절구질하고 있다. 토끼 등 뒤에는 구름 한 점이 있다. 이 문양은 계화(桂花)가 활짝 핀 월궁에서 상아(嫦娥)가 너울너울 춤추고 토끼가 절구로 약을 찧으며 두꺼비가 뛰노는 내용을 담아낸 것이다.

　월궁도는 당대(唐代)에 유행하던 동경 장식 도안으로 대부분 상아가 하늘로 달아난 이야기를 제재로 하고 있다. 모두 인물 형상이 생동감이 넘치고 구도가 틀에 매이지 않았으며 격조가 우아하고 포치가 엄밀하다. 또한 문양은 내외구(內外區)의 제약을 받지 않고 주제를 표현하기 위한 충분한 공간을 확보하게 되었다. 이런 장식문양은 조용한 가운데 변화무쌍하여 신화와 전설을 동화의 차원으로 이끌어냄으로써 초탈한 가운데 때 묻지 않은 동심(童心)이 보이고 질박한 가운데 시정이 넘친다. 이런 유형의 동경은 당고종(唐高宗) 시기부터 당덕종(唐德宗) 시기까지 많이 나타났다.

112

진자비상경(眞子飛霜鏡)

당(唐) | 둘레 17.1×17.3cm 무게 0.55kg
1983년 서안시 신성구(西安市 新城區) 동방(東方)기계공장 출토

Mirror with 'Zhen Zi Fei Shuang' Inscriptions

Tang Dynasty(618AD∼907AD)
L 17.1×17.3cm 0.55kg
Excavated from Dongfang Machine Factory in Xincheng District, Xi'an in 1983

동경(銅鏡)은 아자형(亞字形)이며 꼭지는 거북 모양, 유좌(鈕座)는 연잎 모양이다. 꼭지 왼쪽에 있는 대숲 옆에는 교령(交領)에 소매가 넓은, 긴 옷을 입은 사람이 무릎에 놓인 거문고를 뜯고 있다. 꼭지 오른쪽에 있는 나무 밑에는 봉황새 한 마리가 바위 위에서 꽁지를 쳐든 채 날갯짓하고 있다. 중간에 있는 연잎 위에는 '田(전)' 자 모양의 틀이 있으며, 칸마다 글자가 하나씩 있는데 이어서 읽으면 "眞子飛霜(진자비상)"이다. 틀 위로는 산 모양 구름이 달을 머금었는데 운산일출(雲山日出)이라 부르기도 한다. 아래쪽에는 석산과 물결이 잔잔한 못이 있다. 못에서 연잎 하나가 솟아났는데 연잎 위에 거북 한 마리가 엎드려 꼭지가 되었다.

진자비상(眞子飛霜)은 당대(唐代) 동경에서 흔히 볼 수 있는 제재이다. 이야기의 내용에 대해서는 아직도 의견이 분분하다. 전점(錢坫)은 『완화배석헌경명집록(浣花拜石軒鏡銘集錄)』에서 "진자(眞子)는 인명(人名)이고 비상(飛霜)은 곡조명(曲調名)일 것이다. 그러나 모든 서적과 금보(琴譜)를 찾아보아도 출처가 없다. 옛사람들은 어떤 물건을 만들 때 대대로 전해질 것을 바랐으니 만약 이 동경을 제작하지 않았더라면 아마 세월 속에 묻혀 드러나지 않았을 것이다(眞子當是人名, 飛霜當是操名, 然遍檢书傳及琴譜諸書, 皆不可得, 古人制器, 原慾流傳后世, 其人不作 此鏡, 則湮没于聞矣)"라고 하였다. 풍운붕(馮雲鵬)과 풍운원(馮雲鶻)이 저술한 『금석색(金石索)』에서는 "진자(眞子)는 뜻이 분명치 않은데 남진부인(南眞夫人)이나 원진자(元眞子)와 같이 도를 닦는다는 의미를 취한 것일 수도 있다(眞子不詳, 或取修眞炼造之意, 如南眞夫人及元眞子 之類, 飛霜疑卽元霜, 裵航遇云翹夫人, 無詩云元霜捣尽見云英)." 비상(飛霜)은 원상[元霜, 선약(仙藥)의 일종]으로 짐작된다. 배항(裵航)이 운교부인(雲翹夫人)을 만났을 때 '원상을 다 빻아야 운영을 만날 것이다'라는 시를 지어주었다. 현대 학자들 중 혹자는 진자를 진효자(眞孝子)로 해석하고 비상을 고금(古琴) 곡조 12조(操) 가운데 이조(履操)의 별칭이라 여겨 문양 내용이 윤백기(尹伯奇)가 유배된 것을 그린 것이라고 주장한다. 어떤 학자는 동경의 명문(銘文)에서 흔히 볼 수 있는 백아고금(伯牙鼓琴 - 백아가 거문고를 타다)의 이야기로, 어떤 학자는 동경 속 인물을 사마상여(司馬相如)라고 추측하고 있다.

113

삼락경(三樂鏡)

당(唐) | 지름 12.8cm 무게 0.36kg
1991년 서안시 연호구(西安市 蓮湖區) 화력발전소 출토

Mirror with Confucius Patterns

Tang Dynasty(618AD~907AD)
D 12.8cm 0.36kg
Excavated from the Power Plant in Lianhu District,
Xi'an in 1991

　　동경(銅鏡)은 육판규화형(六瓣葵花形)으로 꼭지는 동그랗다. 꼭지의 왼쪽에 있는 관을 쓴 사람은 오른손으로 지팡이를 짚고 왼손으로 앞을 가리킨다. 오른쪽에 있는 관을 쓴 사람은 갖옷을 입었으며 왼손에 거문고를 들고 있다. 꼭지 위쪽 네모 칸 안에는 "榮啓期問曰答孔夫子(영계기문왈답공부자)"라는 세 줄, 아홉 자의 명문(銘文)이 있고 꼭지 아래쪽에는 나무 한 그루가 있다. 전체 구도가 자연스럽고 고즈넉하며 우아하다.

　　『열자(列子)』「천서(天瑞)」에는 다음과 같은 기록이 있다. "공자가 태산을 지날 때 영계기(榮啓期)가 사슴 껍질 옷에 띠를 두르고 거문고를 타면서 노래하는 것을 보았다. 공자가 묻기를 '선생은 무엇이 즐겁소이까' 하니 대답하기를 '기쁜 일이 한두 가지가 아니오. 하늘이 만물을 만들 때 인간만을 귀하게 여겼는데 인간으로 태어났으니 첫 번째 기쁨이요, 남녀가 유별하여 남자를 귀하게 여기는데 남자로 태어났으니 두 번째 기쁨이요, 태어나서 빛도 못 보고 바로 죽는 사람도 있는데 이미 90년이나 살았으니 이것이 세 번째 기쁨이라오(孔子游于太山, 見榮啓期行乎郕之野, 鹿裘帶索鼓琴而歌. 孔子問曰: '先生所以樂何以?' 對曰: '吾樂甚多, 天生萬物, 唯人爲貴, 而吾得爲人, 是一樂也. 男女之別, 男尊女卑, 故以男爲貴, 吾旣得爲男矣, 是二樂也. 人生有不見日月, 不免襁褓者, 吾旣已行年九十矣, 是三樂也)'. 동경에서 지팡이를 짚은 사람이 공자이고 거문고를 든 사람이 영계기이다. '삼락경(三樂鏡)'은 유가(儒家)사상을 그려낸 예술품으로 당대(唐代)에 널리 유행했는데 이 시기 동경 장식 내용이 하늘에서 인간세상으로 바뀌었음을 알 수 있다. 이 동경의 문양은 그림과 글이 풍부하고 다채로우며 조형이 간결하고 생동감이 있다. 당대에는 문자가 있는 동경이 매우 적은데 이 동경은 한대(漢代)의 예서체(隷書體)를 기초로 해서체(楷書體)로 바뀌는 과정에 있어 아주 독특하다.

114

팔괘경(八卦鏡)

당(唐) | 지름 15cm 무게 0.73kg
1979년 서안시 신성구(西安市 新城區) 한삼채(韓森寨) 출토

Mirror with Eight Diagrams Patterns

Tang Dynasty(618AD~907AD)
D 15cm 0.73kg
Excavated from HansenZhai in Xincheng District, Xi'an in 1979

　동경(銅鏡)은 원형(圓形)으로 꼭지는 거북 모양이고 유좌(鈕座)는 연잎 모양이며 소연(素緣)은 좁다. 꼭지 바깥쪽에는 『역(易)』「논괘(論卦)」의 방위대로 배열한 팔괘(八卦)가 한 바퀴 둘러져 있다. 즉, 건괘(乾卦)는 서북쪽, 곤괘(坤卦)는 서남쪽에 있다. 그 바깥으로 질주하는 모습의 십이지지 동물이 순서대로 한 바퀴 둘러져 있다. 이 동경의 꼭지는 연잎 위 거북 모양이다. 청의 매서헌(梅瑞軒)이 엮은 『회남만필술(淮南萬畢術)』에서는 "강남의 가림(嘉林-전설 속 수림 이름으로 맹수, 맹금, 독풀이 없고 들불이 나지 않으며 나무하는 사람도 없다고 한다) 속에는 신비로운 거북이 있는데 늘 향긋한 연잎에서 산다(有神龜在江南嘉林中, 常巢于芳蓮之上)"라고 하였다. 팔괘경(八卦鏡)은 중당(中唐) 시기 나타나 양송(兩宋)까지 있었다.

115

만자경 (卍字鏡)

당(唐) | 둘레길이 14.4cm 무게 0.52kg
1972년 서안시(西安市) 수집

Mirror with 卍 Pattern

Tang Dynasty(618AD~907AD)
L 14.4cm 0.52kg
Collected in Xi'an in 1972

동경(銅鏡)은 아자형(亞字形)으로, 꼭지는 동그랗고 소연(素緣)이다. 뒷면에는 꼭지를 중심으로 하여 이중 연주문(聯珠紋)으로 '卍(만)' 자를 그렸는데 전체적으로 단단하면서도 간결하고 소박하면서도 대범하다.

당대(唐代)의 동경은 만(卍) 자를 불교 제재와 조합하여 사용하기도 하는데 예를 들어, 가릉빈가문경(迦陵頻伽紋鏡)에서 비천(飛天)이 받쳐 든 방승(方勝)이 바로 그러한 예이다. 만(卍) 자는 원래 고대(古代)의 주술, 부적이나 종교의 상징으로 태양이나 불의 상징으로 여겨졌다. 고대인도, 페르시아, 그리스 등 나라에도 모두 이 부호가 있으며 중국의 채도(彩陶)문양에도 이와 비슷한 부호가 있다. 만(卍) 자는 산스크리트어로 슈리바차이며 길상(吉祥)이 한데 모인 것을 뜻한다. 부처의 32상 중의 하나로 고대에는 '길상해운상(吉祥海雲相)'으로 번역하였고 불상의 경우에는 이 표시를 가슴 앞에 새겼다. 무측천(武則天) 장수(長壽) 2년(693)에 이 글자의 발음을 '만(萬)'으로 정했다. 그 후에 卍(만) 자는 길상문양으로 광범위하게 사용되었고, 만세까지 끊어지지 않는 길상을 뜻하게 되었다. 卍(만) 자를 제재로 한 동경은 주로 만당(晩唐) 시기에 유행했다. 만자경은 태양신을 근원으로 하고, 직접적으로 도교 주술에서 일부 형식을 따옴으로써 햇빛이 밝게 비춘다는 의미가 있다. 또한 종교 부적(符籍)의 변형인 동시에 심미형 방식의 일종이기도 하다.

116

태평만세만자경(太平萬歲卍字鏡)

당(唐) | 변의 길이 12.1cm 무게 0.25kg
1998년 서안시 파교구(西安市 灞橋區) 출토

Mirror with 卍 Pattern and Inscriptions
of Peace and Longevity

Tang Dynasty(618AD~907AD)
L 12.1cm 0.25kg
Excavated from Baqiao District of Xi'an in 1998

동경(銅鏡)은 모서리가 둥근 사각형으로, 꼭지는 동그랗고 꼭지를 중심으로 하여 쌍선(雙線)으로 '卍(만)' 자를 새겼다. 卍(만) 자의 방향은 115번 동경과 반대이고 빈 공간에 "太平萬歲(태평만세)" 네 글자 명문(銘文)이 새겨져 있다.

117

나전화조경(螺鈿花鳥鏡)

당(唐) | 지름 22.5cm 무게 1.55kg
1988년 서안시 신성구(西安市 新城區) 한삼채(韓森寨) 홍기(紅旗)전기기계공장 출토

Mirror Inlay with Shell and with Two Birds and
Flowers Patterns

Tang Dynasty(618AD~907AD)
D 22.5cm 1.55kg
Excavated from Hongqi Electronic Machine Factory at HansenZhai in Xincheng
District, Xi'an in 1988

동경(銅鏡)은 팔판규화형(八瓣葵花形)으로 꼭지는 동그랗다. 뒷면 문양은 산점식(散點式) 구도이다. 문양은 소라, 조개 등의 껍질로 만든 조각을 붙여 만들었으며 대칭으로 배치되어 있다. 원래 꽃무늬에 상감된 장식이 있었으나 모두 떨어져나갔다. 구도를 쉽게 하기 위하여 해바라기 잎이 서로 만나는 곳마다 곧은 먹줄을 그어 꼭지와 연결시킴으로써 뒷면을 부채형 8개로 나누었다. 꼭지 가운데에 고리 모양 꽃잎 나전(螺鈿) 조각을 장식하고 그 중심에 주홍색을 칠하였다. 꼭지를 중심으로 큰 고리 모양의 나전을 장식하고 그 주위에 꽃자루가 하나씩 있는 고리 모양 나전 꽃망울 8개를 둘렀다. 꽃망울 사이마다 형상화한 고리형 꽃줄기가 하나씩 있는데 그 맨 끝에는 꽃자루가 있는 부채꼴 꽃이 피어 있어 전체적으로 단화(團花) 한 송이를 이룬다. 단화 주위에는 꽃가지, 새, 구름, 여의형(如意形) 구름이 대칭으로 둘러져 있다. 꽃가지는 자유롭게 뻗었고 구름은 둥실둥실 떠다니며 여의형 구름은 잎 같기도 하고 구름 같기도 하다. 나전 조각마다 모두 가는 음각으로 세세한 무늬를 새겼는데 꽃잎 줄기와 꽃자루, 새의 눈과 깃털 등이 모두 뚜렷하고 섬세하여 생동감이 넘친다. 게다가 나전 조각 본연의 오색찬란함과 동경 뒷면의 은백색까지 어우러져 그 예술적 효과가 뛰어나다. 이 동경은 금은평탈경(金銀平脫鏡)과 마찬가지로 비교적 성숙한 예술기법으로 주제를 담아냈다.

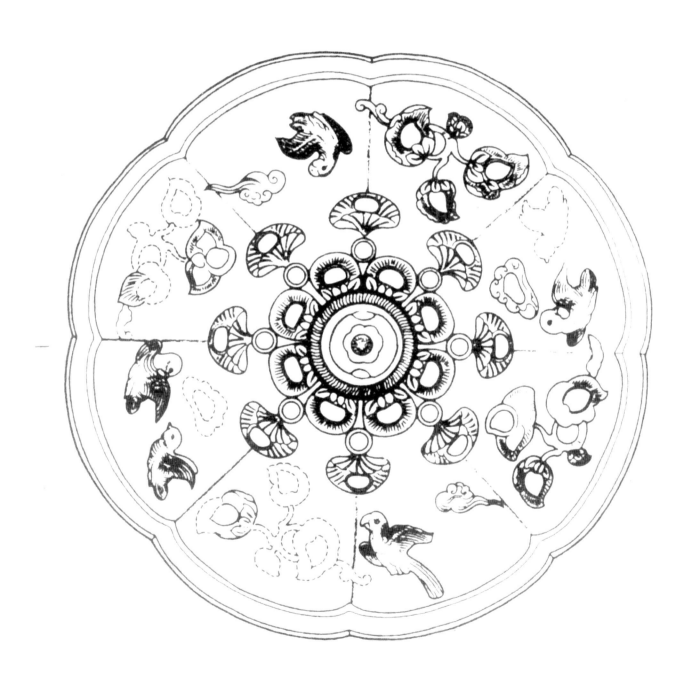

소면경(素面鏡)

당(唐) | 지름 12.4cm 무게 0.4kg
2000년 1월 서안시 파교구(西安市 灞橋區) 화력발전소 출토

Plain Surface Mirror

Tang Dynasty(618AD~907AD)
D 12.4cm 0.4kg
Excavated from the Power Plant at Baqiao District in Xi'an in Jan 2000

　동경(銅鏡)은 원형(圓形)으로 꼭지는 동그랗다. 뒷면은 무늬가 없으며 절단면이 V형인 홈이 두 군데 있다. 홈 사이의 주요 부분은 하얗게 빛이 나며 약간 오목하다. 뒷면은 윤이 나고 매끄러우며 소박하다.

119

소방경 (素方鏡)

당(唐) | 지름 14.2cm 무게 1.15kg
1979년 서안시(西安市) 문물상점에서 넘겨받음

Plain Surface Square Mirror

Tang Dynasty(618AD~907AD)
D 14.2cm 1.15kg
Transferred by Xi'an Culture Relic shop in 1979

동경(銅鏡)은 사각형으로 꼭지는 복수뉴(伏獸鈕)이고 입장식(立墻式) 연부(緣部)는 좁다.
뒷면은 무늬가 없으며 꼭지의 바깥쪽에 있는 사각형 철릉(凸稜)은 연(緣)과 함께 '回(회)' 자
를 이룬다. 전체 동경의 풍격은 간결하면서도 우아하고 무게가 있다.

이 동경의 모양은 이전에 출토된 당대(唐代)의 사각형 해수포도경(海獸葡萄鏡)과 비슷하
게 모두 꼭지 바깥쪽에 사각형 철릉이 있다. 다만 이 동경의 뒷면은 민무늬로 제조연대는 중
당(中唐)이나 만당(晩唐) 시기였을 것으로 추측된다.

방한화엽경(倣漢花葉鏡)

당(唐) | 변의 길이 14.9cm 무게 0.7kg
1998년 서안시 안탑구(西安市 雁塔區) 기와골목 출토

Mirror with Flower and Leaf Patterns imitate the style of Han Dynasty

Tang Dynasty(618AD~907AD)
L 14.9cm 0.7kg
Excavated from Wa Hutong in Yanta District of Xi'an in 1998

동경(銅鏡)은 사각형인데 꼭지는 동그랗고 유좌(鈕座)도 사각형으로 모서리마다 돌기 장식이 있다. 연부(緣部)에는 16개의 안쪽을 향한 연호문(連弧紋)이 있다. 뒷면은 안쪽이 방형(方形)이고 바깥쪽이 둥근 구도이다. 유좌 바깥쪽 방형 틀 안에는 전서체(篆書體) 명문(銘文)이 세 글자씩 있는데 시계 방향으로 이어서 읽으면 "長相思, 毋相忘, 常富貴, 樂未央(장상사, 무상망, 상부귀, 악미앙)"이다. 방형 틀의 모서리에는 X형의 기하도안이 있다. 주요 부분 네 면에는 감꼭지 모양이 하나씩 있으며 그 옆으로 활짝 핀 인동문(忍冬紋)이 있다. 감꼭지과 인동문 사이에는 작은 돌기 8개가 고르게 배치되어 있다. 주요 부분의 바깥쪽에는 16개의 안쪽을 향한 연호문이 있다. 한대(漢代) 동경을 모방하여 만든 것으로 문양과 길상어(吉祥語), 명문, 형태 모두 한대 양식이다.

방한사룡경(倣漢四龍鏡)

당(唐) | 지름 9.9cm 무게 0.22kg
1983년 서안시(西安市) 문물상점에서 넘겨받음

Mirror with Four Dragon Patterns imitate the style of Han Dynasty

Tang Dynasty(618AD~907AD)
D 9.9cm 0.22kg
Transferred by Xi'an Culture Relic shop in 1983

동경(銅鏡)은 팔판규화형(八瓣葵花形)으로 꼭지와 유좌(鈕座)는 모두 동그랗다. 주제문양은 방사형으로 배치된 잎 4개에 의해 네 부분으로 나뉘었다. 꼭지 아래위로 변형된 용무늬 한 쌍이 잎을 사이에 두고 서로 마주하고 있다. 용의 머리, 목과 몸통은 접혀 U 자형을 이루고 머리 위에는 뿔을 나타내는 돌기 2개, 입안에는 구슬을 나타내는 돌기 하나가 있으며 사지와 꼬리는 모두 추상화되어 연부(緣部)에 배치되어 있다. 몸통 양쪽에 있는 호선(弧線)은 운기(雲氣)와 바닷물을 나타내고 빈 공간은 돌기문양으로 채웠으며 바깥쪽에 연주문(聯珠紋) 한 바퀴를 둘렀다.

이 동경의 주제문양은 동한(東漢) 시기의 사룡문경(四龍紋鏡)과 비슷하나 전체적으로 가볍고 얇다. 문양 또한 거칠고 간략하며 용무늬도 변형되어 양한(兩漢) 시기의 신비로움에서 벗어나 투박하지만 사랑스럽다. 용머리 특징과 능형(菱形) 연부를 보아 당대(唐代) 동경으로 추정된다.

송금원밍

宋金元明

송금원명대(宋金元明代)는 사회가 복잡하고 지역 간 정치, 경제 발전의 격차가 컸다. 정치 국면의 변화와 민족 전통의 차이로 인해 청동기도 다른 기물과 마찬가지로 공통점을 보이면서도 뚜렷한 시대적 차이와 독특한 민족 풍격을 나타냈다.

송대(宋代) 동경(銅鏡)의 유형에는 주로 도성동방경(都省銅坊鏡), '천추만세'명경('千秋萬歲'銘鏡), 소경(素鏡), 당초문경(唐草紋鏡), 화조경(花鳥鏡), 신선고사경(神仙故事鏡), 축국경(蹴鞠鏡), 팔괘경(八卦鏡) 및 기년명호경(紀年名號鏡) 등이 있다. 북송대(北宋代)는 동경 주조 공예는 당대(唐代)보다 못하지만 모양과 문양 등에서 여전히 당대 동경의 특징을 이었다. 남송대(南宋代)에는 동경을 주로 호주(湖州)와 요주(饒州)의 '주감국(鑄鑑局)'에서 만들었다. 송대 동경은 형태가 다양한데 흔히 볼 수 있는 원형(圓形), 사각형, 규화형(葵花形), 능화형(菱花形) 그리고 아자형(亞字形) 등의 양이 증가하였을 뿐만 아니라 손잡이가 있는 동경 및 직사각형, 하트 모양, 방패 모양, 종(鐘) 모양, 정(鼎) 모양 등 다양한 형태의 동경이 나타났다. 또한 제재가 집중되고 가는 선으로 얕게 조각하는 것도 송대 동경의 뚜렷한 특징이다. 이로부터 동경에 대한 송대 사람들의 심미적 관념이 이미 바뀌어 문양보다 실용성을 더 중시하였음을 알 수 있다. 그리고 '호주석가이숙(湖州石家二叔)'이나 '요주허가(饒州許家)'와 같은 자호(字號)나 상표가 새겨진 명문경(銘文鏡)이 대량으로 나타난 것도 송대 동경의 중요한 특징이다. 이로부터 송대에 동경 상품생산이 발전하였을 뿐만 아니라 그 경쟁 또한 치열하였음을 알 수 있다.

금대(金代)의 동경 역시 풍격이 다양한데 주로 쌍어경(雙魚鏡), 역사인물고사경(歷史人物故事鏡), 반룡경(盤龍鏡), 서수경(瑞獸鏡), 서화경(瑞花鏡), 해박경(海舶鏡) 및 소경(素鏡) 등이 유행하였다. 그중 가장 유행했던 쌍어경은 여진족의 숭배의식의 표현이다. 인물고사경의 제재는 주로 중원 지역에서 널리 전해오던 전고(典故), 민간 전설 및 재미있는 이야기에서 따온 것으로 이는 한족과 여진족이 경제, 문화, 사상 등 방면에서 서로 배우고 서로 융합한 결과였다. 동경의 연부(緣部)에 관청의 검인[驗記] 문자와 압인[押記]이 새겨져 있는 것은 금대 동경의 또 다른 특징이다. 원대(元代)와 명대(明代) 동경의 모양 및 문양은 대부분이 송금(宋金) 이래의 도안과 양식을 그대로 따른 것으로 송대에서 유행했던 육판규화(六瓣葵花)와 육판능화(六瓣菱花) 모양이 많았다. 제작은 거칠고 조촐하며 도안이 뚜렷하지 못했다. 그렇지만 송금대(宋金代) 동경보다 두껍고 무겁다.

원대에 이르러 동금(銅禁) 법령이 완화됨에 따라 동경의 수량이 늘어났다. 문양에는 주로 금수문경(禽獸紋鏡), 화엽문경(花葉紋鏡), 신선인물고사경(神仙人物故事鏡) 등이 있다. 송원(宋元) 이후, 특히 명대에 들어서서 고대(古代) 동경을 모방하여 만드는 바람이 일었는데 주로 한대(漢代)의 각종 동경을 모방하였고 직접 한대 동경을 견본으로 하여 거푸집으로 복제하였다. 청대(淸代) 동경은 종류가 적으며 문양도 더욱 단순해졌다.

송대 이후, 서안(西安, 長安) 지역은 도읍지의 지위를 잃음으로써 경제, 문화 등 방면에서 동부와 남방 지역에 뒤처지게 되었다. 그러므로 서안 지역의 송대 이후 동경은 수량이 적고 대부분 전해진 것들이다.

The political and economical situations are very complicated during the Song, Jin, Yuan and Ming Dynasties. Due to the imbalance of the development, as well as the difference in the political situation and ethnical tradition, the bronze mirrors, like many other craftwork, demonstrate sharp periodical contrast as well as unique ethnic feature.

The mirror types during the Song Dynasty include mirrors made in the capital workshops, mirror with 'Qian Qiu Wan Sui' inscriptions, plain mirrors, mirror with entangled branch patterns, mirror with flower and bird patterns, mirror with fairytale motifs, the Eight Diagrams mirrors, as well as mirrors with manufacturing dates and the name of the manufacturers. The casting techniques in the North Song Dynasty is inferior to those in the Tang Dynasty, but the designing and decoration still retains the styles and feathers of the bronze mirrors in Tang Dynasty. The mirrors in South Song Dynasty are mainly made by the founding bureau in Hu Zhou and Rao Zhou. The characteristic of the mirrors in Song Dynasty is the diversification in the shapes. Beside the commonly seen round, square, diamond and sunflower shape, as well as dumb-bell shape, there are also handled mirror as well as mirror in oblong shape, shield shape, bell shape and tripod shapes. Prominent motif and shallow carving in thin lines are also salient features of the mirrors in Song Dynasty. All these shows the profound change in the esthetic values of the people at that time. The emphasis is placed on the practicality, rather than the decoration. Mirrors bearing the name of the manufacturers became the most important characteristic in the Song Dynasty, which demonstrates the development of the commercial productivity and the exacerbation of the competition.

During Liao Dynasty, the Qidan ethnic group inherited the traditional culture of the Han nationality, and the manufacturing industry was developed rapidly, especially the bronze mirror techniques. The mirrors in Liao Dynasty are basically the same as those in the Song Dynasty. Because the use of copper is under strict control during the Liao Dynasty, the bronze mirrors at that time are thin and small; the workmanship is also less delicate.

By the Jin Dynasty, the bronze mirrors take on many styles. The popular mirror tyoes are: double fish mirror, mirror with historical figure, coiled dragon mirror, mirror with auspicious beast patterns, mirror with auspicious flower patterns, mirror with sealing motif, as well as plain mirrors. The most popular pattern, the double fish, originated from the adoration of the fish by the ethnic group in Jin Dynasty. And various historical story motifs on numerous mirrors are actually the result of the wide spread literary quotation, folk legend as well as anecdotes in the middle land. This is the result of the exchange of the culture, economy and ideology between the Han and Jurchen ethnic groups. Another important feature is the official seal mark on the edge of the bronze mirror. The mirrors in Yuan and Ming Dynasties basically follow the patterns in Song and Jin Dynasties, mostly adopting the six salient diamond shape that are commonly seen in Song Dynasty. The production are simple and rough, with blurred image. But the body of the mirror is thicker than those in Song and Jin Dynasty.

By Yuan Dynasty, the control of copper is not as strict as before. Hence the bronze mirror appear in large numbers. The patterns on the bronze mirror are mainly animals, flowers and grass leaves, fairytale figures and so on. Since after the Tang and Song Dynasties, particularly in the Ming Dynasty, the practice of imitating the old mirror styles is in vogue. The mirrors that are imitated are mainly those in Han Dynasty. Some are even made by replicating the real mirrors in Han Dynasty. During the Qing Dynasty, the bronze mirror is in less variety, and also with fewer decorations.

122

전지국화경(纏枝菊花鏡)

송(宋) | 지름 12cm 무게 0.17kg
서안시(西安市) 문물상점에서 넘겨받음

Mirror with Chrysanthemum and
Twining Branch Patterns

Song Dynasty(960AD~1279AD)
D 12cm 0.17kg
Transferred by Xi'an Culture Relic shop

동경(銅鏡)은 팔판능화형(八瓣菱花形)으로 꼭지는 동그랗고 유좌(鈕座)는 국화꽃잎 모양이며 연부(緣部) 안에는 철현문(凸弦紋) 한 바퀴가 주요 부분을 둘러싸고 있다. 뒷면의 주제문양은 꼭지를 둘러싼 전지(纏枝) 국화 네 송이다. 돌기를 꽃술로 하여 저부조(低浮彫)로 옹골진 꽃잎을 조각하였다. 거기에 길고 가는 꽃가지와 무성한 잎까지 더하여 국화가 흐드러지게 핀 아름다운 정경을 그려냈다. 문양은 주요하게 세선(細線) 저부조기법으로 표현하여 구도가 간결하고 사실성이 강하다. 송대(宋代) 동경은 대부분 태질(胎質)이 얇으므로 이에 따라 세선 저부조기법이 생겨났고 이는 그 당시의 중요한 표현기법이 되었다.

사화경(四花鏡)

송(宋) | 변의 길이 19.3cm 무게 0.84kg
1979년 서안시(西安市) 문물상점에서 넘겨받음

Mirror with Four Flower Patterns

Song Dynasty(960AD~1279AD)
L 19.3cm 0.84kg
Transferred by Xi'an Culture Relic shop in 1979

동경(銅鏡)은 아자형(亞字形)으로 꼭지는 다리 모양이고 유좌(鈕座)는 연꽃잎 모양이며 소연(素緣)이다. 뒷면 모서리 근처에는 활짝 핀 꽃이 하나씩 있다. 꽃은 삼중 꽃잎이 밖을 향해 있고 연(緣)에 닿을 정도로 꽃술을 터뜨렸다. 자잘한 꽃과 작은 가지가 은은하게 보이는 바탕문양은 날렵한 도법(刀法)으로 이루어졌다. 연의 왼쪽에는 "延安府□記官存(연안부□기관존)"이라는 세로로 새긴 낙관(落款)과 화압(花押)이 있다. 연부(緣部)의 아래쪽에도 "泰和四年十一月驗官(태화사년십일월험관)"이라는 세로로 새긴 낙관과 화압이 있다. 태화(泰和)는 금대(金代) 장종(章宗) 완안경(完顔璟)의 연호로 태화 4년은 1204년이다.

화훼경(花卉鏡)은 송금대(宋金代)에 유행하던 동경 양식으로, 조형이 다양하고 문양이 풍부하여 깔끔하고 우아하며, 가볍고 정교한 느낌을 준다. 이는 이 시기 장인의 심미관이 크게 변화했음을 말해준다. 이 동경의 형상과 장식기법은 송대(宋代)의 특징을 띠었지만, 명문(銘文)은 금대에 조각한 것으로 송대의 동경을 금대에 사용했을 가능성이 높다.

구로문경(毬路紋鏡)

송(宋) | 지름 17.2cm 무게 0.44kg
1983년 서안시(西安市) 문물상점에서 넘겨받음

Mirror with Circular Patterns

Song Dynasty(960AD~1279AD)
D 17.2cm 0.44kg
Transferred by Xi'an Culture Relic shop in 1983

동경(銅鏡)은 원형(圓形)으로 꼭지는 동그랗고 소연(素緣)이다. 뒷면에는 저부조(低浮彫)로 새긴 구로문(毬路紋)이 가득하다. 빼곡하게 배열된 구로문은 크기가 같은 원들이 서로 인접한 원의 4분의 1 되는 호선(弧線)에서 만나 사방 연속식 도안을 이루었다. 서로 인접한 두 교차점은 직선으로 연결하였다. 각 부분의 중심에는 작은 돌기 하나가 있으며 연(緣) 주변 부분은 자연스럽게 끊겼다. 연에는 연주문(聯珠紋) 한 바퀴가 둘러져 있다. 이 장식문양은 당대(唐代)의 이방연속단화(二方連續團花)에서 발전해온 것으로 사판단화(四瓣團花) 대신에 구로문으로 장식하였다. 이런 유형은 강소(江蘇) 연운항(連雲港) 오대(五代) 말기 북송(北宋) 초기 무덤에서 출토된 바 있다.

125

인물고사경 (人物故事鏡)

송(宋) | 지름 13.1cm 무게 0.27kg
1983년 서안시(西安市) 문물상점에서 넘겨받음

Mirror with Human Figures

Song Dynasty(960AD~1279AD)
D 13.1cm 0.27kg
Transferred by Xi'an Culture Relic shop in 1983

동경은 팔판능화형(八瓣菱花形)으로, 꼭지는 동그랗다. 연부(緣部)의 각 꽃잎에는 권운문(卷雲紋)이 하나씩 있으며 그 안으로 철현문(凸弦紋) 두 줄이 주요 부분을 둘러쌌다. 주요 부분의 문양은 물과 육지 두 부분으로 나뉘는데 아래쪽 강기슭에는 나무다리가 있는 듯하다. 기슭 왼쪽 잎이 무성한 나무 아래에는 한 사람이 앉아서 거문고를 타고 오른쪽으로는 한 사람이 손을 마주 잡고 궁전 문을 나서고 있다. 이 도안의 내용은 전설에서 따온 듯하나 구체적인 내용은 향후 고증이 필요하다.

126

선인관폭경(仙人觀瀑鏡)

송(宋) | 지름 15.9cm 무게 0.77kg
1983년 서안시(西安市) 문물상점에서 넘겨받음

Mirror with the Patterns of
Immortals Viewing Waterfall

Song Dynasty(960AD~1279AD)
D 15.9cm 0.77kg
Transferred by Xi'an Culture Relic shop in 1983

동경(銅鏡)은 원형(圓形)으로 꼭지는 동그랗고 유좌(鈕座)는 없으며 좁은 연부(緣部)는 높고 평평하며, 연(緣) 가까이에는 높이가 다른 철현문(凸弦紋) 세 바퀴가 있다. 뒷면 오른쪽 위에는 높게 뻗은 대나무가 있고 대나무 아래에는 동자(童子)가 두 손을 모으고 서 있다. 그의 왼쪽에는 관을 쓰고 넓은 띠를 한 고사(高士)가 유유자적하게 돌에 기대어 앉아 있다. 돌 아래로 못, 연꽃, 물새를 배치하였다. 왼쪽에는 높은 산과 폭포가 있는데 폭포는 세 겹으로 날아 떨어져 아래쪽 못에 흘러든다. 꼭지 위에는 음각으로 새긴 "尚家(상가)" 두 자가 있고 그 위에 구름과 나는 새가 있다.

이 동경은 당대(唐代)의 동경보다 가볍고 꼭지는 더 납작하고 평평하지만 금대(金代)의 깎아서 평평하게 하는 제작기법은 사용되지 않았다. 폭포를 표현함에 있어 송대(宋代) 동경에서 흔히 볼 수 있는 선각(線刻)기법을 사용함으로써 전체 문양이 깔끔하고 고아하다. 특히 송대의 인물고사경(人物故事鏡)에서 산수경치를 표현하는 특징을 두드러지게 나타냈다. '상가(尚家)'는 이 동경을 만든 점포의 이름인 듯하다.

127

팔괘경(八卦鏡)

송(宋) | 지름 22.1cm 무게 0.77kg
1983년 서안시 신성구(西安市 新城區) 출토

Eight Diagram Mirror

Song Dynasty(960AD~1279AD)
D 22.1cm 0.77kg
Excavated from Xincheng District of Xi'an in 1983

동경(銅鏡)은 원형(圓形)으로 꼭지는 비뉴(鼻鈕)이며 유좌(鈕座)는 육각형이고 소연(素緣)은 평평하다. 뒷면에는 안에서 밖으로 문양대가 3개 있는데 모두 철현문(凸弦紋)을 경계로 한다. 안쪽 문양대에는 팔괘의 명칭을 적은 명문(銘文)이 있다. 중간에는 팔괘부호가 있으며 바깥쪽 문양대에는 "水銀呈陰精, 百煉得爲鏡, 八卦□□, 神永保命(수은정음정, 백련득위경, 팔괘□□, 신영보명)"이라는 18자로 된 전서체(篆書體) 명문이 있다.

팔괘경(八卦鏡)은 당나라 말기에 유행하여 양송대(兩宋代)까지도 제작하였다. 발굴이나 전해지는 것 중에는 천지팔괘경(天地八卦鏡), 부전성상팔괘경(符篆星象八卦鏡), 부전간지팔괘경(符篆干支八卦鏡), 팔괘십이진경(八卦十二辰鏡) 등이 있는데 일부 뒷면에는 도가(道家)의 말을 새겼다. 이런 유형의 동경은 도사(道士)들의 미신 활동과 관련된 것으로 법기(法器)로 쓰였으며 백성들도 이것으로 벽사(辟邪)하였다.

128

팔괘경(八卦鏡)

송(宋) | 지름 15.4cm 무게 0.32kg
1972년 서안시(西安市) 백대양(大白楊) 재활용품 창고 수집

Eight Diagram Mirror

Song Dynasty(960AD~1279AD)
D 15.4cm 0.32kg
Collected in Dabaiyang Warehouse, Xi'an in 1972

동경(銅鏡)은 팔판능화형(八瓣菱花形)으로 꼭지와 유좌(鈕座) 모두 동그랗다. 유좌 바깥쪽에는 꽃잎문양을 한 바퀴 장식하고 그 위에 쌍선(雙線) 팔판능화 모양을 한 바퀴 둘렀다. 뒷면은 연부(緣部)와 유좌 꽃잎 사이 이어진 선에 의해 여덟 부분으로 나뉘고 각 부분에는 팔괘부호가 하나씩 있다.

이 동경의 도안은 당대(唐代)의 팔괘경(八卦鏡)에서 흔히 볼 수 있는 일월성신(日月星辰) 등 내용이 없으므로 송대(宋代)에 제작했을 것으로 추측된다. 팔괘의 위치는 『역(易)』「논괘(論卦)」중의 방위에 따라 배열되었다. 즉, 건괘(乾卦)는 서북쪽, 곤괘(坤卦)는 서남쪽에 있는데 이는 송대 학자 소옹(邵雍)이 주장한 건괘는 남쪽, 곤괘는 북쪽에 있는 것과 다르다. 송대 능화형(菱花形) 동경은 당대의 풍격을 이으면서도 일정한 변화가 있었는데 꽃잎의 어깨 부분이 넓어졌다.

순형향로경(盾形香爐鏡)

송(宋) | 둘레 15.7×14.5cm 무게 0.67kg
1987년 4월 3일 서안시 안탑구(西安市 雁塔區) 당화빈관(唐華賓館)공사장 출토

Shield Shaped Mirror with Censer Patterns

Song Dynasty(960AD~1279AD)
L 15.7×14.5cm 0.67kg
Excavated from building site of Tanghua Hotel at Yanta District, Xi'an in
Apr 3, 1987

　동경(銅鏡)의 외곽은 능화형(菱花形)이며 전체 모습이 방패와 비슷하다. 동그란 꼭지는 뒷면 위쪽에 있다. 중간 부분에는 정(鼎) 모양의 향로 하나가 있으며 향로에서는 연기가 모락모락 피어오르고 있다. 향로 배(背)에는 문양을 음각했으며 좌우 양쪽에는 음각한 부적과 부조(浮彫)한 상운(祥雲)이 있다. 아래쪽에는 동경 형태에 따라 당초문(唐草紋)을 장식하고 그 위 왼쪽에는 물고기, 오른쪽에는 칼이 있으니 연년유여(年年有餘-해마다 풍족한 생활을 누림)를 표현한 것이다. 이는 또한 종명정식(鐘鳴鼎食-끼니마다 종을 울려 식구들을 모아 솥을 벌여놓고 식사함, 즉 부유함을 뜻함)의 뜻도 있어 상서로움과 부귀영화의 의미를 잘 담아내었다. 뒷면에는 전체적으로 불규칙한 홈이 가득한데 원래 장식물이 상감되었던 것으로 추측된다.

종형방격문경(鍾形方格文鏡)

송(宋) | 둘레 15.4cm 너비 10.6cm 무게 0.34kg
1972년 서안시 파교구(西安市 灞橋區) 출토

Bell Shaped Mirror with Chessboard Patterns

Song Dynasty(960AD~1279AD)
L 15.4cm W 10.6cm 0.34kg
Excavated from Baqiao District of Xi'an in 1972

　동경(銅鏡)은 종 모양으로 종 꼭지[甬] 부분에 구멍이 나 있으며 소연(素緣)이다. 가는 선 두 줄로 연(緣)을 따라 종의 모양을 새겼고 중간에 있는 가는 선 세 줄에 의해 상하 두 부분으로 나뉘었다. 윗부분은 다시 가는 선 네 줄에 의해 좌우 두 부분으로 나뉘고 각 부분에는 가는 쌍선(雙線)으로 사각형을 새겼다. 아랫부분에는 부조(浮彫)한 태양문양이 있고 그 양쪽에는 쌍선 사각형이 하나씩 있다. 왼쪽에는 "錄事司驗記官(녹사사험기관)"이라는 낙관(落款)과 화압(花押)이 있다. 양송대(兩宋代) 동경은 조형이 다양한데 종 모양이 바로 이 시기에 새로 나타났다.

131

방형양수경 (方形陽燧鏡)

송(宋) | 변의 길이 11.2cm 무게 0.28kg
1983년 서안시(西安市) 문물상점에서 넘겨받음

Square Shaped Fire Making Mirror

Song Dynasty(960AD~1279AD)
L 11.2cm 0.28kg
Transferred by Xi'an Culture Relic shop in 1983

동경(銅鏡)은 사각형으로 꼭지는 없고 연부(緣部)는 안쪽이 두껍고 바깥쪽이 얇다. 정면은 매끈하고 살짝 솟아올라 얼굴을 비출 수 있다. 뒷면은 중앙 부분이 오목한 원형(圓形)이며 뒷면의 대부분 공간을 차지한다. 네 모서리에는 '山(산)' 자 모양의 화염이 동경의 네 모서리를 향해 타오른다. 연(緣)은 비탈 모양으로 안쪽에 연주문(聯珠紋) 한 바퀴가 둘러져 있는데 이는 송대(宋代) 동경의 특징이다. 불꽃과 햇빛 제재는 모두 중원(中原)에서 유행한 마니교 및 조로아스터교와 관련된 것으로 추측된다.

이 동경은 뒷면 주요 부분이 오목해 빛을 모아 불씨를 얻을 수 있으므로 양수(陽燧 -옛날 햇빛을 이용하여 불씨를 얻던 거울)이다. 양수는 금수(金燧)라고도 한다. 그 오목 면으로 태양을 비추면 햇빛이 반사되어 한 점에 모이는데 가연성 물질을 그 점에 놓으면 곧 타버린다. 『예기(禮記)』에 의하면 양수와 목수(木燧)는 패용하던 것으로 맑은 날에는 양수를 이용하여 햇볕으로 불씨를 얻고 날이 흐리면 목수로 나무를 문질러 불씨를 얻었다 한다. 양수로 불씨를 얻는 것은 주로 제사의식 때였다. 중국에서 가장 오래된 양수는 섬서(陝西) 주원(周原) 서주(西周) 유적지에서 발굴되었다. 양수는 송대에 들어서도 여전히 사용되었다.

132

이어희련경(鯉魚戲蓮鏡)

송(宋) | 지름 14.9cm 무게 0.53kg
1972년 서안시(西安市) 백대양(大白楊) 재활용품 창고 수집

Mirror with Carp Frolicking in Lotus Pattern

Song Dynasty(960AD~1279AD)
D 14.9cm 0.53kg
Collected in Dabaiyang Warehouse, Xi'an in 1972

동경(銅鏡)은 원형(圓形)으로 꼭지는 다리 모양이고 유좌(鈕座)는 꽃잎 모양이다. 소연(素緣)은 좁고 연(緣) 가까운 부분에는 철현문(凸弦紋) 한 바퀴가 둘러져 있다. 유좌 바깥쪽에는 가는 현문(弦紋) 두 바퀴 사이에 넓은 철현문이 있다. 주요 부분은 이어희련문(鯉魚戲蓮紋)으로 꼭지 아래위로 잉어 한 마리가 연꽃 사이에서 헤엄치며 노닐고 있다. 그 사이에는 활짝 핀 연꽃과 커다란 연잎, 그리고 연방(蓮房)과 꽃망울 등이 섞여 있는데 섬세하게 표현함으로써 그 모습이 생동감이 있다.

한대(漢代)의 『악부(樂府)』에는 "잔설처럼 흰 비단으로, 잉어 한 쌍 묶었다네(尺素如殘雪, 結成雙鯉魚)"라는 가사(歌辭)가 있다. 이후 사람들은 이 제재에 길상(吉祥)과 풍수(風水)의 의미를 부여했고 더 나아가 유어희수(游魚戲水)와 연봉다자(蓮蓬多子)는 남녀의 사랑 및 화목함과 자손의 번성을 뜻하였다. 고대(古代)에는 하얀 비단에 글을 써서 한 쌍의 잉어 모양으로 매듭지어 보냈으므로 편지를 '쌍리(雙鯉)'라고도 불렀다.

133

쌍어경 (雙魚鏡)

금(金) | 지름 20.6cm 무게 1.8kg
1979년 6월 서안시(西安市) 문물상점에서 넘겨받음

Mirror with Double Fish Patterns

Jin Dynasty(1115AD~1234AD)
D 20.6cm 1.8kg
Transferred by Xi'an Culture Relic shop in Jun 1979

동경(銅鏡)은 원형(圓形)으로 꼭지는 동그랗고 소연(素緣)은 넓다. 꼭지 바깥쪽에는 잉어 두 마리가 같은 방향으로 헤엄치고 있다. 뒷면의 대부분 공간을 차지한 살이 통통한 커다란 잉어들은 눈을 크게 뜬 채 입을 빠끔거려 거품을 내보내고 있다. 몸을 돌려 꼬리를 흔들며 자유자재로 파도를 타면서 노닐고 있는데 비늘이 뚜렷하게 보이며 그 모습이 사실적이고 대단히 생동감이 넘친다. 바탕문양은 거침없고 섬세한 물결무늬로 짙은 자연의 정취가 배어나 생동감을 더했다. 꼭지 주위에는 파도가 일렁이고 연(緣) 가까운 부분에는 물결이 선회하여 파도무늬 한 바퀴를 이루었다.

쌍어경(雙魚鏡)은 금대(金代)에 가장 유행하던 특징적인 유형으로 주로 원형이며 주제 문양은 잉어 한 쌍이 물에서 헤엄치는 모습이다. 물고기는 여진족이 숭배하는 대상 중의 하나로 여진족이 생활하던 동북 지역은 물이 깨끗해 잉어가 많았다. 잉어는 송화강(松花江)에서 가장 많이 나는 어류로 여진족의 생활과 직접적으로 연관되어 있었다. 금대의 동경에 어문(魚紋)이 많이 나타난 것은 아마도 당시에 시행했던 어부(魚符)·어대(魚袋) 제도 및 여진족의 물고기 숭배사상과 밀접한 관계가 있는 것으로 짐작된다.

134

승안삼년쌍어경(承安三年雙魚鏡)

금(金) | 지름 16.1cm 무게 0.51kg
1972년 서안시(西安市) 백대양(大白楊) 재활용품 창고 수집

Mirror with Double Fish Patterns and 'Cheng An San Nian' Inscriptions

Jin Dynasty(1115AD~1234AD)
D 16.1cm 0.5kg
Collected in Dabaiyang Warehouse, Xi'an in 1972

동경(銅鏡)은 원형(圓形)으로 꼭지는 동그랗고 소연(素緣)은 평평하다. 장식문양은 두 부분으로 나뉘었다. 내구(內區)에는 수미(首尾)가 맞닿은 잉어 두 마리가 꼭지를 에워싸고 파도 속에서 노닐고 있다. 잉어는 비늘과 지느러미가 뚜렷하게 보이는 등 사실적으로 표현되었는데 꼬리로 물을 가르는 모습이 생동감이 넘친다. 외구(外區)에는 현문(弦紋) 두 바퀴가 둘러져 있는데 사이에는 시계 방향으로 "承安三年上元日, 陝西東路運司官局造, 作匠杜虎, 監官鏡事任(花押)提控所轉運使高(승안삼년(1198AD)상원일, 섬서동로운사관조, 직장무호, 감관경사임(화압)제공소전운사고)"라는 해서체(楷書體) 명문(銘文)이 있고 뒤쪽에 화압(花押)이 있다.

135

쌍어경(雙魚鏡)

금(金) | 지름 15.1cm 무게 0.58kg

Mirror with Double Fish Patterns

Jin Dynasty(1115AD~1234AD)
D 15.1cm 0.58kg

동경(銅鏡)은 원형(圓形)으로 꼭지는 비뉴(鼻鈕)이고 소연(素緣)이다. 물결문양을 바탕문양으로 한 꼭지 주변에는 잉어 한 쌍이 파도 속에서 노닐고 있다. 잉어는 입을 뻐금거리며 아가미로 호흡하고 가슴지느러미와 배지느러미를 펼치고 등지느러미를 세웠으며 꼬리지느러미를 위로 곧추세웠다. 잉어가 같은 방향으로 꼭지를 에워싸고 노닐며 파도 속에서 먹이를 구하는 모습을 생동감 있게 표현함으로써 사랑스럽고 활력이 넘쳐 보인다. 연(緣) 안쪽에는 화훼문(花卉紋) 한 바퀴를 부조(浮彫)했다.

136

쌍어구병경(雙魚具柄鏡)

금(金) | 지름 10.9cm 손잡이 길이 10.2cm 무게 0.36kg
1974년 서안시 미앙구(西安市 未央區) 수집

Handled Mirror with Double Fish Patterns

Jin Dynasty(1115AD~1234AD)
D 10.9cm Handled L 10.2cm 0.36kg
Collected in Weiyang District of Xi'an in 1974

　동경(銅鏡)은 원형(圓形)으로 소연(素緣)은 좁고 손
잡이가 길며 연부(緣部)의 가장자리가 손잡이의 가장
자리 위에 놓였다. 동경 뒷면에는 잉어 두 마리가 같은
방향으로 헤엄치고 있다. 비늘이 가득한 잉어는 눈을
크게 뜨고 입을 빠끔거려 거품을 내보내고 있다. 몸을
돌려 꼬리를 흔들며 자유자재로 파도를 타면서 노니는
모습이 생생하고 지극히 사실적이다. 뒷면에는 거침없
는 선으로 그린 섬세한 물결문양으로 가득 찼으며 파
도가 넘실대는 수면 위에는 수초가 떠 있는 것이 그야
말로 자연의 정취가 가득하다. 손잡이에는 "福壽延長
(복수연장-오래도록 건장하고 행복하다)"이라는 해서체
(楷書體) 명문(銘文) 한 줄이 새겨져 있다.

137

허유소부고사경 (許由巢父故事鏡)

금(金) | 지름 14.9cm 무게 0.48kg
1983년 서안시(西安市) 문물상점에서 넘겨받음

Mirror with the Story of Xu You and
Chao Fu

Jin Dynasty(1115AD~1234AD)
D 14.9cm 0.48kg
Transferred by Xi'an Culture Relic shop in 1983

동경(銅鏡)은 팔판능화형(八瓣菱花形)으로 동그란 꼭지는 정수리가 평평하다. 뒷면
은 물과 육지로 나뉘었고 경계 부분은 평탄하나 약간의 기복이 있으며 그 아래 세로 철
릉(凸稜)은 강기슭을 나타낸다. 육지 왼편에는 잎이 무성한 큰 나무 한 그루가 있고 그
뒤로 산이 보인다. 나무 왼쪽에는 한 사람이 땅에 앉아 오른손으로 귀를 만지고 있고,
오른쪽에는 한 사람이 소를 끌고 가면서 오른손으로 앉아 있는 사람을 가리키고 있다.
파도가 넘실대는 수면에는 꽃잎 하나가 떠 있다.

이 문양의 제재는 허유(許由)와 소부(巢父)의 이야기에서 따온 것이다. '영천세이(潁
川洗耳-영천에서 귀를 씻다)'라고도 잘 알려진 이 이야기는 진대(晉代) 황보밀(皇甫謐)
의 『고사전(高士傳)』「허유(許由)」에서 나온 것으로 내용은 다음과 같다. 요(堯)임금은
허유에게 천하를 물려주려 했으나 허유는 거절하고 중악(中嶽)으로 가 기산(箕山) 아
래에서 농사를 짓고 살았다. 요임금이 또다시 허유를 불러 구주장(九州長)을 맡기려
하니 허유는 듣기도 싫다면서 영수(潁水) 강변에서 귀를 씻었다. 이때 마침 소부가 소
에게 물을 먹이려다가 이를 보고 더러운 물을 먹이기 싫다 하여 상류에 올라가 물을 먹
였다. 이 이야기는 허유의 고답(高踏)하고 명예를 가벼이 여기는 기품을 표현한 것으
로 금대(金代) 동경에 흔히 사용되던 제재이다.

138

허유소부고사경(許由巢父故事鏡)

금(金) | 지름 11.8cm 무게 0.21kg
1972년 서안시 미앙구(西安市 未央區) 수집

Mirror with the Story of Xu You and
Chao Fu

Jin Dynasty(1115AD~1234AD)
D 11.8cm 0.21kg
Excavated from Weiyang District of Xi'an in 1972

동경(銅鏡)은 원형(圓形)으로 동그란 꼭지는 정수리가 평평하고 소연(素緣)은 좁다. 뒷면에 부조(浮彫)된 도안은 허유(許由)와 소부(巢父)의 이야기에서 따온 것이다. 꼭지의 위쪽에는 운무(雲霧)가 감도는 울퉁불퉁한 산 사이로 가옥이 은은하게 보인다. 산 아래위에는 영지(靈芝)와 수목이 어우러져 있다. 꼭지 아래쪽 물가에는 허유가 꿇어앉아 귀를 씻고 소부가 소를 끌고 서 있다.

이 동경의 문양은 허유와 소부 이야기의 뒷부분을 표현한 것이다. 산과 수목은 고사(高士)들이 은거하는 심산(深山)을 상징한 것으로 구도가 푸르고 힘차 마치 한 폭의 수려한 산수화와 같다. 허유와 소부 이야기는 명예와 이익을 추구하지 않고 유유자적한 삶을 살려는 사상을 반영한 것으로 민간에서 널리 전해졌다. 전란(戰亂)이 빈번하고 도탄에 빠진 시대에 사람들은 이러한 사상에 정신을 의탁했다.

139

유의전서경(柳毅傳書鏡)

금(金) | 지름 10cm 무게 0.19kg
1975년 서안시 미앙구 대백양(西安市 未央區 大白楊)
재활용품 창고 수집

*Mirror with the Story of 'Liu Yi
Sending Letter'*

Jin Dynasty(1115AD~1234AD)
D 10cm 0.19kg
Collected in Dabaiyang Warehouse, Xi'an in 1975

동경(銅鏡)은 원형(圓形)으로 동그란 꼭지는 정수리가 평평하고 소연(素緣)도 평평하다. 꼭지 오른편 위쪽에는 가지가 양쪽으로 뻗은 나무가 있으며 나무 밑에는 한 남자가 두 손을 모으고 있다. 꼭지 왼쪽에는 한 여자가 시동(侍童)을 거느리고 일렁이는 강물 속 물보라 위에서 손을 모으고 서 있는데 남자에게 하소연하는 듯하다. 강변에는 시자(侍者)가 말을 끌고 서 있으며 말 뒤쪽에는 화초가 있다.

뒷면 문양은 당시 전해지던 이야기에서 따온 것으로 후에 원(元)나라 사람 상중현(尚仲賢)이『동정호유의전서(洞庭湖柳毅傳書)』라는 잡극(雜劇)으로 엮었다. 동정용군(洞庭龍君)의 딸이 길가에서 양을 치다가 서생 유의(柳毅)를 만나 경하(經河) 용왕의 아들에게 시집간 후 당한 불행을 울면서 이야기하였다. 그러자 유의는 동정용군에게 서신을 전하였고 우여곡절 끝에 둘이 부부로 맺어진다는 이야기이다. 이 이야기는 아름다운 생활에 대한 바람을 표현한 것으로 금대(金代)에 흔히 볼 수 있는 제재 중 하나이다.

140

마가유의전서경(馬家柳毅傳書鏡)

금(金) | 지름 17.5cm 무게 0.61kg
1979년 서안시(西安市) 문물상점에서 넘겨받음

Mirror with Inscription and the Story of 'Liu Yi Sending Letter'

Jin Dynasty(1115AD~1234AD)
D 17.5cm 0.61kg
Transferred by Xi'an Culture Relic shop in 1979

    동경(銅鏡)은 원형(圓形)으로 꼭지는 동그랗고 소연(素緣)은 좁다. 뒷면 문양은 유의전서 이야기에서 따온 것으로, 꼭지를 경계로 아래위 두 부분으로 나뉘는데 윗부분은 육지이고 아랫부분은 강물이다. 육지에는 왼쪽에 연(緣)을 따라 큰 나무 한 그루가 뻗어 있고 나무 밑에는 남녀 한 쌍이 있다. 여자는 옷자락을 휘날리며 애달픈 표정을 짓고 있고, 남자는 여자를 향해 허리를 살짝 구부린 채 두 손을 모으고 있다. 오른쪽에는 한 사람이 머리가 꼭지 쪽을 향한 말을 끌고 서 있다. 나무 밑 풀밭에는 양 몇 마리가 한가로이 노닐고 있고 그 사이 네모 틀 안에는 "河中府馬家白銅鏡(하중부마가백동경)"이라는 명문(銘文)이 새겨져 있다. 꼭지 아래쪽 파도가 일렁이는 강물 속에는 물고기 두 마리가 즐겁게 노닐고 있는데 이는 남녀의 사랑을 뜻한다.

141

견우직녀경(牽牛織女鏡)

금(金) | 지름 22.2cm 무게 0.39kg
1979년 서안시(西安市) 백대양(大白楊) 재활용품 창고 수집

Mirror with 'the Cowherd and the Girl Weaver' Motif

Jin Dynasty(1115AD~1234AD)
D 22.2cm 0.39kg
Collected in Dabaiyang Warehouse, Xi'an in 1979

    동경(銅鏡)은 원형(圓形)으로 동그란 꼭지는 정수리가 평평하고 소연(素緣)은 좁다. 뒷면에는 하늘과 물이 맞닿았다. 꼭지 왼쪽에는 고계(高髻)를 한 선녀가 옷자락을 휘날리며 일렁이는 파도를 타고 온다. 꼭지 오른쪽에는 한 남자가 두 손을 공손하게 모으고 서 있다. 왼쪽 윗부분 연(緣) 가까운 곳에는 초승달이 떠 있고 주위에는 구름이 유유히 떠돌고 있다. 오른쪽 아랫부분에는 비스듬히 자란 나무 한 그루가 있고 나무 밑에는 소 한 마리가 엎드려 달을 올려다보고 있다.

    이 제재는 민간에서 오래도록 전해지던 견우직녀가 칠석날에 만난다는 이야기에서 따온 듯하다. 남녀의 사랑 이야기는 금대(金代) 동경에 흔히 사용되던 제재로 이와 비슷한 것으로는 유의전서경(柳毅傳書鏡)과 장생자해경(張生煮海鏡) 등이 있다.

견우직녀경 (牽牛織女鏡)

금(金) | 지름 15.3cm 무게 0.3kg
1979년 서안시(西安市) 문물상점에서 넘겨받음

Mirror with 'the Cowherd and the Girl Weaver' Motif

Jin Dynasty(1115AD~1234AD)
D 15.3cm 0.3kg
Transferred by Xi'an Culture Relic shop in 1979

동경(銅鏡)은 원형(圓形)으로 동그란 꼭지는 정수리가 평평하고 연부(緣部)는 좁다. 꼭지 위쪽에는 새 한 마리가 하늘에서 날아 내리고 있으며 그 위에는 여의운두(如意雲頭) 두 점이 마주한 사이로 보름달이 떠 있다. 달그림자와 구름의 좌우와 가운데에는 별자리를 새겼는데, 오른쪽은 북두칠성이고 그 사이에는 각양각색의 여의운두가 섞여 있다. 꼭지 아래쪽에 다리가 있고 다리 밑으로는 파도가 일고 있다. 왼쪽 중간에 선 부인은 두 갈래 고계(高髻)를 하고 넓은 띠에 넉넉한 옷을 입었으며 뒤에는 시녀(侍女) 두 명이 따르고 있다. 꼭지 오른쪽 중간에 부채를 들고 선 선비는 높은 관을 쓰고 넉넉한 옷을 입었으며 뒤에는 시동(侍童) 두 명이 따르고 있다. 주제문양의 바깥쪽에는 좁은 철현문(凸弦紋)이 둘러져 있으며 연(緣) 오른쪽에 명문(銘文)이 있는 듯하나 희미하여 보이지 않는다. 이 도안 내용에 대해서는 의견이 분분한데 혹자는 견우직녀가 오작교에서 만나는 이야기라 추측한다.

황비창천해박경 (煌丕昌天海舶鏡)

금(金) | 지름 17cm 무게 0.63kg
1979년 6월 서안시(西安市) 문물상점에서 넘겨받음

Mirror with Sealing Boat Patterns and 'Huang Pi Chang Tian' Inscriptions

Jin Dynasty(1115AD~1234AD)
D 17cm 0.63kg
Transferred by Xi'an Culture Relic shop in Jun 1979

동경(銅鏡)은 팔판능화형(八瓣菱花形)으로 꼭지는 동그랗다. 뒷면에는 물결무늬가 가득 깔린 가운데 돛을 내린 배 한 척이 뱃머리와 배의 뒷부분에 사람을 가득 태운 채 파도가 일렁이는 바다 위에서 나아가고 있다. 파도가 세차 물보라가 일고 그 사이에는 꽃잎이 어우러져 있다. 꼭지 위쪽에는 "煌丕昌天(황비창천)"이라는 명문(銘文)이 있는데 화창한 하늘을 뜻하는 것으로 '천하안창(天下安昌)'과 비슷한 의미이다. 글씨체는 과두체(蝌蚪體)의 변형인 것 같다. 뒷면 문양은 사람들이 위험을 두려워하지 않고 바다를 건너는 모습을 그린 듯하다. 이 동경은 금대(金代)에 가장 특색 있는 유형 중 하나이다.

144

팔선과해경(八仙過海鏡)

금(金) | 지름 23.1cm 무게 1.69kg
1983년 서안시(西安市) 문물상점에서 넘겨받음

Mirror with 'the Eight Immortals
Crossing the Sea' Motif

Jin Dynasty(1115AD~1234AD)
D 23.1cm 1.69kg
Transferred by Xi'an Culture Relic shop in 1983

동경(銅鏡)은 원형(圓形)으로 동그란 꼭지는 정수리가 평평하고 소연(素緣)은 좁다. 뒷면에는 하늘과 물이 맞닿고 윗부분에는 두루미 두 마리가 상운(祥雲) 속에서 날고 있다. 아랫부분에는 파도가 일렁이고 물보라가 이는 수면에 선인(仙人) 여덟을 고부조(高浮彫)로 새겼다. 형태가 제각각인 선인들은 갖가지 법기(法器)를 들고 바다를 건너고 있다.

팔선(八仙) 이야기는 흔히 당송원명대(唐宋元明代) 문인들의 기록에 보인다. 그중의 인물은 모두 도교(道教)에서 신봉하는 신선(神仙)이지만 여러 가지 설이 존재한다. 널리 전해진 선인으로는 철괴이(鐵拐李), 한종리(漢鐘離), 장과로(張果老), 여동빈(呂洞賓), 한상자(韓湘子), 하선고(何仙姑), 남채화(藍采和), 조국구(曹國舅)가 있으며 명대(明代) 오원태(吳元泰)의 『팔선출처동유기전(八仙出處東遊記傳)』에서 확정되었다. 그러나 이 동경에 새겨진 팔선의 형상과 지니고 있는 지팡이 · 초선(蕉扇) · 비고(鼙鼓) · 홀판(笏板) · 피리 · 퉁소 등 법기(法器)를 보면 상술한 팔선과 비슷하다. 이를 보면 팔선의 이름과 순서가 확정된 시기를 금원(金元) 시기로 앞당길 수도 있을 듯하다. 또한 민간전설은 구전이 앞서며 기록으로 나타나는 데는 상당한 시간이 필요하다. 따라서 동경 등과 같은 일상생활용품에 먼저 반영되었을 가능성이 있다.

145

달마도해경(達磨渡海鏡)

금(金) | 지름 14.9cm 무게 0.46kg
1983년 서안시(西安市) 문물상점에서 넘겨받음

**Mirror with 'Master Damohr
Crossing the Sea' Motif**

Jin Dynasty(1115AD~1234AD)
D 14.9cm 0.46kg
Transferred by Xi'an Culture Relic shop in 1983

동경(銅鏡)은 팔판능화형(八瓣菱花形)으로 꼭지는 동그랗다. 뒷면에는 파도가 세차고 물보라가 가득하다. 꼭지 오른쪽에는 가사(袈裟)를 입은 승려가 손에 삿갓을 들고 옷자락을 휘날리며 일엽편주(一葉片舟)로 바다를 건너고 있다. 꼭지 왼쪽에는 어룡(魚龍) 한 마리가 수면에 솟아올라 운무(雲霧)를 내뿜고 있으며 피어오른 운무 사이로 절이 떠 있다. 인물 조형이 생동감 있고 지극히 사실적이며 새김이 뚜렷한데 선이 간결하고 거침없다.

인물고사경(人物故事鏡)이란 신선경(神仙鏡)을 제외한 인물 형상과 구도가 있는 모든 동경을 말한다. 이 같은 동경은 일상생활에 대한 기록이고 묘사이며 기대를 표현한다.

이 동경의 장식문양은 '달마가 바다를 건너다(達磨渡海)'라는 불교 전설에서 제재를 따온 것이다. 이 같은 인물고사경은 오대(五代), 송대(宋代), 금대(金代) 사람들의 원정과 탐험 정신을 반영한 것으로 힘과 자신감을 보여준다. 이 시기 동경의 미학적 조형은 사상성과 심미성이 완벽한 조화를 이루어 높은 수준에 이르렀다.

146

선인귀학경(仙人龜鶴鏡)

금(金) | 지름 14.5cm 무게 0.54kg
1974년 서안시(西安市) 백대양(大白楊) 재활용품 창고 수집

Mirror with Immortal Being,
Tortoise and Crane Motif

Jin Dynasty(1115AD~1234AD)
D 14.5cm 0.54kg
Collected in Dabaiyang Warehouse, Xi'an in 1974

동경(銅鏡)은 원형(圓形)으로 꼭지는 둥그렇고 평평하며 소연(素緣)은 넓고 평평하다. 뒷면 오른쪽 연(緣)과 가까운 부분에는 잎이 무성한 나무가 있는데 나뭇가지가 윗부분까지 뻗어나갔다가 아래로 늘어졌다. 나무 밑에는 긴 수염의 선인(仙人)이 장포(長袍)를 입고 단정하게 앉아 있으며 머리에는 두광(頭光)이 있다. 꼭지 왼쪽에는 한 사람이 두 손으로 쟁반을 받쳐 든 채 상운(祥雲)을 타고 선인을 향해 오고 있다. 꼭지 아래쪽에는 목을 내민 채 머리를 쳐든 거북과 목을 굽히고 머리를 돌린 두루미가 있다. 주변에는 죽초(竹草)가 무성하다. 꼭지 윗부분 직사각형 틀 안에는 "馬家造(마가조)"라는 글자가 있고 꼭지에도 "馬(마)"자가 새겨졌다.

신선(神仙) 이야기는 송금대(宋金代) 동경의 주요한 장식 제재였다. 이 동경은 꼭지 윗부분이 평평하고 명문(銘文) 또한 송대(宋代)의 호주경(湖州鏡)이나 요주경(饒州鏡)과 같이 세로로 새겨지지 않았다. 아마 금대(金代)의 장인들이 송대 동경의 일부 제작기법을 배워서 만든 듯하다. 금대에 북방 지역에서는 송대 동경을 모방하는 경우가 많았다.

198

147

선인영록구병경(仙人靈鹿具柄鏡)

금(金) | 지름 8.1cm 손잡이 길이 8.1cm 무게 0.14kg
1979년 서안시(西安市) 문물상점에서 넘겨받음

Handled Mirror with Immortal and Deer Motif

Jin Dynasty(1115AD~1234AD)
D 8.1cm handle L 8.1cm 0.14kg
Transferred by Xi'an Culture Relic shop in 1979

동경(銅鏡)은 원형(圓形)으로 손잡이가 길고 연부(緣部)
는 약간 넓으며 연(緣)의 가장자리가 손잡이의 가장자리 위
에 놓였다. 뒷면의 중앙에는 발계(髮髻)를 하고 학창(鶴氅)
을 입은 선인(仙人)이 왼쪽에서 목을 길게 빼들고 사뿐사
뿐 걸어오는 사슴을 돌아보고 있다. 오른쪽에는 잎이 무성
한 대나무가 있다. 위쪽 두 동그라미 안에는 "德(덕)"과 "화
(和)" 자가 새겨져 있다. 전체 구도가 세련되고 인물이 생동
감이 넘치며 필묵의 정취가 느껴진다.

148

선인귀학구병경(仙人龜鶴具柄鏡)

금(金) | 지름 9.7cm 손잡이 길이 8.2cm 무게 0.28kg
1979년 서안시(西安市) 문물상점에서 넘겨받음

Handled Mirror with Immortal, Deer and Crane Motif

Jin Dynasty(1115AD~1234AD)
D 9.7cm handle L 8.2cm 0.28kg
Transferred by Xi'an Culture Relic shop in 1979

동경(銅鏡)은 원형(圓形)으로 손잡이가 길고 소연(素緣)이다. 주요
부분에는 소매가 넓은 두루마기를 입은 사람이 단정하게 앉아 있고
그 뒤에는 시자(侍者)가 물건을 들고 서 있다. 오른쪽에는 나뭇가지가
윗부분까지 비스듬히 자란 나무 한 그루가 있다. 나뭇가지 끝에는 붉
은 해가 떠 있고 구름 위에는 두루미가 날고 있으며 땅에는 거북이 기
어가고 있다. 연부(緣部)에는 가는 잎의 당초문(唐草紋) 한 바퀴가 둘
러져 있고 손잡이에는 화초문(花草紋)이 장식되어 있다. 동경의 가장
자리는 손잡이 가장자리 위에 놓여 있다.

149

선인송학경(仙人松鶴鏡)

금(金) | 지름 16.3cm 무게 0.66kg
1979년 서안시(西安市) 문물상점에서 넘겨받음

Mirror with Immortal Being and
Crane Motif

Jin Dynasty(1115AD~1234AD)
D 16.3cm 0.66kg
Transferred by Xi'an Culture Relic shop in 1979

동경(銅鏡)은 원형(圓形)으로 꼭지는 비뉴(鼻鈕)이고 소연(素緣)은 좁다. 꼭지의 왼쪽에는 잎이 무성한 고송(古松) 한 그루가 꼭지 위쪽에까지 뻗어 있으며 그 아래로 가옥 대문이 보인다. 열린 문 사이로 시동(侍童) 한 명이 두 손에 물건을 든 채 걸어 나와 꼭지 오른쪽에 있는 선인(仙)을 향하였다. 탈속한 기품을 지닌 선인은 왼손으로 구레나룻을 쓰다듬으면서 오른손을 오른쪽 무릎 위에 얹은 채 암석 위에 가부좌(跏趺坐)를 틀고 앉아 있다. 오른쪽에 서 있는 시동은 왼손으로 보병(寶瓶)을 받쳐 들고 오른손으로 무엇을 가리키는데 선인과 함께 꼭지 아래쪽에 있는 두루미를 보고 있는 듯하다. 두루미는 목을 구부린 채 머리를 돌려 깃을 다듬으면서 날갯짓하고 있다. 아래쪽 출렁이는 강물에는 파도가 일고 있다. 이 도안은 장수(長壽)와 길상(吉祥)의 의미를 담고 있지만 구체적인 인물 이야기는 향후 자세한 고증이 필요하다. 금대(金代)에 유행했던 잡극에서 소재를 얻은 것으로 추정된다.

150

당왕유월궁고사경(唐王遊月宮故事鏡)

금(金) | 지름 16.7cm 무게 0.68kg
1983년 서안시(西安市) 문물상점에서 넘겨받음

Diamond Shaped Mirror with
Emperor in Moon Palace Motif

Jin Dynasty(1115AD~1234AD)
D 16.7cm 0.68kg
Transferred by Xi'an Culture Relic shop in 1983

동경(銅鏡)은 팔판능화형(八瓣菱花形)으로 꼭지는 동그랗다. 꼭지 오른쪽 구름 끝에는 높고 큰 치미가 달린 궁궐이 있는데 기와 위로 "人(인)" 자 아치가 보인다. 못으로 장식된 대문은 반쯤 열려 있으며 한 사람이 문을 잡고 몸을 기울여 먼 곳을 바라보고 있다. 꼭지 왼쪽에는 잎이 무성한 계수나무 한 그루가 있다. 꼭지 오른쪽 아래에는 장포(長袍)를 입고 띠를 맨 사람이 기슭에 있는 의자에 앉아 있고 양옆에는 부채를 든 시동(侍童)이 한 명씩 서 있다. 왼쪽 아래에는 작은 다리 하나가 있다. 다리 왼쪽 끝에는 관모(官帽)를 쓴 사람이 허리를 굽힌 채 두 손을 모으고 있고 오른쪽 끝에는 한 사람이 번(幡)을 든 채 고개를 돌려 손가락으로 의자에 앉은 사람을 가리키고 있는데, 전자를 안내하는 듯하다. 연부(緣部)의 한쪽에는 점검한 표기가 있으나 "官(관)" 자와 화압(花押)만 식별이 가능하다. 화면 내용이 풍부하고 구도가 잘 짜였다.

도안은 '당현종이 월궁을 노닐다(唐王游月宮)'라는 이야기에서 따온 것이다. 안사(安史)의 난(亂) 때 양귀비가 마외(馬嵬)에서 스스로 목매달아 죽었는데 반란을 평정한 뒤 촉(蜀)에서 장안(長安)으로 돌아온 현종(玄宗)은 밤낮으로 양귀비를 그리워하였다. 공주(邛州)에 살던 도사(道士) 이통(李通)이 이를 알고 도술을 부려 현종의 꿈속에서 두 사람이 월궁(月宮)에서 만나도록 하였다. 이 이야기는 백거이(白居易)의 「장한가(長恨歌)」를 바탕으로 민간에서 변형된 것이다.

151

서우망월경(犀牛望月鏡)

금(金) | 지름 17.9cm 무게 0.65kg

Mirror with 'Rhinoceros Looking
at the Moon' Motif

Jin Dynasty(1115AD~1234AD)
D 17.9cm 0.65kg

동경(銅鏡)은 원형(圓形)으로 동그란 꼭지는 정수리가 평평하며 소연(素緣)이다. 뒷면 왼쪽, 윗부분 연(緣)과 가까운 곳에는 보름달이 떠 있고, 달 아래로는 상운(祥雲)이 감돌며 오른쪽에는 별자리가 있다. 아래쪽 출렁이는 강물에는 파도가 일고 물보라도 군데군데 보인다. 맨 아래쪽에는 소 한 마리가 강기슭에서 엎드려 숨을 내쉬고 있다. 연의 오른편에는 "陝西東路鑄鏡所官(섬서동로주경소관)"이라는 명문(銘文)과 화압(花押)이 새겨져 있다. 글자체가 가늘고 뚜렷하지만 흩어지고 바르지 않다.

이 동경의 제재는 '물소가 달을 처다보다(犀牛望月)'라는 전설에서 따온 것으로 주제문양은 엎드린 소, 보름달, 산수와 구름이다. 강남(江南)에서 나서 자란 물소가 더위를 무서워하였는데 하늘의 달을 해로 착각하여 숨이 가빠하였다고 한다. 이 이야기는 물과 농경생활과의 관계를 반영하였다.

152

서우망월경(犀牛望月鏡)

금(金) | 지름 12.3cm 무게 0.29kg
1983년 서안시(西安市) 문물상점에서 넘겨받음

Mirror with 'Rhinoceros Looking
at the Moon' Motif

Jin Dynasty(1115AD~1234AD)
D 12.3cm 0.29kg
Transferred by Xi'an Culture Relic shop in 1983

동경(銅鏡)은 원형(圓形)으로 동그란 꼭지는 정수리가 평평하며 소연(素緣)이다. 꼭지의 위쪽 왼편에는 실구름 사이로 초승달이 떠 있고, 오른편에는 은하수를 사이에 두고 양쪽에 별자리 하나가 마주하여 있다. 꼭지 아래쪽 물속 모래톱에는 소 한 마리가 엎드려 달을 올려다보고 있다. 꼭지 좌우에는 파도가 넘실댄다. 연(緣)과 가까운 부분에는 S형의 만초문(蔓草紋)과 "陝西東路鑄鏡所官□(섬서동로주경소관□)"이라는 음각으로 새겨진 명문(銘文)이 있다.

153

인물고사경(人物故事鏡)

금(金) | 지름 13.3cm 무게 0.31kg
1983년 서안시(西安市) 문물상점에서 넘겨받음

Mirror with Human Figures

Jin Dynasty(1115AD～1234AD)
D 13.3cm 0.31kg
Transferred by Xi'an Culture Relic shop in 1983

동경(銅鏡)은 원형(圓形)으로 동그란 꼭지는 정수리가 평평하며 소연(素緣)도 평평하다. 꼭지 왼쪽에는 울타리 안에 파초(芭蕉)를 심었고 그 위에는 꽃나무 한 그루가 있다. 이는 '녹음이 우거지고 열매가 가득 달린 수확의 계절(綠葉成蔭子滿枝)'이라는 뜻을 담고 있다. 꼭지 오른편에는 한 사람이 병풍 앞자리에 기대어 앉아 있다. 왼편 아래쪽에는 머리에 연꽃을 인 동자(童子)가 몸을 돌려 오른손으로 뒤의 고사(高士)를 가리킨다. 고사는 두건을 쓰고 유의(襦衣)를 입었으며 두 손에 거문고를 받쳐 들었고 그 뒤로는 자질구레한 물건을 든 동자 한 명이 따르고 있다.

문양은 구도가 빈틈없다. 화훼(花卉)는 왼편 위쪽, 인물은 오른편 아래쪽에 배치한 것이 송원대(宋元代)의 회화구도기법 중 한쪽에 주체를 그리고 나머지 한쪽은 비워두는 기법과 비슷한데 단지 동경의 동그란 형태 때문에 약간의 변화가 있다. 최근 연구에 의하면 이런 도안은 금대(金代)에 유행했던 「월야문쟁(月夜聞箏－달밤에 거문고를 듣다)」이라는 잡극에서 따온 것일 수도 있으나 이야기의 구체적인 내용에 대해서 알려진 바가 없다.

154

인물고사경(人物故事鏡)

금(金) | 지름 21.1cm 무게 1.46kg
1969년 서안시 북서촌(西安市 北徐村) 출토

Mirror with Human Figures

Jin Dynasty(1115AD~1234AD)
D 21.1cm 1.46kg
Excavated from Beixu Village, Xi'an in 1969

동경(銅鏡)은 원형(圓形)으로 꼭지는 둥그렇고 소연(素緣)은 평평하다. 뒷면 왼쪽에 있는 잎이 무성한 큰 나무는 나뭇가지가 꼭지 위쪽까지 뻗었다. 나무 아래로 대문 하나가 보이고 나무 뒤 담벼락으로 사람 하나가 몸을 내밀었다. 반쯤 열어놓은 대문 앞으로 계단이 나 있으며 계단 옆에는 잡초가 있다. 계단 앞에서는 사람 하나가 맞은편 시자(侍者)를 거느린 사람에게 읍(揖)하고 있다. 시자는 뒤편에서 말을 끌고 있으며 말은 머리 숙여 물을 마시려는 듯하다. 뒤쪽으로 다리 하나가 보이며 다리 아래 졸졸 흐르는 시냇물은 아래쪽에 있는 강으로 흘러든다. 이 동경은 당시의 잡극(雜劇)에서 소재를 취한 듯한데 구체적인 내용은 이후 자세한 고증이 필요하다.

155

인물고사경(人物故事鏡)

금(金) | 지름 10cm 무게 0.16kg
1974년 서안시(西安市) 백대양(大白楊) 재활용품 창고 수집

Mirror with Human Figures

Jin Dynasty(1115AD~1234AD)
D 10cm 0.16kg
Collected in Dabaiyang Warehouse, Xi'an in 1974

동경(銅鏡)은 원형(圓形)으로 꼭지는 비뉴(鼻鈕)이고 소연(素緣)이다. 연(緣) 안쪽 주요 부분 주위에는 철현문(凸弦紋)이 둘러져 있다. 꼭지 위쪽에는 두 산이 마주하고 있는데 그 사이로 폭포수가 아래쪽 담연(潭淵)으로 쏟아진다. 왼쪽 산자락에는 기러기 두 마리가 날고 있고 아래쪽 가로놓인 돌 위에는 복두(幞頭)를 쓰고 장포(長袍)를 입은 사람이 오른손을 앞으로 내밀고 있는데 마치 그윽하고 아름다운 경치를 찾아온 듯하다. 꼭지 아래쪽 못에는 거북 한 마리가 목을 내민 채 산기슭을 향해 헤엄치고 있다. 산기슭에는 활짝 핀 꽃 한 송이와 그 아래 한 쌍의 물새가 있다. 전체 화면은 구도가 꽉 차고 표현도 생동감이 있다.

156

인물고사경(人物故事鏡)

금(金) | 지름 13.1cm 무게 0.28kg
1980년 6월 서안시(西安市) 백대양(大白楊) 재활용품 창고 수집

Mirror with Human Figures

Jin Dynasty(1115AD~1234AD)
D 13.1cm 0.28kg
Collected in Dabaiyang Warehouse, Xi'an in Jun 1980

동경(銅鏡)은 원형(圓形)으로 꼭지는 비뉴(鼻鈕)이고 소연(素緣)은 평평하다. 꼭지 오른편에는 한쪽으로 기운 운계(雲髻)를 한 부인이 옅은 화장에 헐렁한 옷을 입고 서 있다. 그 앞으로 잎이 무성한 소나무 한 그루가 비스듬하게 하늘 높이 솟아 있다. 부인의 앞뒤로 바위도 있다. 꼭지 위쪽에는 구름이 둥둥 떠 있고 왼쪽으로는 먼 산이 은은하게 보이며 아래쪽에는 시냇물이 졸졸 흐른다.

금대(金代)의 동경은 인물(人物)과 산수(山水)를 섬세하고 생생하게 표현하였는데 일부 산수화기법도 녹여내었고 기법이 완숙하다.

인물고사구병경(人物故事具柄鏡)

금(金) | 지름 8.5cm 손잡이 길이 6.8cm 무게 0.2kg
1983년 서안시(西安市) 문물상점에서 넘겨받음

Handled Mirror with Human Figures

Jin Dynasty(1115AD~1234AD)
D 8.5cm Handled L 6.8cm 0.2kg
Transferred by Xi'an Culture Relic shop in 1983

동경(銅鏡)은 원형(圓形)이며 긴 손잡이가 달렸다. 연부(緣部)는 좁고 약간 높은 편이며 연(緣)의 가장자리가 손잡이 가장자리 위에 놓였다. 뒷면 오른편에 곧게 뻗은 대나무 두 그루가 있고 그 아래에는 화려한 옷을 차려입은 귀부인이 고개를 돌려 비단부채 손잡이로 강아지를 어르고 있다. 왼쪽에 있는 동자(童子) 역시 허리를 굽히고 박수치면서 강아지를 어르는 듯하다. 왼쪽 윗부분에 있는 여의운두(如意雲頭)에는 두루미가 날개를 펴고 날고 있다. 손잡이는 위쪽에 화압(花押), 아래쪽에 동물 형상이 있는데 관부에서 감독하는 동경 작방(作坊)의 상호(商號)나 도장(圖章)으로 추측된다.

이 동경의 장식문양은 부조(浮彫)로 입체감이 뛰어나고 생활의 정취가 짙은데 금대(金代)에 흔히 볼 수 있는 제재이다.

인물고사구병경(人物故事具柄鏡)

금(金) | 지름 8.6cm 손잡이 길이 8cm 무게 0.22kg
1972년 서안시(西安市) 백대양(大白楊) 재활용품 창고 수집

Handled Mirror with Human Figures

Jin Dynasty(1115AD~1234AD)
D 8.6cm Handle L 8cm 0.22kg
Collected in Dabaiyang Warehouse, Xi'an in 1972

동경(銅鏡)은 원형(圓形)으로 손잡이가 길고 소연(素緣)은 평평하다. 뒷면 오른편 위쪽에 솔방울이 주렁주렁 달린 노송(老松)이 있고 나무 밑에서는 동자(童子) 세 명이 놀고 있다. 한 명은 쭈그리고 앉아 오른손을 들어 악기를 두드리는 듯하고 뒤의 두 명은 덩실덩실 춤추고 있는데 발 옆에는 동전 몇 닢이 놓여 있다. 왼편에는 띠를 두른 남자 하나가 박판(拍板)을 두드리며 춤추고 있다. 손잡이의 윗부분에 명문(銘文) 하나가 있는 듯하고 중간 부분에는 거는 데 필요한 동그란 구멍이 나 있다.

이 동경에 있는 인물 이야기는 보기 드문 편이라 더 자세한 고증이 필요하다. 그러나 이는 이미 송대(宋代) 동경에서 자주 보이는 왕질관혁(王質觀弈 ─ 왕질이란 사람이 산에서 나무를 하다가 쉴 참에 두 사람이 바둑 두는 것을 구경하였는데 바둑이 끝나니 모든 것이 사라지고 도끼자루마저 썩어 있었다. 집에 돌아와 보니 이미 100년이 흐른 뒤였다)이나 영척반우(寧戚飯牛 ─ 영척이 길가에서 소를 먹이다 소의 뿔을 두드리며 백석가를 불렀는데 이를 들은 제환공이 그와 이야기를 나눈 후 대부로 삼았다), 선인도해(仙人渡海) 등 제재가 아니라 금대(金代) 동경에 많이 나타나는 동자반화지(童子攀花枝) 도안을 취하였다. 연부(緣部)의 가장자리는 손잡이 가장자리 위에 놓였다.

159

죽매구병경(竹梅具柄鏡)

금(金) | 지름 14.6cm 손잡이 길이 11.8cm 무게 1.1kg
1993년 9월 서안시 안탑구 하가촌(西安市 雁塔區 何家村) 출토

Handled Mirror with Bamboo and Plum Tree Patterns

Jin Dynasty(1115AD∼1234AD)
D 14.6cm Handle L 11.8cm 1.1kg
Excavated from Hejia Village in Yanta District, Xi'an in Sep 1993

동경(銅鏡)은 원형(圓形)으로 손잡이가 길고 소연(素緣)이다. 주제 문양은 연못이다. 아래쪽에는 못, 위쪽에는 초승달과 구름, 오른쪽에는 복숭아꽃, 왼쪽에는 기석(奇石)과 풀이 있다. 이는 중국화(中國畵) 중 전통적인 연못 제재를 취한 것이다.

이 장식문양은 산점(散點) 구도로 그 심미적 가치가 다른 장식문양보다 훨씬 더 강하다. 이 동경에서는 고요한 강물에 모습이 비치는 현상이 충분히 반영되었다. 송대(宋代)와 금대(金代)에 이르러 동경 장식문양의 도안과 부호는 새로운 단계로 발전하였다. 동경 손잡이는 당송(唐宋) 시기에 나타났으며 송대와 금대의 손잡이 동경은 조금 차이가 있다. 송대의 손잡이 동경은 연부(緣部)의 가장자리가 손잡이 가장자리와 서로 이어졌지만 금대의 것은 연부의 가장자리가 손잡이 가장자리 위에 놓였다.

160

동자반지경(童子攀枝鏡)

금(金) | 지름 14.3cm 무게 0.43kg
1974년 서안시(西安市) 백대양(大白楊) 재활용품 창고 수집

Mirror with Boys in Flower Twigs Patterns

Jin Dynasty(1115AD∼1234AD)
D 14.3cm 0.43kg
Collected in Dabaiyang Warehouse, Xi'an in 1974

동경(銅鏡)은 원형(圓形)으로 동그란 꼭지는 정수리가 평평하며 유좌(鈕座)는 둥글고 넓은 연부(緣部)는 약간 오목하다. 유좌에는 "盤溝左字王家造(반구좌자왕가조)"라는 명문(銘文)이 반서(反書-거꾸로 쓴 글자)로 양각되었다. 주요 부분에는 짧은 섶의 옷을 입은 동자(童子) 셋이 국화꽃 사이에서 가지를 잡고 놀고 있다. 인물 조형이 사실적이고 생동감이 있으며 화훼(花卉)도 간결하고 정확하게 표현하였다. 구도는 장식 효과를 띠었으며 근대의 연화(年畵)와 비슷하다.

161

화훼금조경(花卉禽鳥鏡)

금(金) | 지름 19.2cm 무게 0.9kg
1983년 서안시(西安市) 문물상점에서 넘겨받음

Mirror with Flower and Bird Patterns

Jin Dynasty(1115AD~1234AD)
D 19.2cm 0.9kg
Transferred by Xi'an Culture Relic shop in 1983

동경(銅鏡)은 원형(圓形)으로 동그란 꼭지는 정수리가 평평하며 소연(素緣) 또한 평평한데 연(緣) 안쪽으로 한 바퀴를 오목하게 새겨 대(臺)를 이루었다. 꼭지의 좌우에는 사판화(四瓣花)가 한 송이씩 있으며 위아래에는 굵은 가지와 큰 잎, 그리고 세세한 꽃들이 가득한 절지화(折枝花)가 있다. 새들은 목을 빼들고 주둥이로 꽃을 쪼려 하는데 정취가 넘친다.

이 동경의 장식문양은 저부조(低浮彫)로 새겼으며 도법(刀法)이 대범하고 질박하다. 섬세한 꾸밈이 적으나 새나 꽃가지가 생동감이 넘친다. 연, 꼭지, 꽃무늬로 보아 금대(金代) 동경으로 추측된다.

162

작요화지구병경(鵲繞花枝具柄鏡)

금(金) | 지름 9.7cm 손잡이 길이 8.8cm 무게 0.34kg
1979년 6월 서안시(西安市) 문물상점에서 넘겨받음

Handled Mirror with Sparrow and Flower Twig Patterns

Jin Dynasty(1115AD~1234AD)
D 9.7cm Handled L 8.8cm 0.34kg
Transferred by Xi'an Culture Relic shop in Jun 1979

동경(銅鏡)은 원형(圓形)으로 소연(素緣)이며 손잡이는 꽃병 형태이다. 뒷면은 철릉(凸稜) 한 바퀴에 의해 두 부분으로 나뉘었다. 내구(內區)의 문양은 녹슬어 알아보기 힘들다. 외구(外區)에는 까치가 꽃가지 사이에서 날거나 서 있다. 손잡이는 아래위 연좌(連座) 사이에 보병(寶瓶)을 끼워 넣은 형태이다.

작요화지(鵲繞花枝)는 동경 문양 중의 중요한 제재이다. '시집올 때 거울이 여전하니, 까치도 능화도 빛이 나는구나(嫁時寶鏡依然在, 鵲影菱花滿光彩)', '비작경 앞에서 화장 고치네(飛鵲鏡前梳粧新)' 등의 시가 바로 이런 유형의 동경을 읊은 것이다.

163

해수파도경 (海水波濤鏡)

금(金) | 지름 16.4cm 무게 0.56kg
1977년 서안시(西安市) 백대양(大白楊) 재활용품 창고 수집

Mirror with Sea Wave Patterns

Jin Dynasty(1115AD∼1234AD)
D 16.4cm 0.56kg
Collected in Dabaiyang Warehouse, Xi'an in 1977

동경(銅鏡)은 원형(圓形)으로 동그란 꼭지는 정수리가 평평하며 소연(素緣)도 평평하다. 뒷면 주요 부분에는 물결문양으로 가득 찼으며 파도가 일렁인다. 그 외 해서체(楷書體)로 된 16자 명문대(銘文帶)는 시계바늘 방향으로 읽으면 "陝西東路轉運司鑄鏡局監造官錄判張(섬서동로전운사주경국감조관록판장)"이란 압인(押印)이다.

해수문(海水紋)은 금대(金代)의 해박경(海舶鏡), 쌍어경(雙魚鏡), 유의전서경(柳毅傳書鏡), 신선인물경(神仙人物鏡) 등에서 자주 보인다. 금대에는 동금(銅禁)을 실행함으로써 민간에서 동경을 제조하는 것이 금지되었다. 관(官)에서 동경 제조를 관리하고 그 위에 압인을 새겼으므로 압인은 다른 역대 동경들과 구별되는 중요한 표지가 되었다.

164

화훼금조경 (花卉禽鳥鏡)

원(元) | 지름 19.9cm 무게 1.4kg
1972년 서안시 미앙구(西安市 未央區) 수집

Mirror with Flower and Bird
Patterns

Yuan Dynasty(1271AD~1368AD)
D 19.9cm 1.4kg
Collected in Weiyang District of Xi'an in 1972

동경(銅鏡)은 원형(圓形)으로 꼭지는 동그랗고 소연(素緣)이다. 뒷면 중심에는 호석(湖石)이 있고 오른쪽에는 가지와 잎이 무성한 활엽식물이 꼭지를 넘어갔다. 연(緣) 가까이에는 대나무가 있다. 꼭지 윗부분에는 까치 두 마리가 하늘을 가르면서 날고 있는데 하나는 날개를 활짝 펼쳤고 다른 하나는 목을 구부려 선회하고 있다. 꼭지 아래쪽에는 학 네 마리가 있다. 오른쪽 하나는 발을 움츠린 채 서 있고 가운데 둘은 목을 내민 채 먹이를 쪼고 있으며 왼쪽 하나는 목을 굽혀 발을 핥고 있는데 자태가 우아하다. 문양은 저부조(低浮彫)로 새겼는데 질박한 기법은 민간(民間) 전지(剪紙)기법과 비슷하다.

211

165

쌍봉화훼경 (雙鳳花卉鏡)

원(元) | 지름 20.5cm 무게 1.13kg

Mirror with Flower Patterns and
Double Phoenixes

Yuan Dynasty(1271AD~1368AD)
D 20.5cm 1.13kg

동경(銅鏡)은 원형(圓形)으로 동그란 꼭지는 정수리가 평평하며 유좌(鈕座)는 이중연판형(二重蓮瓣形)이고 소연(素緣) 역시 평평하다. 주요 부분에는 봉황 두 마리가 동일한 방향으로 꼭지를 에워싸고 춤추고 있다. 꼬리와 꽃이 사이사이 있고 머리도 여러 꽃과 어우러졌다. 뒷면의 문양은 저부조(低浮彫)로 완성되었는데 끊긴 듯 이어진 듯 끊임없이 펼쳐진다. 꽃밭에 묻힌 봉황새문양도 휘감긴 넝쿨과 흡사하여 시원한 가운데 수려함을 더한다.

국화경(菊花鏡)
명(明) | 지름 18.5cm 무게 0.78kg
1979년 서안시(西安市) 문물상점에서 넘겨받음

Mirror with Chrysanthemum
Patterns

Ming Dynasty(1368AD~1644AD)
D 18.5cm 0.78kg
Transferred by Xi'an Culture Relic shop in 1979

동경(銅鏡)은 원형(圓形)으로 다리 모양 꼭지, 동그란 유좌(鈕座), 테두리가 말린 입장식(立墻式) 연부(緣部)가 있다. 유좌 바깥쪽에는 오목한 환대문(環帶紋) 한 바퀴가 둘러져 있으며 그 바깥에는 국화 세 송이가 있다. 모두 돌기를 꽃술로 하였는데 꽃잎은 모양이 제각 각으로 돌기 8개를 꽃술로 하고 꽃잎 한 바퀴만 있는 것이 있는가 하면 연주문(聯珠紋)을 꽃술로 하고 꽃잎 두 바퀴가 있는 것 그리고 쌍선(雙線)으로 꽃잎을 새긴 것이 있다. 빈 공간은 국화잎으로 채웠다. 전체 화면은 전통적인 백묘법(白描法)과 유사하며 반듯함과 기울어짐, 굽어봄과 쳐다봄이 조화를 이루었다.

국화경(菊花鏡)은 송대(宋代) 이후로 유행하였는데 형태는 주로 육판(六瓣) 또는 팔판(八瓣)의 능화(菱花)와 규화(葵花) 모양이며 당대(唐代) 보상화(寶相花)를 정면으로 본 모습이다. 이 동경은 꽃무늬가 다양하고 그 선이 거침없으며 필법이 자유롭다. 또한 문양이 장식 용도를 벗어나 자연을 묘사함으로써 명대(明代)만의 풍격을 지녔다.

167

운룡문경(雲龍紋鏡)

명(明) | 지름 10.5cm 무게 0.28kg
1983년 서안시(西安市) 문물상점에서 넘겨받음

Mirror with Dragon Patterns

Ming Dynasty(1368AD~1644AD)
D 10.5cm 0.28kg
Transferred by Xi'an Culture Relic shop in 1983

동경(銅鏡)은 원형(圓形)으로 꼭지는 삼산뉴(三山鈕)이며 소연(素緣)이다. 꼭지 오른쪽에 구름을 타고 나는 용이 있는데 머리가 꼭지 아래쪽에 있고 몸통이 구불구불 위로 뻗어 나갔다. 앞다리 둘은 쭉 펴고 뒷다리 중 왼쪽 것은 꼬리와 얽혔으며 오른쪽 것은 발톱 5개만 보인다. 용머리 앞에는 여의운두(如意雲頭)가 있고 은은하게 보이는 호선(弧線) 바탕문양은 일렁이는 바닷물을 나타낸다. 꼭지 왼쪽에 "洪武二十二年正月日造(홍무22년(1389) 정월일조)"라는 전서체(篆書體) 명문(銘文)이 있다.

이 같은 동경은 각지에서 다수 발견되었으며 명대(明代)에 유행했던 대표적인 종류이다. 용은 머리를 쳐들고 꼬리를 흔드는 모양인데 송원(宋元) 이후 더욱 구체적이고 형태도 더욱 구부러지게 표현해 힘차고 거침이 없다.

168

동자반지경(童子攀枝鏡)

명(明) | 지름 13.6cm 무게 0.36kg
1979년 서안시(西安市) 문물상점에서 넘겨받음

Mirror with Boys in Flower Twigs
Patterns

Ming Dynasty(1368AD~1644AD)
D 13.6cm 0.36kg
Transferred by Xi'an Culture Relic shop in 1979

동경(銅鏡)은 원형(圓形)으로 꼭지는 동그랗고 연부(緣部)는 입장식(立墻式)이며 테두리가 말렸다. 연(緣) 가까이에는 두 줄로 된 꽃잎 모양의 볼록한 곡선 한 바퀴가 둘러져 있다. 주제문양은 쌍계(雙髻)에 짧은 윗옷, 좁은 바지를 입은 동자(童子) 넷으로 이들은 끊긴 듯 이어지는 나팔꽃 밭에서 꽃가지에 기대거나 매달려 있다. 전체 화면은 활발하고 유쾌한 분위기가 넘친다.

고대(古代) 동경에서 아동을 장식문양 소재로 한 것은 송대(宋代)에 시작되어 금원대(金元代)에 일정 정도 발전하였으며 명청대(明淸代)에는 영희도(嬰戱圖)가 유행하여 회화나 도자기 등에 광범위하게 쓰였다. 화훼(花卉)문양과 아동(兒童) 형상의 조합은 재부(才富)와 길상(吉祥), 가문의 번성에 대한 바람을 뜻하는 것으로 바로 이런 유형 동경의 기반이 된다.

이 동경은 분단식(分段式) 구도의 영희도를 부조(浮彫)로 새겼으며 인물형상의 세속화 느낌이 짙은 명대(明代) 동경의 특징을 지녔다.

169

인물다보경(人物多寶鏡)

명(明) | 지름 15cm 무게 0.74kg
1983년 서안시(西安市) 문물상점에서 넘겨받음

Mirror with Human Figures and
Treasures

Ming Dynasty(1368AD~1644AD)
D 15cm 0.74kg
Transferred by Xi'an Culture Relic shop in 1983

동경(銅鏡)은 원형(圓形)으로 꼭지는 은정(銀錠) 형태이고 소연(素緣)은 평평하다. 장식문양은 위에서 아래로 여러 층으로 배열되었다. 맨 위층은 선각(仙閣)과 그 양쪽에서 날개를 펴고 나는 두루미로 구성되었다. 두 번째 층은 위에 동전이 놓인 화수분과 양쪽에서 이를 받치는 상운(祥雲)으로 구성되었다. 세 번째 층에는 꼭지 양쪽으로 여자 두 명과 보병(寶瓶)이 하나 있다. 꼭지 왼쪽에 있는 여자 둘은 시녀(侍女)로 무릎을 굽힌 채 복을 빌고 오른쪽에 있는 여자 둘은 아기를 품에 안고 서 있다. 네 번째 층의 중심에는 탁자와 향로가 있고 그 양쪽에 보병이 하나씩 있으며 식판을 받쳐 든 동자(童子)와 요전수(搖錢樹-신화에서 흔들면 돈이 떨어진다는 나무)가 있다. 맨 아래층은 방승(方勝), 보주(寶珠), 홀판(笏板), 여의(如意) 등 길상물(吉祥物)이 있다. 이 동경은 부귀(富貴)와 길상(吉祥)을 뜻하는 것으로 명대(明代)에 흔히 볼 수 있는 동경 종류이다.

170

오자등과경(五子登科鏡)

명(明) | 지름 22.6cm 무게 0.72kg
1974년 서안시 신성구 동오로(西安市 新城區 東五路) 재활용센터 수집

Mirror with 'Wu Zi Deng Ke' Inscriptions

Ming Dynasty(1368AD~1644AD)
D 22.6cm 0.72kg
Collected in the junkyard at Dongwu Road Xincheng District of Xi'an in 1974

　동경(銅鏡)은 원형(圓形)으로 꼭지는 정수리가 평평한 비뉴(鼻鈕)이며 연부(緣部)는 약간 오목하다. 꼭지 주위의 틀 안에는 "五子登科(오자등과)"를 해서체(楷書體)로 양각하였다. 글자마다 이중 방형(方形) 틀로 둘러져 있고 틀 사이에 원이 하나 있는데 원 밖에 n형 문양 4개가 있다. '五(오)' 자와 '登(등)' 자 사이 방형 틀에는 역시 해서체로 "胡德順(호덕순)"이라고 양각하였다. 동경은 가볍고 얇으며 노란색이다. 밖이 둥글고 안은 방형인 형태는 '천원지방(天圓地方)'의 영향을 받은 것이며 그 위 글자는 실생활에서의 진정한 목소리를 반영한다. 이 조형은 원(圓)으로 방(方)을 비추고 두드러지게 하는 사상을 표현한 것이다. '方(방)' 자는 '바르다', '규칙', '규율', '도덕', '인격', '도리', '공리(公理)' 등의 뜻이 있다.

　오자등과(五子登科)는 오대(五代) 후진(後晉) 때의 유주(幽州) 사람 두우균(竇禹鈞)의 이야기에서 나온 것이다. 『삼자경(三字經)』에는 "두 연산이 의로운 방법으로 다섯 아들을 가르치니 모두 이름을 날렸다(竇燕山, 有義方, 敎五子, 名俱揚)"라는 글귀가 있는데 자세한 내용은 다음과 같다. 두우균이 음덕(陰德)을 많이 쌓으니 조부가 꿈에 나타나 이르기를 "하늘이 너의 음덕을 가상히 여겨 수명을 삼기(三紀-한 기가 12년이므로 36년) 연장해주고 장차 현달(顯達)할 아들 다섯을 점지해줄 것이다. 너 또한 수명이 다하면 천당에 갈 것이다"라고 하였다. 두우균은 과연 아들 다섯 명을 얻었는데 그의 가정교육이 엄격하여 아들들이 모두 올곧고 화목하며 효도하였다. 후에 다섯 모두 진사(進士)가 되어 큰아들 두의(竇儀)는 상서(尙書), 둘째 아들 두엄(竇儼)은 한림학사(翰林學士), 셋째 아들 두칭(竇稱)은 참지정사(參知政事), 넷째 아들 두간(竇侃)은 기거랑(起居郎), 작은아들 두희(竇僖)는 좌보궐(左補闕)에 임하게 되었다. 또한 손자 여덟 역시 입신출세하였다. 당시 시랑(侍郎) 풍도(馮道)는 아래와 같은 시 한 수를 지어 노래하였다. "연산 사는 두십랑이 의로운 방법으로 자식들을 가르쳤네. 영춘의 한 기둥 늙었어도 계수나무 다섯 가지 아름답구나(燕山竇十郎, 敎子有義方, 靈椿一株老, 丹桂五枝芳)." 두우균 본인도 관직이 간의대부(諫議大夫)에까지 올랐으며 향년 82세에 졸(卒)하였다. 임종 전에 이를 미리 예지(豫知)하여 가족과 벗에게 이별을 고하고 몸을 깨끗이 한 후 조용히 졸하였다.

　명대(明代) 동경에는 세인들에게 순박함을 지킬 것을 권유하는 '오자등과'라는 길상어(吉祥語)가 많이 새겨졌다. 이는 현세의 장수(長壽)와 부귀(富貴)를 바라는 마음, 그리고 자손의 번성뿐만 아니라 내세에도 좋은 곳에서 태어나기를 바라는 마음을 반영한 것이다.

171

오자등과경(五子登科鏡)과 와우경좌(臥牛鏡座)

명(明) | 지름 10.6cm 받침 길이 19cm 높이 13cm 너비 12.8cm
거울 무게 0.17kg 총무게 2.31kg
1983년 서안시(西安市) 문물상점에서 넘겨받음

Mirror with 'Wu Zi Deng Ke'
Inscriptions and Crouching Ox
Mirror Stand

Ming Dynasty(1368AD~1644AD)
D 10.6cm Shelf L 19cm H 13cm W 12.8cm
Mirror W 0.17kg Total W 2.31kg
Transferred by Xi'an Culture Relic shop in 1983

동경(銅鏡)은 원형(圓形)으로 둥그런 꼭지는 정수리가 평평하며 연부(緣部)는 입장식(立墻式)이고 테두리가 말렸다. 꼭지 상하좌우의 방형(方形) 틀 안에는 "五子登科(오자등과)"가 새겨져 있다. 받침은 엎드린 소 모양이다. 소는 뿔이 하나만 남아 있고 귀를 쫑긋 세웠으며 고개를 돌려 등 위 초승달을 쳐다보고 있다. 앞으로 뻗은 오른쪽 앞다리를 제외한 다른 다리는 배 아래에 놓였으며 꼬리는 왼쪽으로 하여 뒷다리에 닿았고 배에는 둥그런 구멍이 나 있다. 등에는 저부조(低浮彫)로 여의운두(如意雲頭)를 새겼는데 그 위에 초승달이 걸려 있다. 초승달 조형 안에는 동경을 놓을 수 있는 오목한 홈이 나 있다.

이 동경의 받침은 조형이 생생하고 표현이 섬세한데 목과 배 부분의 주름진 가죽과 꼬리 털, 발톱 등이 자세하게 표현되었다. 조형에서 가장 특별한 점은 앞으로 뻗은 오른쪽 앞다리와 왼쪽으로 돌린 머리로 서로 비틀려 미학적으로 생동감과 안정성의 균형을 이루었으며, 동시에 앞으로 뻗은 오른쪽 앞다리는 받침의 면적을 크게 함으로써 안정감을 더하였다.

218

172

난봉정상경 (鸞鳳呈祥鏡)

명(明) | 지름 19.8cm 무게 0.71kg
1974년 서안시 신성구 동오로(西安市 新城區 東五路) 출토

Mirror with 'Luan Feng Cheng Xiang' Inscriptions

Ming Dynasty(1368AD~1644AD)
D 19.8cm 0.71kg
Excavated from Dongwu Road at Xincheng District of Xi'an in 1974

동경(銅鏡)은 원형(圓形)으로 꼭지는 동 그랗고 연부(緣部)는 입장식(立墻式)이며 테두리가 말렸다. 꼭지 상하좌우의 방형(方形) 틀에는 "鸞鳳呈祥(난봉정상)"이 새겨 져 있다. 이는 난조(鸞鳥)와 봉황이 조화롭 게 운다는 것에서 뜻을 취하여 부부간의 금 실이 좋고 화목함을 뜻한다. 이 동경은 명대 (明代)에 딸을 시집보낼 때 함께 보내던 동 경이다.

173

사마경 (四馬鏡)

명(明) | 지름 18.5cm 무게 0.91kg
1972년 서안시 미앙구(西安市 未央區) 수집

Mirror with Four Horses Patterns

Ming Dynasty(1368AD~1644AD)
D 18.5cm 0.91kg
Collected in Weiyang District of Xi'an in 1972

동경(銅鏡)은 원형(圓形)으로 동그란 꼭지 는 정수리가 평평하며 소연(素緣)이다. 꼭지 주변에는 국화문(菊花紋)을 새긴 동그라미 4 개가 있으며 동그라미 밖으로 말 네 필을 부 조(浮彫)하였다. 안장을 얹은 말은 나는 듯 이 달리고 있고 사이마다 단화문(團花紋)과 수면문(獸面紋)이 하나씩 있다. 단화(團畵)는 동그라미를 꽃술로 하고 쌍선(雙線) 꽃잎 6 개가 나 있으며 동물은 튀어나온 눈을 크게 뜨고 송곳니가 드러나 흉악해 보인다.

이런 장식문양의 동경은 보기 드문데 동 (銅)의 질이 나쁘고 납과 아연의 함량이 높 다. 그리고 꼭지가 약간 평평하므로 명대(明 代)에 제작된 것으로 추측된다.

174

일월방경(日月方鏡)

명(明) | 지름 8.9cm 무게 0.17kg
1983년 서안시(西安市) 문물상점에서 넘겨받음

Square Mirror with Sun and
Moon Patterns

Ming Dynasty(1368AD~1644AD)
D 8.9cm 0.17kg
Transferred by Xi'an Culture Relic shop in 1983

동경(銅鏡)은 사각형으로 꼭지는 동그랗고 유좌(鈕座)는 사판능화형(四瓣菱花形)이며 평평한 연부(緣部)는 넓다. 뒷면은 네모난 철릉(凸稜) 세 바퀴에 의해 내외구(內外區)로 나뉘었다. 내구(內區)는 뇌문(雷文)을 바탕문양으로 하여 상하좌우에 일월문(日月紋)이 있으며 모서리에는 모닥불 모양의 문양뿐만 아니라 작은 일월문도 있는데 '화(火)' 자와 비슷하다. 외구(外區)의 상하좌우에는 불문양 3개가 있고 모서리에는 타오르는 화염 모양의 문양이 있으며 빈 공간은 돌기를 꽃술로 한 화훼문(花卉紋)으로 채웠다.

The Warring States Period and Qin, Han Dynasties

1. Mirror with Four-Leafed Feather Patterns

Round mirror, three-stringed button, plain and slightly concaved mirror edge. Feather shaped decorations surround the mirror button, outside which is a circle of wide concaved band. The decorations in the main area are made up of background patterns and main patterns. The main patterns are heart shaped grass leaf patterns. The four leafs are arranged in the shaped of a cross centered on the button, with the pointed end facing outward and symmetric double eddy lines at the base. The contour is drawn by double lines, filled with spotted dots. There are bat shaped patterns in the center of the leaf. The background Pattern is arranged into consecutive square patterns. The main pattern in each unit is sigmoid shaped curves with eddy patterns on both ends. This is actually simplified 'PanChi' dragon pattern.

Such four-leafed pattern on the bronze mirror appeared in the early Warring States Period and was mainly found in Hunan and Anhui Provinces. Some scholars believed that this pattern is probably the cornus herb that can be used as the talisman. According to the book <Xu Qi Xie Ji>, 'Heng Jing went out to study with his teacher Fei Zhangfang for several years and one day, his teacher told him that some disaster was going to happen in his home. His teacher urged him to go back home and make some cloth purses. He also told Heng Jing to put some cornus in the purse and tie the purse on the arm of all the family members. And then, the whole family should climb to the height of the mountain and drink the chrysanthemum wines. The disaster could thus be eliminated. Heng Jing did what his master had told him and the whole family climbed on the mountain. When they came back in the evening, all their domestic animals had dies.' From then on, cornus became the talisman that can turn ill luck into good. In the family of cornus, there is a kind of flower with oval leaf and four-petaled flower. The leaf has a pointed tip with tiny spherical flowers lie in between. Its shaped is quite similar to be patterns in this mirror. The legend of the function of cornus is still popular in Tang Dynasty, only with different brushwork in style.

2. Mirror with Four-Inverted 'T' Patterns

Round mirror, three-stringed button, concaved square button stand with panes, wide and plain edge with slight curves. This mirror is thin and light, with both main and background decorations. The main decoration is the four-inverted 'T' patterns and flower leaf patterns. Two petals lie on each of the four corner, the four inverted 'T' pattern turns to the right side, the two short lines on both ends turn inwardly on top, and the long line in the center sticks out and reaches to the edge of the mirror. Between the four-inverted 'T' patterns are two flower pedals, corresponding to the four corners of the button base. The clearance is filled with feather shaped patterns.

The fourinverted 'T' patterns is the most common type in the inverted 'T' patterned bronze mirrors, which is mainly found in the early and middle of the Warring States Period. Such mirrors are widely distributed, but are mainly discovered in the territory of the Chu's land.

3. Mirror with Entangled Dragon Patterns

Round mirror, three-stringed button, round button base, wide and curved edge. A circle of wide and concaved band separated the back of the mirror into inner and outer areas. The inner area is decorated with alternatively arranged triangular and round shaped cloud patterns, outside which is a ring of rope shaped raised ridge. The main decoration in the outer area is a ring of entangled dragon patterns. Three slender dragons coiled with each other. Each of the three dragons bend backward to bite its tail, the body forming in '∞' shape. The tail of the dragon tucks in the shaped of a diamond. The inner and outer side of the dragon pattern are lined with thin raised string pattern and double raised string pattern separately.

The entangled dragon pattern appears first in the middle of Warring States Period. However, the double lined dragon patterns like this one appears a little later. Such pattern was also found in the NO.46 Tomb of the Qin Dynasty at Gaozhuang Village, Fengxiang Country in Shanxi Province. The entangled dragon pattern was still popular during Qin and early Han Dynasties, but with new characteristics. The decoration got rougher, some had three main lines, and some had inscriptions on them.

4. Mirror with Four Leave Patterns

Round mirror, round button, wide and slightly concaved mirror edge. The back of the mirror is divided into nine sections by crosses. The mirror button and four square nipple studs occupy the middle region. Each of the four side(UP, down, left and right) was decorated by a heart-shaped grass leaf pattern which was made up of two Ruyi cloud patterns. The clouds are also decorated with nipple studs. The rest space in the four directions are fan shaped, with a beeline coming from the corner. There is a nipple stud in the center of the beeline. This is a unique decorative feature in the Qin Dynasty. The royal seal in Qin Dynasty are also carved with cross grid pattern and the inscriptions are read cross-wardly. It is hereby estimated that the year of the mirrors in Qin Dynasty.

5. Mirror with Flower and Leaf Patterns

Round mirror. bridge shaped button, a ring of concaved band encircles the button. The mirror edge is thin and plain. The main area is decorated with four heart shaped flowers and four spindle shaped leafs arranged alternatively. Inside the heart shaped flower pattern is a small heart shaped flower pattern carved in bass-relief. Under the spindle shaped leafs are diamond patterns. Such patterns developed form the 'folded diamond pattern' signifying the entangled twigs and branches. Heart-shaped flower and leaf pattern as well as diamond shaped pattern are popular decorations in the Warring States Period. Such mirrors also appear occasionally in West-Han Dynasty.

6. Mirror with Four Flower Patterns

Round mirror, three-stringed button, round button base. There is a ring of concaved band and string pattern outside the button base. The mirror edge is decorated with twelve incurvate arcs. The main decoration a ring of thin, concaved band, on which are four flowers. The flowers are made up of nipple stud patterned pistils and four peach shaped concaved petals. Such mirror is simple in decoration and relatively rare. The composition is similar to the Pan-chi patterned mirrors in the early West Han Dynasty. This four flower pattern is a derivative of the heart shaped pedal in the Warring States Period. It is estimated that the mirror belongs to the early West Han Period.

7. Mirror with Four Flowers and Grass Leaf Patterns

Round mirror, crouching beast button, sixteen incurvate arcs on the edge. Double lined square frame lies outside the button base. The surface in the inner frame is concaved. On each of the four corners of the outer frame is a square formed by three triangles. Three inscriptions lie on each margin, and altogether make 12 inscriptions, all benedictory words. In the space between the inscriptions on each side are helix patterns. The main area is decorated with leaf and flower patterns. The grass blades are big and fleshy. Among the flower leafs are flower patterns made up of four peach shaped petals and nipple stud pistils.

The grass leaf patterned mirror is very common in the Emperor Wu's Period. The grass blades reach our from the square framed, two on each side. Between the blades are nipple stud patterns. The grass leaf patterns can be divided into single layer, double layers, and three layers, etc. The styles of the nipple studs also vary from each other according to the manufacture technique of the bronze mirror, with different decorations in the surrounding area. But the number of the incurvate arcs on the edge is always sixteen.

8. Color-Painted Mirror with Horse, Carriage and Human Figures

Round mirror, three-stringed button, round button base, plain mirror edge. The button base is painted red. Inside the mirror edge are sixteen incurvate joint arcs. The joint arcs are painted blue. A ring of concaved string patterns separate the mirror back into inner and outer areas. In the inner area, around the button base is a ring of wide string pattern. Outside the string pattern are dark green clouds and four blooming red flowers on light green background. There are white lines on those clouds and petals. The outer area is decorated with human figures, running horses, trees and flowers on the red colored background, demonstrating outing and hunting scenes. Among these joint arc patterns and wide sting patterns are also colored decorations. Near the intersections of the joint arcs are brown triangular patterns; on both sides of the string patterns are diamond shaped patterns.

This mirror comes from the place where emperors lived. The painting is splendid, and is quite similar to, if not better than the silk painting excavated from the No.1 West Han tomb in Mawangdui at Changsha city in Human province. It is a precious piece of art.

9. Mirror with Joint Arc Patterns

Round mirror, three-stringed button, round button base contoured with a ring of thin string line and ring of wide string line. The mirror edge is wide and slightly concave. The decorations in the main area are made up of background pattern and main pattern. The background pattern is entangled cloud pattern, and the main decoration is seven inward-curved joint arcs.

Such joint arc pattern first showed up during the middle of the Warring States Period, prevailed at late Warring States Period, and extended to the Sunlight mirror and Bright mirror during West Han Dynasty. Judging from this correlation, the joint arc pattern, together with the saw tooth patterns at the edge of mirror in West Han Dynasty, might be the different manifestations of the sun rays, and have direct connection with the long-existed sun worship in China.

10. Pan-Chi (coiled-dragon) Patterned Mirror

Round mirror, three stringed button, wide and slightly concaved mirror edge. A ring of concaved band

separates the mirror back into inner and outer sections. The inner area is decorated with Pan-chi dragon pattern in double lines. The head of the dragon is in triangular shape, and the body coils up in spiral. The background pattern is concaved spots. The outer area are adorned with three groups of Pan-chi patterns carved in bass-relief. The mouth of the dragon draws backward. There are horns on the dragon head. The trunk is depicted by three reversely bent arcs. The background pattern is also small concaved spots. The whole mirror appears in light ruddiness, showing that the mirror contains high amount of copper and less stannum.

The stringed button, concaved lining band, and Pan-chi dragon pattern are commonly used decorative techniques in the Warring States Period.

11. Mirror with Four Dragon Patterns

Round mirror, three-stringed button, round button base. The mirror edge is wide and slightly concave. The main area is decorated with circular bands, and is divided into four zones by four nipple studs. Each zone is adorned with '∽' shaped dragon pattern in double lines. There are nipple studs on the head, body and tail. Under the main decoration are triangular geometrical background patterns. Near the mirror edge is a ring of sixteen incurvate arcs.

Such pattern is quite similar to astrological images, and is called star and cloud patterns by some scholars. It is gradually simplified from Panchi dragon pattern and has also borrowed some design from the interwoven cloud pattern. The small nipple studs can also be regarded as the joints on the dragon, which is quite popular in the middle of West Han Dynasty.

12. Mirror with Four Dragon Patterns

Round mirror, round button with persimmon pedicel shaped button base, wide plain edge. Among the four leaves of the persimmon pedicel are simplified flying bird patterns. A ring of raised string patterns lies outside the button base. Comb teeth patterns contours the main area. The main area is separated into four zones by circular nipple stud patterns. Each zone is decorated with Hui patterns with the rest space are adorned with grass leaf patterns and geometric shaped bird patterns. Grillwork patterns contoured the main area. The Hui pattern is actually a kind of simplified dragon pattern. Therefore some people believe it is snake (Hui).

13. Mirror with Double Dragon Patterns

Round mirror, round button, persimmon pedicel shaped button base. The button base is contoured by double lined rectangle. There are sixteen incurvate arcs on the mirror edge. The main area is decorated with two dragons lying back to back with each other with the button in the center. The body of the dragon is slender and bends in the shape of 'M'. The dragons are vivid and lifelike, with nipple studs decorating the body, signifying the eyes and joints. There are four circles corresponding with the four corners of the rectangle. Within each circle are five nipple studs. This dragon patterned mirror not only preserves the basic design and composition of the dragon pattern in the Warring States Period, but also shows some innovations, such as the persimmon pedicel shaped button base. The background pattern is very brief, and has derived from the double consecutive patterns into axial symmetrical patterns. This demonstrates the enhanced designing competence of the craftsman on narrow mirror surface.

14. Mirror with Four Dragon Patterns

Round mirror, round button, persimmon pedicel shaped button base. The button base is contoured by double lined pane. There are sixteen incurvate arcs on the mirror edge. Outside the pane, in the main area are four dragon patterns. The dragons are turning around to look backwards. The body of the dragon is curly and slender, the claws strong and powerful. In the middle of the trunk of each dragon is a nipple stud on around base. A grass leaf comes out of the nipple stud.

The joint arc pattern prevails in the early and middle of West Han Dynasty. Many mirrors, such as grass leaf patterned mirror, stars and clouds mirror, etc. use such joint arc decorations. By early East Han Dynasty, such pattern was gradually replaced by semi-circle patterns and eventually disappears.

15. Mirror with Four Nipple Studs and Four Dragon Patterns

Round mirror, beast shaped button, round button base. The mirror edge is decorated with sixteen incurvate joint arc patterns. The back of the mirror is separated into inner and outer areas by a ring of sixteen incurvate joint arc patterns. The inner area contains two dragons chasing each other around the mirror button. The dragon eyes are conspicuous and the head abstractive. The dragon has its mouth open and neck reaching forward. The sender body bends in 'M' shape and the four limbs are well developed. The outer area contains four radiate beelines and nipped studs on bead patterned base. Between the nipple studs is a dragon with open mouth and bending neck. The dragon head rests on its body, with small nipple studs serving as eyes.

The four limbs waves away as if it is running in the clouds. The decorative skill is similar to the two dragons in the inner area. The body of the dragon has transformed into geometric cloud patterns with small nipple studs serving as joints.

The nipple studs in this mirror adopted the four leaf patterns used in star and cloud patterned mirrors. The mirror edge is also decorated with joint arcs. Such delicate manufacture, with complicated yet nor propagate designing. This is an excellent work in the mid West-Han Period.

16. Mirror with Four Nipple Studs and Four Dragon Patterns

Round mirror, crouching beast button, the four limbs of the beast extend out and rest on the button base. There are sixteen incurvate arcs on the mirror edge. The main area is divided into four zones by circular nipple studs. Each zone is carved abstractively with a dragon by lines and little nipple studs. The dragon is in the running position. The trunk of the dragon is slender and the four limbs well developed. According to the book <San Fu Huang Tu>; 'gray dragon, white tiger, red lark and black tortoise are four divine beasts in the heaven to guard the in the four directions.' Such mirror mainly pervails from the middle West Han Dynasty to the early East Han Dynasty.

17. Mirror with Four-Breasted Dragon Patterns

Round mirror, double beast shaped button, the tails of beasts winding around the button. There are sixteen incurvate arcs both around the button base and on the mirror edge. There are string patterns both in and out of the main area. The main area is divided into four zones by four nipple studs with round pedestals. Each zone contains a dragon patterns with small nipple studs. The dragon has crooked neck and is with its mouth open, the body of which transformed into several segments. It is commonly believed that the small nipple studs on the dragon are its joints. Such pattern is derived from the star and cloud pattern and flowing cloud patterns, but what is different is that the large nipple studs no longer separate the dragon pattern, but serve as a part of the dragon.

18. Mirror with Star and Cloud Patterns

Round mirror. mountain shaped button, sixteen incurvate arcs on the mirror edge. The mirror is divided into inner and outer areas by three rings of cross patterns. The inner area is decorated with sixteen incurvate arcs. The outer area is divided into four sections by four nipple studs on round bases. Within each section are four small nipple studs. The combination of large and small nipple studs represents constellations, with the large ones representing Polaris. Among the nipple studs are curves signifying clouds.

19. Mirror with Star and Cloud Patterns

Round mirror, mountain-shaped button, round button base with rope patterned decorations. There are sixteen incurvate arcs on the edge. The main area is decorated with four large nipple studs, among which are small nipple studs joint together by curved band made up of three string lines. The small studs stand for constellations and curved band represent flowing clouds. The arcs and the large nipple studs on the four sides do not correspond with each, and are probably protecting the stars in heaven. The main area is contoured by double raised ridges.

The star and cloud pattern is formerly called hundred nipple studs pattern or star. The joint arc pattern appears earliest during the Warring States Period and has strong decorative effect as well as time features. By early and middle West Han Dynasty, such pattern appears in large numbers. Mirrors with grass leaf pattern, star and cloud pattern and so on are all decorated with such joint arc lines. By the end of East Han Dynasty, such decoration gradually faded out.

20. Mirror with 'Jia Chang Gui Fu' Inscriptions

Round mirror, mountain shaped button, round button base. The base is decorated with four semi-circles and four short ridges arranged alternative with each other. There are sixteen concaved incurvate arcs both outside the button base and on the mirror edge. Two rings of tooth patterns lie both inside and outside the main area. Within the main area are four inscriptions 'jia chang gui fu'(meaning wealth and honor of the household) carved in Li calligraphic style. The reading sequence of the Chinese characters is counterclockwise from the top. Among these inscriptions are nipple studs on joint bead patterned bases. Four short spikes emanate from the base. Along the contour of the main area are four short spikes and four semicircles arranged with each other.

The early mirror inscriptions of the West Han Dynasty are all in seal character. Approximately sine the middle of that Dynasty, from about the Emperor Wu's time, Li style appears on mirror inscriptions. By early East Han Dynasty, curlicue style occurs. From middle of the East Han Dynasty on, the mirror inscriptions are mainly in Li style, and occasionally in combination with seal character style. Judging from these, this mirror should be no earlier than the middle West Han Dynasty.

21. Mirror with Sun Light Patterns

Round mirror, linked mountain button, round button base. There are sixteen concaved incurvate arcs both outside the button base and on the mirror edge. The main area is separated from the rest part with comb teeth patterns. In the main area are four large nipple studs and four small nipple studs arranged alternative with each other. There are three short parallel lines on one side of the small nipple stud base and single vertical line on the other side. Among every neighboring nipple studs are eight inscriptions, admonishing people to cherish love and memory. On the outer ring of comb teeth patterns distribute four triangular spikes facing outward.

Such inscription mirror appears in the late West Han Dynasty. The inscriptions are short lyrics, using the tone of wife, who stays at home and is constantly concerned about the husband which is away from home, to express her endless solicitude.

22. Zhaoming Mirror with Joint Arc Patterns

Round mirror, round button, persimmon pedicel shaped button base, wide flat edge. The decoration and composition of the mirror is similar to the previous one, only with different inscriptions. The thirteen inscriptions are read clockwise, expressing the love the rightness(Zhao Ming). These inscriptions are separated by square Chinese character 'er'.

Zhao Ming mirror appears in the late stage of the middle West Han Dynasty, prevailed in the late West Han Dynasty and disappeared by early East Han Dynasty. Considering the fact that the inscriptions on this mirror is in Li style, together with that square chinese character 'er', the time of the mirror should be in the late West Han Period.

23. Mirror with 'Lian Ye Tong Hua' Inscriptions

Round mirror, round button, persimmon pedicel shaped button base, wide flat edge. Between the four leaves of button base are decorations in thin lines, resembling the flying bird. Three rings of comb teeth patterns separate the mirror back into inner and outer area. The inner area is decorated with a ring of raised string patterns and eight incurvate arcs, as well as some simple decorations. The outer area contains 38 inscriptions cut in relief. The inscriptions are in Li style and read clockwise. The characters are arranged in a ring, with a little bird and two tiny nipple studs separating the first and the last character.

24. Mirror with 'Lian Ye Tong Hua' Inscriptions

Round mirror, round button, persimmon pedicel shaped button base. Among the leaves of persimmon pedicel are four inscriptions. The mirror edge is wide and plain. Three rings of comb teeth patterns separate the mirror back into inner and outer area. The inner area is decorated with eight incurvate arcs and some simple grass patterns. The outer area contains 27 inscription carved in Li style. The inscriptions are arranged in a ring, with a little bird and two tiny nipple studs separating the first and the last character.

The mirror with inscriptions in the Han Dynasty is an extension of the string pattern and joint arc patterns; it is also a time-marking manifestation of the rational esthetic concept under the historical condition of Han Dynasty. Inscriptions on bronze mirror in the early West han Dynasty paly only a minor role in the mirror decorations. It is only in the Emperor Wu's period that inscriptions become the motif of the mirror and take the major position together with the incurvate arcs. Inscriptions on the mirror compare the association of the forging of the bronze mirror with a series of ideas such as the sublime of the human nature, character, as well as mentality. It is only through burning and purgatory that human nature can reach its perfection. It is also the demonstration that sun worship has raised from the earth and entered the inner world of human being.

25. Mirror with 'Lian Ye Tong Hua' Inscriptions

Round mirror, round button, persimmon pedicel shaped button base, wide mirror edge. Among the leaves of the pedicel are simplified bird patterns. The mirror is coated with lacquer. Three rings of comb teeth patterns separate the mirror back into inner and outer area. The inner area is decorated with eight incurvate arcs and some simple grass patterns. The outer area contains 29 inscriptions carved in Li style. The inscriptions are read clockwise. The wide mirror edge is decorated by a ring of double lined patterns. Such mirror first appears in the middle of the West Han Dynasty, and prevails in the late West Han Dynasty.

26. Mirror with 'Lian Ye Tong Hua' Inscriptions

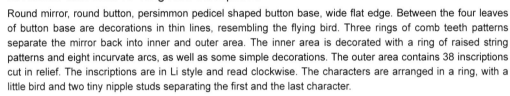

Round mirror, round button, interlinked beads patterned button base. The button is in the shape of four petals with each petal formed by a curved short line containing three joint beads. The mirror edge is wide and plain. Three rings of comb teeth patterns separate the mirror back into inner and outer area. The inner area is decorated with a ring of raised ridge and eight incurvate arcs. There are simple decoration between the arcs. The outer area is carved with 34 inscriptions in Li style. The mirror body is thick and heavy with smooth surface and refined manufacturing technique.

The inscriptions on the bronze mirror in the Han Dynasty is mainly in Li style (a calligraphy style used in official script), the characters in this mirror is both a conceptual token and a decorative symbol. which plays an important role in the esthetic shaping of the bronze mirror. This achievement of making character symbols into patterns is a great breakthrough in the history of bronze mirror esthetic development.

27. Mirror with 'Qing Ye Tong Hua' Inscriptions

Round mirror, round button, interlinked beads patterned button base. The button is in the shape of four petals with each petal formed by a curved short line containing two joint beads. Three rings of comb teeth patterns separate the mirror back into inner and outer area. The inner area is decorated with a ring of raise ridges, outside which is a ring of bevel cloud and thunder patterns. The outer area is carved with a ring of 24 inscriptions in Li style. The inscriptions are read clockwise.

28. Mirror with Double Inscription Rings

Round mirror, round button, interlinked beads patterned button base. The button is in the shape of four petals with each petal formed by a curved short line containing three joint beads. The mirror edge is wide and flat. The main area contains two rings of inscription bands. The inner band carries 17 inscriptions. Between every one or two inscriptions is a Chinese character 'er'. The inscription band is contoured by a ring of concaved string patterns both inside and outside. Within the string pattern is another ring of comb teeth patterns. The outer inscription band contains 34 words. The band is contoured both inside and outside with comb teeth patterns.

The double band inscription mirror is similar to joint arc mirror with inscriptions, only in fewer numbers.

29. Mirror with Double Inscription Rings

Round mirror, round button, interlinked beads patterned button base. The button is in the shape of four petals with each petal formed by a curved short line containing three joint beads. The mirror edge is flat and plain. The button base is decorated with two ring of raised ridges, with comb teeth patterns on either side. Between the raise ridge and mirror edge are two rings of inscriptions. The inner ring contains eight inscriptions in seal style. The inscriptions are read clockwise with a spiral symbol between the neighboring characters. The outer ring of inscriptions are in Li style and also read clockwise.

Such mirror is very typical, with the inner ring of inscriptions showing the yearning of the beloved one, and the outer inscriptions showing the calling for brightness. The number of inscriptions is usually determined by the size of the mirror.

30. Mirror with Grass and Augury Patterns

Round mirror, double beasts shaped button, the tails of the beasts encircle the button to form a button base. The mirror edge is decorated with sixteen incurvate arcs. Wide square frame lines outside the button, with a round nipple stud on each corner. Between the nipple studs are two vertical lines, with symmetrical tick-shaped triple curves lie on either side. The main area is decorated with augury pattern and grass leaf pattern. V-shaped signs lie on the four corners of the square corresponding with the 'L' shaped signs. Two vertical lines lie in between, with three layered grass leaf patterns on both sides. Inside the V-shaped symbols are cone shaped grass leaf patterns. Half grass patterns lie within the L-shaped symbols.

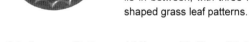

31. Augury-Patterned Mirror with Four Divine Beasts Patterns

Round mirror, round button, square button base. The mirror edge is decorated with picturesque band. On the square button base are twelve nipple stud patterns, separated by inscriptions showing the twelve Earthly Branches(the Chinese traditional way of designating years, months, days and hours, used in combination with the Heavenly Stems). On each of the four corners of the squares is a mountain in bass-relief. Concaved panes contours the button base. The augury patterns in the main area divide the decorations into four groups. The specific way of collocating the augury patterns is green dragon goes with bird, white tiger with auspicious beasts, red phoenix with birds, and nipple studs with feathered man. The outer area is contoured with a ring of 30 inscriptions which is decorated by a ring of jigsaw teeth patterns and comb teeth patterns. The edge of the mirror is adorned with entangled branches and leaves.

32. Mirror with Feathered Man and Divine Beasts Patterns

Round mirror, round button with persimmon pedicel shaped button base. Between the leaves of the pedicle are simplified bird patterns. The button base is contoured by a ring of comb teeth patterns and a ring of wide string patterns. There are comb teeth patterns both inside and outside the main area. The main area contains four round nipple studs, between which are four groups of decorations. The decorations are green dragon goes with feathered man; the feathered man is in the kneeing position with its hands reaching out, holding a lamp. The red phoenix matches with bird, both in the flying posture, with wings spreading out. The white tiger matches with deer. The horns on the deer are wide and big. The dapples on the deer are represented by small nipple studs. The black tortoise matches with auspicious beast. The beast has horns. On its body are dapples like that of the leopard and hairs like that of the lion. A ring of jigsaw teeth patterns contours the main patterns. The wide mirror edge is decorated of a ring of double-lined geometrical shaped flex patterns.

The decorations on this mirror are both complicated and delicate, with smooth linings. The design include, beside the four divine beasts, auspicious animals, birds and feathered man, etc. The feathered man has long ears, wings and feathered legs.

The ideology of the supernatural beings originated early in China, some of which is shown in the belief that those who have cultivated themselves into immortals would have feathered wings grown out and can fly into heaven. These are so called 'feathered man'. Some ancient literatures contain such recordation. Among the excavated antiquities, the earliest 'feathered man' is a jade fathered man with wings from Shang Tomb in Xingan, Jiangxi Province. Feathered man occurs not only in the bronze mirrors, but also in many stone figure paintings, depicting the scenes of fairyland life. In one of the stone figure paintings excavated in Han's Tomb in Jiangsu Province, there is a feathered man picking magic fruits. The man wears a hat, with long hair hiking up in the air. There are feathered wings on his back as well as feathers on his knees. Kneeling own on one leg, the man reaches out his hand to pick the magic fruit. This is quite similar to the feathered man on the bronze mirror collected in Shanghai Museum.

The earliest occurrence of feathered man in bronze mirror is from the book <Yan Ku Cang Jing> by Liang Shanghchun. That book shows a mirror decorated with three flying beings in the running posture. These beings have long ears and each has two wings on the back, which is a little different from the commonly seen feathered man. Judging form the shape and decorations of this bronze mirror, the mirror belongs to the late Warring States Period.

33. Mirror with Feathered Man and Divine Beast Patterns

Round mirror, round button, persimmon pedicle shaped button base, among the four leaves of the pedicle are four inscriptions in seal style with long strokes. The inscriptions are Changyizisun, meaning good fortune to the posterities. Three rings of comb teeth patterns separate the main area into inner and outer zones. The inner zone contains a ring of raised string patterns; the outer zone is divided into four subzone by four round nipple studs. Each subzone contains either red phoenix, feathered man or other divine beasts. Outside these is another ring of comb teeth patterns. The wide mirror edge is decorated with triangular wave patterns and small nipple studs. It is noticeable that all the birds, beasts, and feathered men are having their ventral sides toward the button, which is different from the other commonly seen decorations on the bronze mirrors.

Such mirror pattern is derived from the mirror with four nipple studs and beasts patterns. Despite the inscriptions on the button base, the mirror is basically the same as the mirror with four nipple studs and beasts patterns. Such mirror was popular during he late West Han Dynasty and early East Han Dynasty, and later evolved into joint arc patterns with Chang yi zi sun inscriptions, which is quite rare.

34. Mirror with Feathered Man and Divine Beast Patterns

Round mirror, round button, persimmon pedicel shaped button base, wide plain edge. Among the leaves of the pedicle are simplified flying birds. The main area is divided into inner and outer zones by three rings of comb teeth patterns. The inner zone contains a ring of wide raised string patterns. The outer area is divided into four zones by persimmon pedicel shaped nipple studs. Each zone contains two divine beasts, which are tigers, apes, Tianlu(a divine beast) and Bixie (a divine beast) and feathered man, all representing mascots believed to be able to bring good luck.

35. Mirror with Feathered Man and Divine Beast Patterns

Round mirror, round button, round button base, wide edge. The button base are decorated by da ring of small flower and leaf patterns. The flower and leaf patterns are separated b three parallel short vertical lines. A wide band of raised string patterns, sandwiched by two rings of jigsaw patterns, separate the mirror into inner and outer areas. The inner area is decorated with nine nipple studs and cloud patterns. Each of the nipple studs is encircled by a ring. Four groups of alternatively arranged three parallel short lines and single arc are also contained in the ring. Three cloud patterns lie between the nipple studs. The cloud patterns are composed by several arc lines. The outer area is adorned with seven nipple studs and four divine beasts and birds. Each nipple stud is encircled by a ring, within which is a pair of birds with spreading wings and a pair of birds with closed wings. Between the birds are cloud patterns. The decorations between the seven nipple studs are three images, a big one and two small ones. The allocations of the decorations are the green dragon allocate

with tow unicorns; red phoenix matches a bird and a phoenix with a human head; The auspicious beast matches with a toad and a unicorn; white tiger matches with a tiger and a beast with a mouse's face; black tortoise matches with a long-tailed beast and a bird, an auspicious beast matches with a toad and a human-faced beast; feathered man matches with a long-horned goat and another feathered man holding flowers. The clearance of the main patterns is filled with cloud patterns. A ring of jigsaw teeth patterns contours the main patterns. In the middle of the wide mirror edge is a ring of seventy four inscriptions cut in relief. Three dots separate the beginning and the end of the inscriptions.

36. Augury-Patterned Mirror with 'Shang Fang' Inscriptions

The whole mirror is black with lacquer. Round mirror, round button, four leaves shaped button base. The base is contoured by concaved panes. The main area is decorated with eight nipple studs, augury pattern and divine beasts patterns. The four corners of the pane corresponds with 'V' symbol, outside the four sides are 'T' and 'L' symbols which are placed between tow circular nipple studs. The allocations of the decorations are green dragon, red phoenix, white tiger and black tortoise occupies each of the four areas. The rest four areas are decorated with bird, beast and feathered man. Filled in the clearance are flower and grass patterns. There is a ring of inscription band outside the main area. The twenty mine inscriptions are read clockwise, with three nipple studs separating the first and last character. The inscriptions are verses, which expresses the leisurely and carefree mood of the poet. A ring of comb teeth patterns contours the inscriptions.

Such augury patterned mirror carrying verses are very common in the Wangmang Period as well as early East Han Dynasty. The sculpture and verses on the mirror are related with the prevalence of th belief of the prophecy, and geomantic omen, etc.

The formation of black lacquer is determined by the elements in the soil. The component of the soil is very complicated, mostly clay minerals, water, humus and inorganic ions. Humus is actually the deoxidized biological elements in soil. Its standard oxidation-deoxidation potential is 0.7v, and could oxidize the metal on the surface of the bronze mirror. Beside, the humus contains some organic groups that can combine with copper and form steady chelate, which leads to the loss of copper. However, it does not combine with stannum, nor can it dissolve the oxidized stannum. The relatively rich amount of stannum renders the dark appearance of the mirror surface.

The color of this mirror surface is related to the continuous oxidization through the long ages. The oxidized stannum is very steady and erosion-fast. Thus it can be preserved underground for thousands of years.

37. Augury-Patterned Mirror with 'Shang Fang' Inscriptions

Round mirror, round button with persimmon pedicel shaped button base. Concaved double-lined square lies outside the button base, with T, L, V augury symbols on the four sides and four corners. Among these symbols are white tiger, red phoenix, green dragon, rare beast. and feathered man, etc. On either side of the T symbol is a nipple stud. A ring of inscriptions lies outside these patterns. There are altogether 35 inscriptions in Li style which are read clockwise. A ring of comb teeth patterns contours the inscriptions. On the wide mirror edge are two rings of jigsaw patterns carrying a ring of wave patterns in the center. Such 'Shang fang' mirrors ought to be originated from Emperor Wu of Han Dynasty, because emperor Wu had set up special official positions named Shangfang to monitor the manufacture of bronze mirrors. However, mirrors with Shang fang as inscriptions were discovered only in the Xinmang Period. Shang fang mirror is found in largest numbers. The inscription patterns are miscellaneous and yet similar to each other.

38. Augury-Patterned Mirror with 'Shang fang' Inscriptions

Round mirror, round button, persimmon pedicel shaped button base, wide flat edge. Concaved square contoured the button base. Outside the base, within a square, are flower and grass patterns. 'T, L, V'shaped symbols lie in the four sides and four corners, separating the mirror into eight areas. On either side of the T symbol is a nipple stud. The main area is decorated with tiger, dragon, snake, phoenix, and bird. A ring of 35 inscriptions lies in the outer area, out of which is a ring of raised ridge pattern. The mirror edge is decorated with two rings of saw teeth patterns, with a 'W' shaped wave line in between. This mirror is also called beast augury mirror, which is very popular in Han Dynasty. Such mirrors are excavated in many places except in Sichuan Province. The inscriptions on the mirror are either in Li style or in seal style, mainly expressing the worship for god or wish for longevity.

39. Mirror with Augury Patterns

Round mirror, round button with persimmon pedicel shaped button base. Concaved square lies outside the button base. The main area is decorated with nipple studs, birds and augury patterns. V symbols decorated on the four corners. The four sides are decorated by T and L symbols, with nipple stud on either side of the symbol. The main area is adorned with bird patterns, outside which is a ring of jigsaw patterns. The wide, thick edge is carved with two rings of jigsaw teeth patterns.

40. Mirror with Augury Patterns

Round button, round button base. The mirror edge is decorated with picturesque band. The button base is decorated with eight nipple studs, with flower and grass patterns serving as background patterns. Outside the button base is a concaved square, within each corner of which is a three-petaled flower. The main area is decorated with augury patterns, nipple studs on round bases, as well as feathered men and beasts patterns. 'T, L, V' shaped symbols separate the mirror into eight areas among which are feathered men, birds and toads, etc. On either side of the 'T' symbol is a nipple studs on a round base. The mirror edge is decorated with triangular jigsaw patterns and a decorative band of the four divine beasts. What is particularly notable is that, on the either side of a 'V' symbol is a feathered man with wings, its face resembling a beast face. The two feathered men are kneeing face to face with each other, with hands cupped in front of the chest to show respect. Both men have tails. Such patterned augury mirror is very rare.

41. Augury-Patterned Mirror with Four Divine Beasts Patterns

Round mirror, round button with persimmon pedicel shaped button base. Within the square, outside the button base is twelve nipple studs, between which are inscriptions of twelve Earthly Branches(Chinese traditional way of designating years, months, days and hours, used in combination with the Heavenly Stems). The outer area are separated into eight divisions by eight joint arc based nipple stud patterns and T, L, V symbols, among which are birds. beasts, tortoises and snakes. Corresponding with the four divine beasts (red phoenix, green dragon, white tiger and black tortoise) are auspicious beasts and birds. In front of the white tiger is a toad, signifying the moon; in front of the green dragon is a golden bird signifying the sun. A ring of 56 inscriptions in Li style encircles the main area. Outside the inscriptions are jigsaw teeth patterns. The mirror edge is decorated with jigsaw teeth patterns and cloud patterns.

The toad and golden bird are seldom seem on bronze mirrors. The golden bird is the bird that has three feet, and is believed to live in the sun. Toad is also another name for the moon.

The inscriptions on the mirror not only reveal the information about the producing place of the raw material, the name of the producer, as well as the method of tempering, but also reflect the wishes for good official career, flourishing offspring, happiness and longevity. Someone named it Shangfang mirror with birds and beasts patterns; some calls it mirror with five divine animals and augury patterns. This is one of the most common mirror patterns in the Xinmang Period, mostly found in Luoyang area.

42. Augury-Patterned Mirror with Four Divine Beasts Patterns

Round mirror, round button, persimmon pedicel shaped button base. Between the leaves are flowing cloud patterns. The button base is contoured by concaved square. The main area is by eight nipple studs, augury patterns and four divine beasts patterns. V symbols decorated on the four corners. The four side are decorated by T, L symbols, with nipple stud on either side of the symbol. The allocation of the patterns in the eight areas is; the green dragon, red phoenix, and white tiger correspond with birds; black tortoise corresponds with feathered man, and the flower and grass patterns fill in the gaps The outer area is carved with 28 inscriptions with two nipple studs separating the beginning and the end. Outside the inscriptions is a ring of jigsaw teeth patterns. The wide and thick mirror edge is decorated with an inner ring of jigsaw teeth pattern and a middle band of consecutive cloud patterns.

43. Mirror with Divine Beasts Patterns

Round mirror, round button, round button base. The edge is decorated picturesque band. The button base is decorated with seven small nipple studs, with flower and grass patterns in between. A ring of coiled grass pattern lines outside, which is containcd by two rings of raised string patterns. The main area is contoured by comb teeth patterns, inside which are seven circular nipple studs that are arranged in a circle. Among the nipple studs are tiger, dragon, deer, Tianlu(a legendary divine beast) and some other auspicious beasts in the fairytales.

Such mirror is developed from the mirror with four nipple studs and beast patterns. The number of nipple studs varies from five to eight. Most mirrors carry seven nipple studs. Such patterns main prevails in the middle and late of East Han Dynasty.

44. Mirror with Divine Beasts Patterns

Round button, round button, round button base, wide and flat edge. The edge is decorated with picturesque band. The button base is decorated with nine nipple studs, scattered in between are 'C' shaped cloud patterns. The main area is divided into inner and outer areas by three rings of comb teeth patterns, with a ring of 8-shaped abstract dragon pattern in between. Among these patterns are small nipple studs. The outer area is adorned with seven nipple studs and divine beast patterns such as green dragon, white tiger, red phoenix and black tortoise etc. The mirror edge is decorated with triangular jigsaw patterns and divine beast patterns. What is particularly noticeable is that the decorations on the mirror back are mostly compact and smooth, while the clearance is dark and obscure. Obviously the decoration part adopted the polishing process using amalgam.

Such mirrors usually contain five to eight nipple studs outside the button base, with seven nipple studs being the most common type. Between the nipple studs are birds, beasts, immortals, human figures etc., including four divine beasts and feathered man. The explanations of the connotation of the birds and beasts among seven nipple studs are different. The book <An Illustration of the Antiquities> calls this 'four divines and three auspicious.' The four divines are the four divine beasts (white tiger, green dragon, red phoenix, black tortoise). The denotation of the three auspicious is not clear. Some Japanese scholars call these seven items as red phoenix, yu pipe (an ancient musical instrument) playing, dragon, tortoise, white tiger, white deer, and toad. Some people also believe that, besides the four divine beasts, the rest three items are all animals in real life. Different as these explanations are, it is beyond any doubt that they are alll auspicious animals related to fairytales. Such mirror mainly prevails in the middle and late of the East Han Dynasty.

45. Mirror with Five Divine Animals

Round mirror, round button, round button base. The mirror edge is decorated with picture band. The button base is decorated with nine nipple studs on round bases. Between the nipple studs are birds and insects and three inscriptions Yi zi sun (good fortune to the posterities) together with tendril grass patterns. The main area is sivided into inner and outer areas. The inner area is decorated with two rings of raised string patterns containing a ring of entangled dragon patterns. The outer area contains two rings of comb teeth patterns containing nipple studs and divine beast patterns. Among those joint-arc shaped nipple stud base are five divine animals and divine goat and tiger. The mirror edge is decorated with triangular jigsaw patterns and entangled cloud patterns. There are black lacquer on some parts of the mirror.

46. Mirror with Dragon and Tiger Patterns

Round mirror, round button with persimmon pedicel shaped button base. Between the leaves of the pedicle are simplified bird patterns. A ring of wide, raised string patterns lies outside the button base. In the main area, between two rounds of jigsaw teeth patterns, are two dragons and two tigers together with four nipple studs. The dragons are in running posture, with big and long head, pointed mouth, triangular eyes, and raised forehead. The dragon has one horn, a thin neck and wide belly. There are wings on its shoulder and scales on its body. It has strong limbs and a long, wide tail. The tiger is running with its mouth open. The head, neck and body are of the same width. The four limbs are strong and the tail stout. The stripes on its body are especially conspicuous. The edge of the mirror is wide and thick, with a ring of double-lined flex pattern in the middle.

47. Tiger Patterned Mirror with Immortal Figures

Round mirror, round button, joint bead patterned button base. The mirror edge is decorated with a ring of picture band. Outside the button base is a ring of raised ridge. The main area is separated into four zones by four persimmon pedicle shaped nipple studs. Two zones are decorated with immortals. The main gods in the middle are East King and West Queen, each with a waitress on its side. The East King wears a hat, with two small feathered wing grown from the costal region. the West Queen wears a coronet with a flat top and two raised ends and also has two wings. For the rest two zones, one contains with a tiger, the other has a tree, with a servant standing on either side of the tree. A ring of thirty-seven inscriptions encircles the main area. Concaved nipple studs separate the beginning of the inscriptions from the end. Outside the inscriptions is a ring of jigsaw pattern. The mirror edge is decorated with triangular jigsaw patterns and cloud patterns.

According to the book <Shan Hai Jing>, West Queen lives in the Jade Mountain, and the West Queen is humanoid with a tail like that of a leopard and teeth like that of bear. It seems that the West Queen looks very ugly and fearsome. According to another book <Shen Yi Jing>, the East King lives in the East Huang Mountain. He is over three meters tall. The East king is also in the shape of human with face like that of a bird and a tail like that of a tiger. Such recordation is quite different from what is shown on the mirror. The two immortals later evolved into the earliest god and goddess. There is such recordation the Emperor Wu of the Han Dynasty had once met the West Queen.

48. Dragon and Tiger Patterned Mirror with 'Qing Gai' Inscriptions

Round mirror, round button, interlinked bead patterned button base, wide and flat mirror edge. There are five rings of decoration bands in the main area. The first layer contains a tiger and a dragon lie face to face with each other with the button in the center. The second layer contains seven nipple studs, among which are divine beasts. The third layer contains a ring of inscription band, with two nipple studs separating the first and last inscriptions. The forth layer is a ring of comb teeth patterns. The fifth layer is decorated with fourteen nipple studs with flat top.

49. Mirror with Confronting Tiger and Dragon Motif

Round mirror, round button, round button base, The mirror edge is decorated with a ring of picture band. Linearly carved tiger and dragon confront each other with the button in the center. The head of the dragon reached backward with the mouth open and tongue out. The trunk of the dragon hunches up, with the tail coiled behind. The tiger is has its eyes wide open and neck turns sideward, the four limbs waving in the air. Among the dragon head and tiger head are vertically arranged inscriptions 'ji yang'. Part of the bodies of the tiger and dragon is covered by the button base. The outer region is decorated with a ring of twenty nine inscriptions in Li style. The inscriptions are read clockwise and bear the meaning of driving away the bad lucks and bringing good fortunes for the posterities. A ring of comb teeth patterns contours the inscription band, outside which is another ring of tendril grass patterns.

Some scholars believe that the inscriptions 'ji yang' are alternatives of 'ji xiang', which mean good luck. But others believe that although the word 'yang' is interchangeable with 'xiang', and has the denotation of auspiciousness, the two inscriptions 'ji yang' might be the name of the craftsman, as the similar words 'huang yang' has been recognized as the name of the craftsman. Referring to similar inscriptions on the bronze mirror described in the book <an illustration of the Chinese bronze mirror>, we concluded that 'ji' does not mean auspiciousness, but rather the surname of the craftsman who manufactured the mirror in the East Han Dynasty.

50. Mirror with 'Kui' Dragon Patterns

Round, round button, round button base, wide and plain edge. The mirror edge is partitioned from the main area by a ring of concaved string lines The main area is decorated two double-headed kui dragons facing each other at the button. On one side of the button, the dragon has two heads, one of which has two horns and is playing with a bead, the other has only one horn and is perking up in proud manner. While on the other side, the unihorned head is playing with the bead, and the two horned head is looking around. The bodies of the two dragons take on 'S' shape, with flowery wings on the abdomen. Little nipple studs scattered around the dragon, signifying stars and clouds.

The ancients believe that dragon helps with procreation, the growth of everything on earth. In the ancients' opinion, dragon dwells in the east, has the attribute of wood, and signifies spring. The mingled dragons are actually engaged into copulating process. Since the dragon is the mediating god of Heaven, Earth, and human, such combination of Yin and Yang not only allows the rejuvenescence of all the phenomenon, but also puts order to the whole world. This pattern is used to symbolize the combination of Yin and Yang, as well as the coition between men and women.

51. Mirror with 'Changyizisun' Inscriptions

Round, round button, wide and flat edge, persimmon pedicle shaped button base. Between the four leaves of persimmon pedicles are four inscriptions, read as Changyizisun, wishing for good fortune to the posterities. Three lines of jigsaw pattern divided the patterns at back of the mirror into two parts. Out of the string patterns in inner parts are eight incurvate joint arc patterns with large radian. Between the joint arcs are flower petals and "山"-shaped patterns. Further out is delicate comb teeth patterns adorned by cloud and thunder patterns. The cloud and thunder are made of a round whorl pattern and two alternatively placed triangular patterns.

Such mirrors are relatively popular and have been excavated in larger numbers. Those who are finely forged are sick and heavy and appear silvery white after excavation, still capable of reflecting images.

52. Mirror with Flower and leaf Patterns

Round mirror, round button and base with wide and flat edge. There are four fat leaves patterns around the button and between the four leaves are four inscriptions read as 'Changyizisun', Out of the nscriptions are eight incurvate joint arc patterns.

53. Mirror with Divine Beast Patterns

Round mirror, round button with flat top, round button base. The mirror edge is decorated with a ring of picture band. Four crouching divine beasts separate the main area into four groups. One is the East King with two servants and bird ob both sides. Another group is the West Queen, also with divine beasts and birds on both sides. The rest two groups are arranged face to face with each other with the mirror button in the center. In one group, an immortal is sitting there with a servant both in front and behind him. In another group is another immortal sitting with a servant standing on either side. There are circular nipple studs both in the trunk of the beasts and in front of the beasts. The mirror edge is decorated with six dragons and cart, immortals with sun and moon as well as feathered man on bird. Outside th picture band are fourteen squares and fourteen semi-circles. Within each squares are four inscriptions. Above each semi-circle are entangled cloud patterns.

Wei and Jin Dynasties, as well as Southern and Northern Dynasties

54. Mirror with Birds and Inscriptions

Round mirror, round button, comb teeth patterned button base. The back of the mirror is separated into four area by string patterns. The four areas are beast area with nipple studs, inscription band, comb teeth band, and double lined jigsaw teeth pattern separated by nipple studs. The inner beast area are adorned with six nipple studs, among which are flying birds. The birds are with their wings and tails open, and the heads turning backward. The inscriptions bands contains eight inscriptions, with the benediction for the good luck for the offspring. The inscriptions are separated with each other by round nipple studs. The birds in this mirror has disengaged from the shape of the divine bird red phoenix. It has become more mundane and lifelike.

55. Mirror with 'Wei Zhi San Gong' Inscriptions

Round mirror, round button, round button base, wide and plain. There are four inscriptions 'wei zhi san gong' on the mirror, with two inscriptions above the mirror button and two under the button. Both on the right side of the upper inscriptions and left side of the two lower inscriptions are vertical parallel lines. There are phoenix bird patterns on the left and right side of the button. the clearance are filled with cloud patterns. Between the main area and mirror edge is a ring of jigsaw teeth patterns.

The inscriptions 'san gong' are official positions set up in the Zhou Dynasty. Hence, the total four inscriptions are benedictions wishing for official promotions. Although the decorations on the right and left side of the button are not quite the same, we can still find that the patterns on the bronze have changed from centrosymmetrical to axialsymmetrical. Such mirrors are popular from the late East Han to Wei and Jin Dynasties.

56. Dragon and Tiger Patterned Mirror with 'Qing Gai' Inscriptions

Round mirror, big round button, round button base, triangular edge. A tiger and a dragon are confronting each other in high relief with the mirror button in the center. The tiger is on the left and the dragon on the right. Both have part of their bodies buried under the button. Beside the tiger, in the upper left area of the inner region, are vertically arranged inscriptions 'qing gai' in Li style. Under the button is a person in bizarre posture, with his left knee knelt down and his right hand reaching out, as if feeding the divine goat in the left. The outer region is decorated with comb teeth patterns, triangular teeth patterns and double lined wave patterns in turns.

According to the research done by Mr. Wang Zhongshu, 'qing gai' is the name of the craftsman who made the mirror. The mirror edge, button and the shape of tiger and dragon are all the practice in Wei and Jin Dynasties and can be no early than the late East Han Dynasty.

57. Mirror with Divine Beast Patterns

Round mirror, round button with flat top, round button base. The mirror edge is decorated with a ring of picture band. The main area contains six immortals and four divine beasts arranged alternatively. On either side of the button is an immortal together two beasts. The two immortals wear hats. The silk cloth on the shoulder floats in the air. The hands of the immortals are cupped in front of the chest. They are sitting on the dragon and phoenix seat. Both men are smiling, with peaceful demeanor. The two divine beasts lie on both sides of the immortal. The beasts are having their eyes and mouths open. There is a circular nipple stud on one the beasts. The rest four immortals are arranged in pair. The two immortals sit face to face with each other. A phoenix lies in between the two immortals. The peripheral area is decorated with squares and semi-circles. Within each square is an inscription cut in relief, only the inscriptions are illegible. Above the semi-circles are cloud patterns. The main area is contoured by a ring of comb teeth patterns. A ring of raised ridges separated the main area from the mirror edge. The mirror edge is decorated with six dragons and cart, immortals with sun and moon, feathered man on dragon, feathered man on bird, as well as feathered man on tortoise. Outside the picture band are consecutive diamond shaped patterns.

58. Mirror with Divine Beast Patterns

Round mirror, round button, round button base. The mirror edge is decorated with picture band. The main area is decorated with the East King (a fairytale figure), West Queen (a fairytale figure), emperor and Boya playing qin (a seven-stringed musical instrument). Among those figures are divine beasts with ring-shaped breasts in the trunk. Outside the main area is a band which contains eight square pegs and eight semi-square pegs and eight simi-square pegs. These square pegs and simi-square pegs are arranged alternatively, Each square peg bears an inscription. The inner side of the band is a ring of thin string patterns. Outside the string pattern is a ring of triangular ridge inside which is another ring of lotus petal shaped pattern. The edge of the mirror is inclined, with the outer side higher than the inner side. The inner side is adorned with beast patterns and the outer side with diamond shaped cloud pattern. The decoration of this mirror adopted the high relief technique,

which made the figures and beasts vivid and lifelike with the three-dimensional effect. The motif of the mirror comes from the folk legend. Together with the archaic words, the motif on the mirror expressed the wishes of the ancient people to impetrate longevity and happiness.

59. Mirror with Divine Beast Patterns

Round mirror, round button with flat top, round button base. The mirror edge is decorated with a ring of picture band. The inner area contains eight circular nipple studs which are arranged in a circle with the mirror button in the center. Among the nipple studs are all kinds of immortals and beasts. The outer area is contoured by thin ridges, inside which are squares and semi-circles that are arranged alternatively. The squares contains benedictory inscriptions, above the semi-circles are eddy shaped decorations, which are enclosed by small lotus petal shaped decorations. Outside the thin rdidge is a ring of lotus petal shaped decorations. In the slope of the mirror edge are jigsaw teeth patterns, outside which are birds and fished. The outermost area of the mirror edge is decorated with diamond shaped patterns. Such mirror type is also called divine beast mirror with circular nipple studs. It is relatively common in the East han Dynasty and Wei, Jin Periods.

60. Mirror with Three Sectional Arranged Divine Beast Patterns

Round mirror, round button with flat top, round button base. The mirror edge is decorated with a ring of picture band. The main area is separated into upper, middle and lower sections. The upper section contains a tortoise carrying a baldachin, with five human figures on either side. The middle section contains two divine horned beasts. The beasts have large eyes and noses. They are looking upward and lying back to back with each other with the button in the center. The lower section contains two gods, both sitting up and facing forward. Outside the main patterns are twelve squares surrounded by twelve semicircles. Each square contains one inscription, altogether make benedictions to the family members. A ring of comb teeth patterns contours the main area. The inner side of the mirror edge is decorated with cloud patterns.

61. Mirror with Three Sectional Arranged Divine Beast Patterns

Round mirror, round button, round button base, thin edge. The decorations on the mirror back are divided into inner and outer areas, separated by a ring of comb teeth patterns. Two parallel lines separate the inner area of the mirror into upper, middle and lower sections. In the upper section is a tortoise, carrying a baldachin on its back. Under the baldachin sits a god facing forward. There are two serving gods beside him. One is sitting on the back of the tortoise, another is kneeing and facing the main god. Four waiters are standing on the left, all holding something and facing the main god. In the middle section, two major gods are sitting face to face, with the mirror button in the center. The lower section contains another two gods, sitting on both sides of the interlacing ribbons. A ring of inscriptions contours the main patterns, with copper coin shaped patterns separating the first inscription from the last. The outer area is decorated with a ring of geometric patterns, with entangled cloud on both sides.

62. Mirror with Divine Beast Patterns

Round mirror, round button, round button base. The edge is decorated with a ring of picture band. Four square seals lay crisscross on the mirror back, with the mirror button in the center. The square seals separate the mirror back into four zones, each zone containing a running beast. Within every square seal are two inscriptions, which makes a total of eight inscriptions. Outside the main area is a ring of jigsaw pattern. The edge of the mirror is adorned with consecutive cloud patterns.

Such mirror with divine beast patterns often bears chronographic inscriptions, which offers relatively reliable evidence to the identification of the time in which the mirror is used. Such mirrors got popular in the late stage of middle East Han Dynasty, and were used after the East Han Dynasty.

Sui and Tang Dynasty

63. Mirror with Four Gods and Twelve Animals Patterns

It is round, with round button and round button base, the border is plain. A circle of inscription is round the base like 'bright with blessing, longevity for life', between each character there are little button in between. In the main part, three circles of incredible pattern are dividing the patterns into tow circles. One circle is decorated with four gods, they are Black Dragon, White Tiger, Red Bird, and Tortoise, the mountains and clouds pattern serve as background. The other circle is separated into twelve grids, in each of which are mouse, ox, tiger, hare, dragon, snake, horse, goat, monkey, cock, dog, pig, the twelve animals, they are vividly made with clouds pattern as background. In the outside is a circle of triangular saw tooth pattern.

Four gods are black dragon, white tiger, red bird, and tortoise, twelve animals is the twelve branches, they are mouth(Zi), ox(Chou), tiger(Yin), hare(Mao), dragon(Chen), snake(Si), horse(Wu), goat(Wei), monkey(Shen), cock(You), dog(Xu), pig(Hai), all twelve soul animals. In Sui and Tang Dynasty, these two kinds of pattern are separately used or use with other together. The twelve animal origin can not be detected, but we could find them in document of Southern and Northern Dynasties, the earliest pattern is to be found in the bronze mirror of Northern Dynasty. In the book <Antique Appreciation and Check>, the mirror is composed of the pattern of twelve animals without four gods, other beasts appear instead, also no grid was found between twelve animals, which are connected by flowing clouds and the whole composition is vivid and lively. The four gods and twelve animals pattern still has the flavor of rigid in Eastern Han Dynasty, but the bass-relief carving craft has improved a lot, which hasn't the shortcoming of lacking depth in surface carving, and the shortcoming of bulging and roughness in high relief. The twelve animals and four gods made in Sui Dynasty are all tramping in clouds, their image are large and real, but those of Tang Dynasty focus on the motion of flopping and jumping.

64. Mirror with Four Divine Beasts Patterns and 'Xian Shan Bing Zhao' Inscriptions

The bronze mirror is round shape, with round button and beast shape button base, double line square is circulating the button base. A circle of budging rim is separating the mirror back into two parts. On one part, is the simple pattern and four gods pattern, 'V' shaped pattern and double line square are facing each other, inside each sign are one beast face pattern. On the surface are four gods, white tiger, red bird, and tortoise, some cloud pattern is filling in between. On the dividing bulging rim are two circles of water lily petals and saw tooth patterns. On the other side is thirty two Chinese character inscription, they are 'the spiritual twin mountain is with gifted water, flower has the imagined colors, at night the mirror is round like the Moon, and bright like luminous pearl, the jade base is rare on earth with five lucky signs, and twin birds are dancing in delicate shadows, all the beauties could not be in description, yet in the mood for unlimited luck.' From the both ends are separated with little button, a circle of saw tooth is circulating the inscription. Another circle of grass like pattern is round the border.

The major pattern is four gods and chessboard playing pattern. Four gods are black dragon, white tiger, red bird, and tortoise. In Han Dynasty, four gods are on each side of the bronze mirror, which means the four directions, and has the effect of evil repelling, thus the mirror inscription always goes like 'dragon and tiger on both sides could repel evil spirits, red bird and tortoise could make smooth the situation.' The chessboard-playing pattern is accompanied with four gods, each on one side. This kind of mirror can also have Chinese twelve earthly branches names, which are all set in the grid outside the button base.

65. Mirror with Lucky Beast Patterns and 'Linghua' Inscriptions

The shape is round with round button, and round button base, the brim is triangular. A bulging rim is dividing the pattern into two parts. On one part is decorated with four godly beasts in clouds, with water lily petals and sawtooth pattern serve as circle. On the other part is inscribed with eight Chinese character in regular script, like 'flower as mirror brim, bright like pure moon', between each character there are some flower blossom like buttons as decoration. Judging from the style and the inscription, this mirror should be made in Sui Dynasty.

66. Mirror with Lucky Beast Patterns and 'Guang Liu' Inscriptions

The mirror is round with round button, and petal shape button base, on the outside is a circle of beads string pattern. A circle of bulging rim is separating the mirror back into two parts. In the interior part is six heavenly beasts arranging round the button, all are galloping, some turning head back, some rearing head upward, all are carved vividly and brightly, two circles of water lily petal pattern and saw tooth pattern are decorated on the border. On the exterior part are twenty two Chinese character inscription in regular script 'lighting as pure moon, sounding ad water, pure in the body and glister outside, unlimited brightness with longevity to the heart and soul.' The tow ends of inscription are decorated with little button. The border is triangular, with two circles of saw tooth pattern. The whole mirror back is carved in fluent and delicate lines, the characters are fully expressed and the composition is simple yet clear with the subject.

67. Mirror with Lucky Beast Patterns and 'Lan Gui' Inscriptions

It is round with round button and round button base, and the border is narrow. A circle of bulging rim is separating the mirror back into two parts. On one part are four beasts with twisting bird pattern in between. Four beasts are facing each other, two of them are bending their heads down, their tails downward. Another two beasts are curving their neck and head back, the body is long and winding, the long tail is winding upward. The twisting bird patterns are the same; all are like flying and dancing. On the other part is inscription, which goes like 'chamber is still, mirror is round, eyes in it, imagination for away, beautiful image inside, powder glistening, such beauty in the mirror is shy to look back.' The last character 'look' is separated from other characters by flower. The mirror border and the bulging rim are decorated with two circles of water lily petal and saw booth pattern. The Lucky beasts and inscription are very popular in Tang Dynasty.

68. Mirror with Six Blossom Patterns and 'Ling Shan' Inscriptions

It is round shape, with a round button and a round button base. Outside the button base is a circle of beads string pattern, a circle of bulging rim is dividing the mirror face into interior and exterior parts. In the interior part are six blossoms arranging round the button, in each of them are the flower made of six trumpets like petals round seven dots, outside is a circle of beads string pattern and two circles of incredible pattern, which contribute to make blossoms, between which are some reeling leaves with honeysuckle pattern. The exterior part is carved with thirty two Chinese characters in regular script, it read from right side as 'spiritual mountain embody treasure, god send for viewing, the shape is round and bright like the moon, the glister glowing like shinning pearl, it is so rarely seen, thus the beautiful face reflected in it should beam, and sigh for the gorgeous shadow in it, how lucky and fine forever', on both sides of the words are some little button as decoration. The mirror border and bulging rim near side are decorated with two circles of water lily petals and saw tooth pattern. This kind of mirror is mostly prevalent in the Sui and Tang Dynasty.

69. Mirror with Grape and Five Lucky Beasts Patterns and 'Guang Liu' Inscriptions

It is round with big round button and round button base, and the border is narrow. On the mirror back a circle of bulging rim is separating the patterns into interior and exterior parts. In the interior part, five lucky beasts are galloping in the same direction, some are like fox, some are like wolf, some are bending their heads, some are turning their heads back, between them are the broad leaves flowers and grape pattern. The exterior part is decorated with inscription, which goes like 'lighting as pure moon, sounding as water, pure in the body and glister outside, unlimited brightness with longevity to the heart and soul.' The two ends of inscription is separated with some flower blossoms. Inside the bulging rim and the border inside are some water lily petals and saw tooth pattern; the mirror border is reeling in. The 'glister glowing' mirror is to be in prevalent during Gaozong reign in Tang Dynasty, the grape pattern is also popular at that time, yet remain to be the less popular one. Till the reign of Empress Wu Zetian, the Lucky Beast with Grape Bronze Mirror gradually came into being. The fruits of grape mean more offspring and yielding.

70. Mirror with Grape and Lucky Beasts Patterns

It is round with round button and round button base, and the border is narrow. A circle of incredible pattern is dividing the mirror back into interior and exterior parts. In the interior part are six lucky beasts climbing in grape twigs, their figures are made vividly and naturally. In the exterior part some beasts are made and separated with large grape bunches and leaves. A circle of water lily petal and saw tooth pattern is decorating the interior and exterior parts. The border is decorated with continuous flowers and twigs, the border is reeling in. The whole mirror is taking the craft of relief making; the mirror back is curving and bulging.

71. Mirror with Grape and Lucky Beasts Patterns

It is round with lying beast like button. The interior part, exterior part and the border is separated with bulging rim. The interior part is decorated with eight lucky beasts arranging in a circle, two are facing each other, some are lying on the back or on the stomach, some are climbing or jumping, they all take different configurations, outside the eight beasts are some bunches of grape and leaves. In the middle part is curling cloud pattern. In the exterior part is the flying fairies, Buddha and fish dragons are arranging in a circle, near the border are some bunches of grapes and leaves. The border is decorated with flowers and leaves pattern.

The fish dragon is rarely seen on the bronze mirror, this is a kind of dragon with dragonhead and fish tail. In the article <poet on Xijing City>, Zhang Heng of Han Dynasty wrote 'fish turn into dragon slowly'. <Sui Document. Music part> also note that 'fish can turn into dragon, dragon can turn into fish, and yellow dragon could change'. The most famous words are in <Stillness. At Dusk> by Xin Qiji like 'wind blow like instrument sounding, jade pot is glowing with glister, over night fish dragon is dancing in the water', and later the fish and dragon are made into the story of fish jumping through the dragon Watergate, which represent richness and nobleness. good luck and great profits.

72. Mirror with Grape and Lucky Beasts Patterns

It is round with lying beast like button, and the border is plain. The interior and exterior parts are separated with bulging rim. The interior part is decorated with twisting grape twigs, the leaves pattern are five part like, the fruits are ripe, all ther nine bunches except one bunch are arranging around in a circle, in between the grape twigs are some flying butterflies and dragonflies. The six lucky beasts are lying on the back or on the stomach, some are galloping, some are winding their body into the twigs. In the interior part, the grape twigs are stretching into the exterior part. Some different shape lucky beasts and fowls are clearly identified in the bunches of fruits and leaves, all the magpies are showing their bellies; this is rarely seen in the bronze mirror.

There are all kinds of names for lucky beasts pattern, they are 'Sea Beast', 'Sea Horse', 'Lucky Beast', etc, the mirrors are the most prevalent and numerous one in Tang Dynasty, they are popular in Wu Zetian's reign, till

Xuan Zong's reign in Kai Yuan Period. The international communication is very well founded in Tang Dynasty, the lucky beast with grape pattern is descending to China on the silk road, Chinese art craftsman use this pattern successfully on the mirror back.

73. Mirror with Grape and Lucky Beasts Patterns

It is round with lying beast like button, and the border is narrow. A bulging rim is separating the interior and exterior parts. In the interior part are six beasts around the button and facing to the mirror border, their configuration are quite different, some are walking and some are lying on the ground, some are climbing and some are winding their bodies, some are playing between the grape twigs. In the exterior part are some big grape bunches and leaves, in between are some lucky beasts and fowls picking up grape seeds. Around the border is circle of cloud pattern, the border is reeling in. The whole mirror back is made in high relief, the image of the beast is vivid and lively, the grape twig pattern are serving as background which break the boundary of interior and exterior part and is very motional. This mirror is made in Middle Tang Dynasty.

74. Mirror with Grape and Lucky Beasts Patterns

It is round with lying beast like button, and the border is plain. The bulging rim is separating the interior and exterior parts. The major pattern of interior part are five beasts climbing and playing in the grape twigs, the beast heads and necks are short, with their mouth open and all are running, the configuration is made delicate and vivid. In the exterior part are eight fowls in the fruitful grape twigs, some are resting on the grape twigs, some are flying in between, the stillness and motion make the composition vivid like. On the border is a circle of petal pattern, and the border is reeling in.

75. Mirror with Grape and Lucky Beasts Patterns

It is round shape with lying beast like button, the border is narrow. The bulging rim is separating the mirror back. In the interior part are four beasts arranging in same direction, they are all leaning on grape twigs and stretching their arms. On the exterior part are some twig twisting grape, with abundant fruits, some long tail bird, dragonflies and butterflies are picking up the grape seeds. On the border is decorated with a circle of flowers and leaves pattern, the border is reeling in.

This mirror is decorated with the scene of all kinds of birds and beasts jumping and dancing, on the bulging rim of the interior and exterior parts is flower twig pattern, this shows that this mirror is one transition from popular to declining, and may be made in the Zhongzong's reign of Tang Dynasty.

76. Gold Back Mirror with Grape and Lucky Beast Patterns

It is eight-diamond flower petals shape, with a gold shell on the mirror back, above which is a decorative pattern in relief style. In the middle are two beasts running after each other round the middle button, a circle of incredible pattern is dividing the shell face into interior and exterior parts. In the interior part are eight heavenly beasts in winding grass, before each beast is a round circle, the heavenly beast is walking, lying, climbing or jumping, some are playing with each other. In the interior part are some flowers and grass crossing together into the exterior part, in the eight petals are some blossom, the flower twigs are crossing each other between those petals, each petal have a four leave flower bud set facing the middle of diamond shape flower, on both sides are some grape fruits, below are two birds picking seeds, in the eight petals are two birds in different postures. Near the mirror border are some flower twigs on the border.

The gold and silver cover bronze mirror is one of the art craft in molding bronze mirror of Tang Dynasty, this kind of craft use silver or gold as gilding, on which are carved all kinds of patterns. This mirror has gold as cover and the body is thick and heavy, the surface is made smooth and bright, the making process is careful, and it could even make the feathers on the birds. From the twigs on the balk we can reckon that this is the masterpiece of Late Tang Dynasty. According to the document of <Old Document. Gao Ji volume>, it says that 'Emperor Tai Zong has grant a gold cover bronze mirror, to show its pureness.' This description of 'gold cover bronze mirror', means this back gold cover bronze mirror.

77. Silver Back Mirror with Lucky Beast Patterns

It is eight diamond flower petal shape, with a round button and diamond flower like border. On the mirror back is gilded with silver, on which are four lucky beasts pattern. In the interior and exterior parts is a circle of narrow bulging rim. The interior part is broad and thick, near the rim is a honeysuckle which is spreading the interior part as background, the main pattern is four lucky beasts arranging round the button. The four beasts have different configurations, all are picking the flower twigs, and one beast is reaching two wings from the ribs. The pattern carving is delicate, the plume of lucky beast is made delicate. In the exterior part is a honeysuckle pattern in the spaces formed with eight petals like mirror border, whereas this is different from the separate space with eight diamond flower petals, the honeysuckle pattern is spreading throughout the eight flower petals.

The craft of this silver back bronze mirror is the same with the former gold back bronze mirror. According to the book of <World Creation · Five Elements · Gold>. it says 'the glister of gold is the most gorgeous one, people used to make it thin and use it. To make the gold sheet, first make it thin and wrap it in the black gold paper, it needs heavy hammer power on it. So the process should be first pour hot paint on the floor and stick it.' Judging from this, gold cover or silver cover bronze mirror, is made to be molded into gold or silver cover in accordance with the mold.

78. Mirror with Dragon Patterns and 'Qian Qiu' Inscriptions

It is eight sunflower petal shapes, with a round button and sunflower petal like border. The dragonhead is near the button; its body is winding upward like a character 'C'. The dragonhead is carved clearly, its two horns are turning backward and its hair is thick, and it is opening the mouth and showing its tongue, its neck is on the button. The back fin, the shellfish, squama and elbow fur are concisely carved. The two forearms are stretching in different directions; the two hind legs are stretching forward and backward. The stretching hind legs are closely twisting with its tail. Four legs are showing three paws. Around the dragon are three flowing clouds. Near the border is a circle of incredible patten, which form eight spaces with flowers, flowing cloud and square patterns alternatively. In the middle square grid of the square are two words 'longevity' and 'forever'.

This kind of cloud and dragon bronze mirror is particularly molded for Xuan Zong's birthday. According to document noted for the longevity festival on September 5 the emperor will grant bronze mirror to all the officials. Emperor Xuan Zong once write a poem <Granting Princess Bronze Mirror> 'granting bronze mirror this festival, highest honor is for the princess'. The poet Bai Juyi once wrote in his poem <New Musical Document. Delicately molded Mirror> 'on the back are nine dragons, thus people call it Son of heaven bronze mirror'. Dragon in Cloud Pattern is one of the major patterns in royal family of Gorgeous Tang Dynasty. This mirror face is bright and smooth; the art craft is delicate and fine. The dragon on the mirror is flying in the heaven, the flowing clouds are flowing in the heaven, its mouth is widely open, and the figure is made vividly.

79. Mirror with Twisting Dragon Patterns

It is eight sunflower petals shape with a round button, and a sunflower petal like border. A circle of in credible pattern is dividing the mirror back into interior and exterior parts. In the interior part is carved with dragon pattern. The whole dragon body is twisting round the button, with its claws stretching, the mouth is reaching to the button, like to pick the pearl. The dragon has three toes. Around the dragon are some flowing clouds. In th exterior part are eight sunflower petals shape, on which are butterflies and clouds pattern. The sunflower petal shape winding dragon pattern bronze mirror has interior and exterior parts, in Five Dynasties, Song and Jin Dynasty, the sunflower petal shape mirror is not divided into interior and exterior parts. This kind of dragon pattern bronze mirror is prevalent in Emperor Xuanzong's reign of Tang Dynasty.

80. Mirror with Two Dragon Patterns

It is eight sunflower petal shape, with a round button. The border is sunflower petal like. A circle of incredible pattern is dividing the back into interior and exterior parts. The subject of interior part are two dragons. The two dragons are turning its head, their claws are swinging, both mouth are to reach the button as to get a pearl, the thick tail is winding to bind the legs, the squama and beard are delicately carved. The fronts and ends are joining together, the bodies are winding round the button on the mirror back, between the front and end are the dragon bodies, around the bodies are some lucky clouds. Near the border is a six petal like sunflower with a cloud pattern in it.

The image of dragon is not made mature and perfect, its image, configuration and flavor have come to the highest point. Moreover, the clouds as background are carved for foiling. The dragon pattern of Tang Dynasty focus mainly on the symmetry of the body and the exquisiteness of squama, this bronze mirror may be molded in the Middle Tang Dynasty.

81. Mirror with Twin Birds Twin Horses and Flowers Patterns

It is eight petal sunflower like, with round button. The major part is decorated with two horses richly decorated and each is tramping on water lily flowers, and dancing together. On the top of the button are two flying birds with flower twig in beck, one after flying together. Below the button is a flower twig. the flower is in full blossom or in buds. The eight petals are decorated with glowing clouds and flower twigs.

From the Emperor Xuanzong of Tang Dynasty, the court appreciate dancing horses performance, the horses are dancing with gold plate on hoofs. The scene on the mirror shows the whole script of the court life, and the decoration is vivid and delicate, this is changing from the one middle circle simple pattern of Han, Wei and Jin Dynasty.

82. Mirror with Birds and Flower Twigs in Clouds Patterns

This is eight diamond like petal shape, with round button. Two circles of incredible pattern is dividing the mirror back into interior, middle and exterior parts. In the interior part is decorated with the four mountains and clouds pattern, four mountains and the middle button form the vision of five mountains; the middle part is decorated with four flying birds with flower twigs, the flower twigs are of two leaves and two buds, on both sides are two butterflies flying. On the exterior part eight diamond like petals form eight parts with the incredible pattern, in it are two kinds of flower twigs.

The Bird and Flower Twig Bronze Mirror of Tang Dynasty is deriving from two kinds of bronze mirrors, which are Lucky Beast with Grape Bronze Mirror and Lucky Beast and Twin Birds Bronze Mirror. Birds and flower pattern is based on the realistic birds and fowls or legendary birds and vividly made flower twigs pattern; this is one of the most characteristic one in Tang Dynasty. According to the documents excavated from the tombs of Tang Dynasty, Bird with Flower Twig Bronze Mirror was first excavated form the tomb of Emperor Zhongzong in the second year of Shenlong, and is prevalent in the glorious Tang and middle Tang Dynasty.

83. Mirror with Flower and Bird Patterns

It is eight-diamond petals like, with the inscribed circle and beast like button. The main part is decorated with four birds and four flower twigs in between, four birds are arranging in the same direction, among which two are picking flower twigs and spreading their wings, two are standing still, on is to fly, the other is shaking wings and turning back. Four flowers are flower twig with four leaves and two buds. Inside the eight petals within the border are some flowing cloud pattern, which is like the Lucky cloud pattern. whereas the cloud end is replaced by flower petal.

Flower and Birds Bronze mirror is a kind of mirror in Tang Dynasty, Xue Feng of Tang Dynasty said; 'the mirror is there during the wedding, the shadow of birds is glistering with the diamond petals.' This just describe the scene of middle and late Tang Dynasty when the mirror is very popular among people.

84. Mirror with Flower and Bird Patterns

It is eight diamonds like petals shape, with an inscribed circle and a lying beast button. The main area is decorated with two wild geese lying between chrysanthemums, a pair of mandarin ducks are flowing on the lotus base. Two pairs of birds are arranging in converse symmetrical order, the bird body is rich in plume, and the wings are delicately and vividly carved. Inside the eight diamond like petals are decorated with flying birds and flowers.

The bronze mirror of Tang Dynasty are mainly focus on the subject of realistic birds or fowls or some legendary phoenix and flower twigs, which is one of the most characteristic one in Tang Dynasty. This kind of pattern is first prevalent in glorious Tang Dynasty and middle Tang Dynasty. From the view of painting, the flower and flying birds matches first appear in the glorious Tang Dynasty, thus this mirror should be popular from glorious Tang Dynasty.

85. Mirror with Flower and Bird Patterns

It is eight diamonds like petals shape, with an inscribed circle and round button. The main part is decorated with four flying wild geese, on four sides of the button is the bird's body in conversely symmetrical order, and between the birds are some twinflower. Inside the eight petals near the border is decorated with some butterflied and flower twigs.

86. Mirror with Flower and Bird Patterns

It is eight-diamond petal shape, with an inscribed circle and a round button. In the main area are four birds arranging around the button, two of them are spreading wings and flying, the other two are standing still, in between are some flower twigs. On the mirror border are eight diamond like petals, inside which are four butterflies and four cloud patterns.

Bird pattern is one of the most popular pattern on the bronze mirror of Tang Dynasty, such as Twin Phoenix together, Peacocks in Flowers, Parrot Flying Together, etc, this kind of pattern resemble good luck and happiness, well-being and credible life, and is very well credited by people at that time. This kind of pattern is popular for a long time, and remains till Song Dynasty.

87. Mirror with Flower and Bird Patterns

It is eight-diamond shape petal like, with inscribed circle and a round button. On the button stands a bird on the twig, with his wings spreading and its head turning back, under the button a bird is spreading its wings and flying to a flower twig, the flower twigs are crossing with each other, on one end of the flower leave is a honeysuckle pattern. On both sides of the button a pair of birds are spreading their wings. On the eight diamond petals. the flower twig and flying butterflies are interphase. The whole composition is in both motion

and stillness, and takes on a lively look.

88. Mirror with Bird, Beast and Flowers Patterns

It is eight-diamond petal shape, with an inscribed circle and a round button. In the main area are walking a lucky beast and a bird round the button; in between are some flower twigs. On the mirror border are four butterflies on the flower twigs pattern and grass and leaves pattern. This mirror is carved in high relief with birds and beasts vividly and naturally presented, the leaves and flowers pattern is clear and delicate.

89. Mirror with Bird, Beast and Flowers Patterns

The mirror is eight-diamond like petal shape, with an inscribed circle and a round button. In the main area are two beasts and two birds arranging round the button. The lucky beast is turning its head up with legs stretching while running. The two birds are rearing their while turning their heads back; their feet are on the flower twigs, ready to pick the flower buds. Among the beasts and the birds are four-flower twigs pattern. On the mirror border is flowing clouds, honeybees and butterflies. The main pattern are made in the middle part, while no so complicated, the mirror border is only a form of pattern, yet it make the subject obvious and orderly.

90. Mirror with Lucky Beast and Twin Birds Patterns

The mirror is eight Petals diamond flower like, with lying beast like button, the border is diamond flower like. Inside the border a circle of incredible pattern is dividing the mirror back into interior and exterior parts. In the interior part is decorated with twin birds and twin beasts, twin birds are flying and dancing, the lucky beasts are galloping, all the beasts and birds are arranging in symmetry, in between are some twin flowers. The exterior part is decorated with some flying birds, honeybees and flower twigs.

91. Mirror with Two Birds Picking Ribbon Patterns

It is eight sunflower petal shape, with an inscribed circle and round button. The main area is decorated with a pair of birds facing each other, the figure is long and tender, both are spreading their wings with a ribbon in the mouth, their feet are on the flower twigs, like dancing vividly. On both side of the button are a pair of twin flower. Near the border is a circle of incredible pattern, which forms eight spaces with the mirror border and in them are eight various shape flowers.

92. Mirror with Twin Birds and Lucky Beast Patterns

It is eight sunflower petal shape, with a round button and sunflower petal border. In the main area two phoenix are facing each other, with the neck curving and breast stretching, the two wings are spreading, the tail back is flying upward. Below the button, the lucky beast is galloping with a grape twig on its mouth. On the button is a magpie with a ribbon on its mouth. Near the border is a circle of incredible pattern, which form eight spaces with the petal like mirror border, in them are birds on flower twigs, ribbon picking birds, Luck cloud end pattern, and flower twigs.

93. Mirror with Twin Birds and Lucky Beast Patterns

It is eight sunflower petals shape, with a round button and sunflower petal shape border. The main area is decorated with two birds facing each other, the two birds take different gestures, and all are curving their necks and stretching their breasts, with tails rearing upward, one foot is stepping and ready to dance. On the button is a galloping lucky beast; its body is like a horse with horns and saddles, in its mouth is a grape twig. Below the button is a grape twig, with broad leaves, a long tail parrot is standing on a bunch of grape, and is like picking some grape seeds. Near the border is a circle of incredible pattern, which forms eight spaces with the mirror border, the patterns in which are sunflower pattern, lucky cloud end pattern, two leaves around one bud pattern, and square pattern, all are in four directions, in the two sunflower petals are two Chinese characters 'longevity' and 'forever'.

This mirror is molded to celebrate the birthday of Emperor Xuanzong on September 5th; the day is therefore called 'Longevity Festival'. In the book of <New Tang Dynasty Document. Musical Part>, on that day all the officials are dedicating wine to the sovereign, and make the bronze mirrors as gifts. Emperor Xuanzong also offers bronze mirrors to the officials for showing his generosity. Thus 'Longevity Festival' is also called 'Longevity and Bronze Mirror Appreciation Festival'.

94. Mirror with Twin Birds and Twin Beast Patterns

It is eight sunflower shapes, with a round button, and petal like button base, the border is sun flower petal like. On the mirror back are some bass-relief twin phoenix and twin beasts arranging round the button. Twin phoenix are facing each other round the button, with rich plume and spreading wings, the tail is turning upward

and is like dancing. Below the button is a lucky beast with fur on both arms, four hoods are on a lucky cloud pad, no both sides are two flower twigs. Above the button is a lucky beast, with fur on the shoulder, and squama on the whole body, four hoods are on three lucky cloud pads.

According to the documents excavated from the tomb, Birds and Beasts Bronze Mirror takes ten percent of the whole amount, and is very popular after the prevalence of Lucky Beast and Grape Bronze Mirror, the main pattern is imitating the Mirror. Various art works indicate that the diamond shapes silver made bird and lucky beast pattern bronze mirror was molded in the first year of Chang Shou during Empress Wu Zetian's reign (694 AD), on the mirror back are some words like 'first year of Chang Shou', and is only detected removing the silver cover. The mirror was probably made during the glorious Tang Dynasty or the Middle Tang Dynasty.

95. Mirror with Two Birds and Flowers Patterns

They are sunflower petals shape, with a round button and flower petal button base. On the back of the mirror are three pairs of fowls. On both sides of the button are a pair of phoenix with rich plume and each is facing to another, they are picking beads string ribbon with tails rearing upward, two are standing on the water lily flower twigs. On both sides of the button are a pair of with ribbon in the mouth, they are flying in the sky. Below the button are two parrots standing on the flower twigs, one is busy picking, the other is picking a flower twig in the mouth. The whole composition is made vividly and simple, and takes on a harmonious and vigorous look.

96. Mirror with Two Birds and Flowers Patterns

It is eight sunflower petal shapes, with a round button and sunflower petal shape border. On both sides of the button are a pair of birds, each is curving neck to another, and is standing on the flower petals. Below the button is a lotus seeds, on both sides are symmetrically arranged lotus leaves. Above the button are two birds with a square in their mouth, above which is a flower basket, the ribbons are flying in the wind, and some clouds patterns are in between. Near the border is a circle of incredible pattern which form eight spaces with the mirror border, in which are some twigs and butterflies patterns. This mirror is smooth and bright with patterns delicately made, and is the representative one in the middle and late Tang Dynasty.

97. Mirror with Mandarin Duck Tied in Ribbon among Flowers Patterns

It is eight sunflower petal shape, with an inscribed circle and a round button. In the main area are decorated with two Chinese mandarins, with water lily pattern on the ribbon of the neck, each is sitting on the water lily base, their figure were made elegant and the expressions were made peaceful. Below the button are some water lily patterns, with the flower shaped very naturally, beautifully, delicately and simple. Inside the border are decorated some water lily, water lily leaves and butterflies in flowers pattern.

As referring to the ribbon, in the ancient book by master Yan, it says 'ribbon indicates taking, thus the shape is like a circle.' According to this, ribbon is closely connected with official seals, to show the difference of official's power, this has the same meaning 'to Higher Power' on the mirror of Han Dynasty. Besides water lily has the same meaning with 'continuous', and the connotation of to higher power. This pattern means good luck, happiness, and win peoples' favor at that time.

98. Mirror with Five Mountain Patterns

The shape is sunflower petal like, with round button and plain border. In the middle of the mirror back is the middle button and four mountain, all contribute to form five mountains, in the four mountains are decorated with elephants, wolves tigers and rhinoceros pattern. Around the button is sea waves pattern, in between are four swallows, outside the sea waves are eight flower patterns. This mirror is one branch of Lucky Beast Twin Bird Bronze Mirror, yet it lacks the twin birds and flower twigs patterns.

99. Mirror with Two Birds, Moon Palace and Twisting Dragon Patterns Mirror

It is eight sunflower petal shapes with a round button and sunflower petal shape border. On both sides of the button are two birds with one ribbon in each mouth; the birds are spreading their wings to the button, like flying to the moon palace. In the moon palace is a cherry bay in broad leaves, below the two sides of the cherry bay are a jade rabbit knocking for herbs and a jumping frog. Below the button is a dragon jumping out of the sea face, the neck is rearing upward, the forearms are stretching forward, and the hind legs are jumping in the wind, two sides are decorated with lucky clouds. This mirror combine three kinds of patterns together, they are dragon pattern, birds pattern, and moon palace pattern, the composition is divided into upper, middle and lower parts, the patterns on the mirror are designed creative, simple and rich in meaning, symmetrical and not rigid, spiritual and meaningful.

100. Mirror with Two Phoenixes Patterns

It is round shape with round button, and flower petal shape button base, and narrow plain border. The mirror

back is decorated with two phoenixes joining their heads and ends together, and flying together, two phoenixes are spreading their wings and wagging their tails, in their beck are some square like ribbon, the ribbons are flying from the breast to the end, they just fill in the space between the long tails, this form a fluid composition and is the style of Late Tang Dynasty.

101. Mirror with Two Phoenixes Patterns

It is round shape, with a bridge like button and narrow plain border. The mirror back is carved with two phoenixes in relief, and two birds are flying round the button. The phoenix heads are rearing upward, with their beck open slightly, their necks are stretching forward, two wings are spreading fully, and their rich plume is flying highly. The carving craft is simple and concise, the image is vivid, and the whole composition is set quite properly.

102. Mirror with Two Phoenixes and Peony Flowers Patterns

It is round shape, with a round button, flower petal button base, and a plain narrow border. On the mirror back are some leaves and flowers, in which are two phoenixes standing in the peony flowers facing each other, their tails are flying in the leaves. One phoenix is rearing its head and spreading its wings, the other is combing its plume. The two phoenixes have rich plume and are rearing their breasts and tails, looking vigorously. Below the button is a bush of four umbrellas like mushrooms; above them are tow lucky clouds on the button. The left phoenix is near the border; two birds are playing among the flowers and leaves. The whole composition is rich in content, and delicately designed, that is the craft of folk paper-cut.

103. Mirror with Jewelry Flower Patterns

It is six sunflower petal shape with a round button, on the base are three kinds of patterns, they are saw tooth pattern, beads string pattern, and arc like pattern. The major pattern is six flowers together in which are two patterns. Another is six lotus flower petal like, with six dots round one dot resemble pistil, outside which are saw tooth and beads string patterns, and six diamond shape parts are serving as petals. Another kind is six petals round one pistil pattern, another six flower twigs are outside, in them is set one flower leaves, this is just like a flower in full blossom. This kind of art craft, which take natural flower as basic figure and turn it into some decorative pattern, is called 'jewelry flower'. Jewelry flower is also called flower blossom bronze mirror, flower twig bronze mirror, their shapes are various, such as round shape, sunflower shape, diamond shape, etc, among which sunflower shape is the mostly used, and is prevalent after the gorgeous Tang Dynasty.

104. Mirror with Jewelry Flower Patterns

It is round shape, with a tortoise shape button and water lily flower like base, and the border is plain. The mirror back is set with a button in the middle, some petals are set on the surface, they are water lily petal and rosebud flower petal. The water lily blossom has six petals, in the middle the seven button are made as pistil. The rosebud flower is taking four leaves as the pistil, and like at flower in full blossom. This kind is mostly prevalent in Kaiyuan and Tianbao Period of Tang Dynasty.

105. Mirror with Jewelry Flower Patterns

It is eight sunflower petal shaped, with an inscribed circle and a lying beast shape button. The mirror back is decorated with a button, which is designed to be a pistil of a eight petal jewelry like flower. The decoration is simple and elegant. This kind of mirror is rarely seen, and can be regarded as the simplicified one of flower blossom pattern, and is mostly prevalent during Middle and Late Tang Dynasty.

The lotus flower pattern on the bronze mirror is prevalent in Tang Dynasty. Lotus flower is the symbol of Buddha, among those lotus flower patterns are some realistic and transfigurated ones. The jewelry flower on the bronze mirror is like lotus flower pattern, whereas the jewelry flower pattern in Song Dynasty is like peony flower.

106. Mirror with Jewelry Flower Patterns

It is eight-diamond petal shape with an inscribed circle and a round button. On the mirror back, the button is set as a, with a eight petal jewelry flower on the mirror back. This mirror is heavy and thick, the surface is black yet bright, the whole composition is simple and elegant.

107. Mirror with Jewelry Flower Blossom Patterns

It is round shape with bridge like button and the border is plain as well as smooth. On the mirror back are four rows of sixteen four-leave flowers, in which the flowers and leaves are connected with each other, all contribute to form nine squares, the exterior square is decreased by the mirror border. In side each square is

a jewelry flower, the outside is decorated with four broad leaves, they are stretching outward round the pistil. Near the border is the same kind of flower pattern, and the pattern is declining to the border.

Flower Blossom Bronze Mirror is one of the major mirror of Sui and Tang Dynasty, yet this mirror's composition is quite different from the regular pattern, which is decorated with flower twigs pattern and take mirror button as the middle, instead it take one flower blossom as a unit for the whole composition. This kind of design of geometrical style is rarely seen before.

108. Mirror with Lotus and Furong Flower Patterns

It is eight sunflower petal shape, with a round button and beads string button and beads string button base, outside the base is two circles of lotus flower petals. On the mirror back is some flower pattern, eight crossing flowers is taking the button as the middle, the twigs are crossing each other, the water lily flower and hibiscus flower are set together, in therm are some curving leaves. The whole composition is designed simple and concise, the design is unique and it is the style of Late Tang Dynasty.

109. Mirror with Immortal Mounting Beast Patterns

It is eight diamond flower shape, with a round button and diamond flower shape border. A circle of incredible pattern is dividing the surface into interior and exterior parts. The interior part is carved with four immortals mounting beasts and cranes, they are galloping in the clouds, and are arranging round the button. The immortals wear hat and robe, which stretching with the wind across both sides of the arms. One is mounting a phoenix, one is mounting a crane, the other two are mounting lucky beasts. The immortals are flying in the sky, which is designed as background, the ribbon is flowing, all take a spiritual look. In the eight diamond flower petals, butterflies and flower twigs are alternatively set.

This kind of mirror surface mix the traditional Chinese sketch with people figure painting, and has a flavor of clean and clear. The flying immortals are searching for beauty and not only for longevity and be sacred, this shows people's searching for soul's home.

110. Mirror with Immortal Mounting Beast Patterns

It is eight diamond flower shape, with a round button and diamond flower shape border. A circle of incredible pattern is dividing the mirror surface into interior and exterior parts. In the interior part are two immortals mounting lucky beasts, which are arranged round the button. The lucky beasts are stretching their four legs, the immortals are wearing flowing scarves. Between the immortals and the lucky beasts are two mountains, and the mountain tops are shining. In the exterior part are four honeybees and two luck pattern cloud end, and two flower twigs alternatively set.

The whole composition is clear and clean, with delicate design, which is almost the some with the bronze mirror excavated from No.89 tomb of Tang Dynasty in Guojiatan of Eastern Xi'an City. This kind of mirror was molded in Kaiyuan period of Gorgeous Tang Dynasty, and is prevalent in th whole Middle Tang Dynasty, and came to its decline till the Late Tang Dynasty.

111. Mirror with Beauty in Moon Palace Patterns

It is round shape, with narrow plain border. The subject adopted is moon palace, in which a huge tree is held out, the mirror button is used as part of the trunk, which is twisting and has three leaves on it. On the right side of the tree is a dancing beauty, with hat on its head and two arms holding upward, her left hand is holding a tray, in which are cherry bay leaves. The robe is flowing above the beauty body, below her feet is a toad fully stretching its toes. On the left side of the tree is a white rabbit standing still and two ears rearing upward, its two forearms holding stick, the rabbit is knocking herbs in a round mouth square base utensil, a cloud is set as background. The pattern on this mirror is presenting the scene of beauty dancing, white rabbit knocking for herbs, toad jumping and cherry bay in blossom in the moon palace.

Moon palace design is popular on bronze decoration of Tang Dynasty, and the subject is always Chang'E Beauty Flying to Moon Palace. The pattern is not bounded by the division of interior and exterior parts, this serves to make the subject obvious. This pattern is designed spiritually and simple, to make the fairy tale idealistic, and has a flavor of poetry. This kind of mirror is mostly seen in Gaozong and Dezong's reign in Tang Dynasty.

112. Mirror with 'Zhen Zi Fei Shuang' Inscriptions

It is Chinese character 'Ya' shape, with a tortoise shape button and water lily shape button base. On the left side of the button is a man in broad and long robe, the musical instrument is on the lap, his two hands are playing the instrument. On the right side is a tree, on which stands a phoenix. Above the water lily leave is a square in four parts, in each part is a Chinese character, they read like 'Zhen Zi Playing the Fei Shuang Tune'. On the square is a mountain in clouds and moon; this is also called sun rising from the mountain. Below is a water pool, in which the ripple is obvious, a water lily leave is stretching from the pool, on the leave is a tortoise set as button.

In the book of <Water Flower Stone and Bronze Mirror>, it says that 'Zhen Zi is someone's name, and Fei Shuang is the name of the tune, and when we go through all the musical document could not identify it, the ancient people make musical instrument to pass it down to their offspring, if he do not make the bronze mirror the name would not be remembered.' Zhen Zi is the name of somebody, whereas the name of the tune is Fei Shuang. In the book of <Gold and Stone Book> by Feng Yunpeng and Feng Yunwan, it says 'Zhen Zi could not be identified in the documents, his name may mean training, such as south Zhen mistress and original Zhen Zi, Fei Shuang is namely Yuan Shuang, Pei Hang meet Yun Qiao mistress and recite a poem in Yuan Shuang tune.' The modern scholar takes Zhen Zi as Zhen dutiful son, and reckons that Fei Shuang is another name for one of the twelve tunes, the pattern describe the story of Yin Boqi being exiled.

113. Mirror with Confucius Patterns

It is six sunflower petal shape with a round button and sunflower petal border. On the left side is a person in hat, with a stick in right hand, his left hand pointing forward; on the right side is a man in hat and robe, a musical instrument in the left hand; above the button is three lines of nine Chinese characters like 'Rong Qiqi answer to Confucius'; below the button is a tree. The whole composition is simple, natural, peaceful and elegant.

In the book of <Lie Zi Book. Fine Climate> it says that 'Confucius travel to Tai mountain, he saw that Rong Qiqi walking field, all the dears are playing the musical instruments and singing together. Confucius ask Why are you so happy?' Confucius respond 'I have many funs, and heaven breed so many things, only human being is the most precious, and I am a man so that it is a kind of happiness in the world. There is difference between the male and female, among them the male is more valued than the female, thus the male can be more valued thus I have two happiness. Human being has the time when the luck do not go with them or someone can't survive to be adult, I am now ninety years old, thus I have three happiness.' The one holding a stick in the mirror is Confucius, the one holding a musical instrument is Rong Qiqi. 'Three Happiness' Bronze Mirror is very popular in Tang Dynasty, and this show the pattern on the bronze mirror has changing its subject from heaven to the human world, and people's consideration and concern has switched to realistic feeling and emotion. The pattern on the mirror is rich in content; the configuration is simple and vivid. In Tang Dynasty, Chinese characters can be rarely seen, and the characters on the mirror change from Li calligraphy to regular script, and have a unique flavor.

114. Mirror with Eight Diagrams Patterns

It is round shape with a tortoise like button, the base is water lily like with a narrow plain border. Outside the button is a eight diagram pattern, which position is arranged according to the book of <Book of Changes-About Diagram>, that is to make Qian diagram in the Northwest and Kun diagram in the southwest. Outside are the twelve animals galloping, they are arranged according to the order, and all are galloping. This mirror button is water lily shape. In the book of <Southern State Techniques>, it says 'a heavenly tortoise is living in the forest of southern china, which is always nesting on the water lily'. The eight diagrams bronze mirror always appears in the Middle and Late Tang Dynasty and some even appear to the Song Dynasty.

115. Mirror with 卍 Pattern

The mirror takes the shape of Chinese Ya character, with a round button and plain border. The button is set in the middle of the mirror back, the beads string and two lines 卍 is on the mirror back, the whole body is thick, round, simple and unsophisticated.

In the bronze mirror of Tang Dynasty, 卍 character is used altogether with Buddhist subject, such as Jia Ling Buddha Holding Square Bronze Mirror. 卍 character is originally used as a token, phylactery and sign in the ancient times, and is taken as the sign for sun or fire. In the ancient India, Persia and Greece, the sign has been used as well as used in China. 卍 character is also used in ancient Chinese colorful pottery. 卍 character can be read as 'Shi Li Mo Cuo', this means 'the lucky token on the breast'. In the ancient time it is translated as 'sign of lucky sea', and is one of the thirty-two images of Sakyamuni, and the sign is carved on the breast of the Buddha. On the second year of Empress Wu Zetian's reign (693 AD), this sign is read as 'Wan'. Afterwards 卍 character is popularly used as lucky symbol, and this is later used in the mirror back, means lucky, such as 卍 character water flowing pattern 卍 in Ming and Qing Dynasty means continuous luck, and forever. This kind of mirror always takes sun god as the origin, and it take some elements from the Taoist spell, means sun radiation and change a lot from the religious token.

116. Mirror with 卍 Pattern and Inscriptions of Peace and Longevity

It is square with a round button and plain border. A two line 卍 character is round the middle button, inside 卍 is carved four Chinese characters 'Peace, Calm, Longevity, Forever.' 卍 Indian character means 'luck and Virtue', the Buddhism think it is the lucky sign on the Buddha breast, and is the symbol for 'Moral and Good Luck'. On the second year of Empress Wu Zetian's reign (693 AD) this 卍 character is designated to be read as 'Wan'. The 卍 character used on the bronze mirror has the meaning of good luck and it is prevalent in Middle and Late Tang Dynasty.

117. Mirror Inlay with Shell and with Two Birds and Flowers Patterns

It is eight sunflower petal shape with a round button the border is narrow and high. The mirror back is dotted with patterns. The pattern is made of shells, which is being stick to the mirror back, all the patterns are symmetrically set. The original tessera among the patterns is vague from wearing. On the mirror back below the shells are eight sunflower petals, between which is a black line joining with a button, the mirror back is divided into eight sunflower petals, between which is a black line joining with a button, the mirror back is divided into eight sector shape areas for the composition. Above the button top is decorated with circle like pattern, in the middle is red dots, a large circle is decorated round the button, on the border is decorated with eight flower petals, in each one is a flower pedicel, in the eight flower buds are pedicels, which are crowding together, on the top is some sector shape flower, the eight flowers all have a flower stalk in them, which compromise a flower blossom, the flower blossom is symmetrically set with flower bush, flying birds, flowing clouds and luck pattern clouds, the flower twigs are spreading as it would, the flowing clouds are fluid, the luck pattern cloud end is similar to leave or to cloud, each part is delicately carved with small and delicate pattern, such as the flower venation and flower stalk, the eyes and plume of flying birds are clearly and vividly carved.

118. Plain Surface Mirror

It is round shape, with a round button. The mirror back is plain with two circles of grooves. In the middle part of the groove, the section is like V shape, near the border the section of the groove is V shape, between the two grooves the major part is smooth and plain. The mirror back is bright, smooth, simple and have good taste.

119. Plain Surface Square Mirror

It is square shape, with a lying beast button, and the bulging rim is narrow. The mirror back is plain, with a square shape bulging rim outside, which form a Chinese 'Hui' character with the mirror border. The whole mirror is designed simple, concise elegant and sober.

The shape of this mirror is similar to the excavated one of square sea beast in grape bronze mirror in Tang Dynasty, the button is surrounded with bulging rim, the only difference is that the plain mirror surface is without pattern, and the bronze quality is not so pure.

120. Mirror with Flower and Leaf Patterns imitate the style of Han Dynasty

It is square shape with a round button and a square button base, a button is set on the four corner. Inside the mirror are sixteen arc shape pattern near the border. The mirror back pattern is a circle inside a square pattern. Outside the button base on the square, beside each side of frame is carved with Seal Character as 'Always Missing, Never Forgetting, Still in Rich, Happy Forever'. On each corner of the square frame is decorated with some X patterns. In the main area on each side of square is decorated with a persimmon stalk pattern, in the four corners are some honeysuckle pattern. Near the border are eight little buttons. In the main area is a circle of arc shape pattern. This is a bronze mirror made in Tang Dynasty as Imitation of Han Dynasty, the pattern decoration and lucky inscription all adopt the pattern of Han Dynasty.

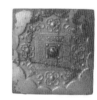

121. Mirror with Four Dragon Patterns imitate the style of Han Dynasty

It is eight sunflower petal shapes with a round button and a round button base. The main pattern is four parts in four leave pattern, which are like radiating to the outside. In each part is decorated with a twisted dragon pattern, both are facing each other, the head and neck form a U shape with the whole body, above the heads are two buttons which represent two horns of the dragons, in their mouths are decorated with button, which represent the pearls, the four claws and tail are all made abstract. On both side of the body are some arc lines to symbolize clouds and sea waves, between those lines are decorated with some button pattern, with a circle of beads string outside.

The pattern of this mirror is like the four dragon pattern mirror in Eastern Han Dynasty, yet its body is light and thin, the pattern is carved coarse, the body is twisting, which is striped of the mysterious flavor of Han Dynasty, and have a flavor of loveliness. Judging from the dragonhead pattern and the diamond flower petal shape, this mirror should be made in Tang Dynasty.

Song, Jin, Yuan and Ming Dynasties

122. Mirror with Chrysanthemum and Twining Branch Patterns

Eight salient water chestnut shape, round button, chrysanthemum petal shaped button base, diamond patterned mirror edge. The motif of the mirror back is four chrysanthemum flowers with twining branches. Small nipple studs serve as pistils of the flower and the petals are carved in bass-relief. The branch is long and slender and the flowers exuberant, exhibiting the beautiful scene of blooming chrysanthemums. The manifestation of the decorative patterns is mainly delicate bass-relief in thin lines. The design is simple and realistic. Because the bronze mirrors in the Song Dynasty are relatively thin, the bass-relief technique in thin lines emerges accordingly, and becomes an important characteristic of the bronze mirror at that time.

123. Mirror with Four Flower Patterns

Dumb-bell shaped mirror, bridge shaped button, lotus petal shaped button base, plain edge. A blooming flower decorated on each corner of the mirror back. The flower has three layers of petals which are spread outward. The pistils extend out and almost reach the edge of the mirror. Tiny flower patterns looms in the background. The cuttings are light and brisk. A row of inscriptions lies vertically in the left of the mirror edge, followed by a seal mark. The inscriptions contain seven words, signifying place where the mirror is preserved. Another row of inscriptions lies under the mirror edge, telling the time of verifing is in September 1204 A.D, which is Jin Dynasty.

Flower mirrors are very popular in Jin Dynasty. There are all kinds of flower mirrors with different decorations which are both elegant and exquisite. This shows that the esthetic value and taste of the mirror manufacturers have changed greatly. The shape and decorative patterns of this mirror are typical of Song Dynasty, yet the inscriptions shows it was in Jin Dynasty. It is quite possible that the mirror was remade in the Jin Dynasty.

124. Mirror with Circular Patterns

Round mirror, round button, plain edge. the back of the mirror is decorated with circular patters carved in bass-relief. The circular patterns are arranged tightly. Circles of the same size, intersecting with the neighboring ones by a quarter of perimeter, form a quadruple consecutive pattern. Between every two points of intersection are straight lines. In the center of each unit is a small nipple stud. A ring of joint beads adorns the mirror edge. Such decoration is evolved from consecutive agglomerate flower pattern in Tang Dynasty. The agglomerate flower pattern is replaced by the circular pattern. Similar mirror is also found in the tomb of early North Song Dynasty in Lianyungang city in Jiangsu Province.

125. Mirror with Human Figures

Eight salient water chestnut shape, round button. Each of the water chestnut petals is decorated with a coiled cloud pattern, inside which is a ring of double convex line. The main area is divided into land and water parts. There seems to be a bridge at the river bank in the down stream. On the bank, to the left side is a man playing a stringed musical instrument under an exuberant tree. On the right side of the mirror is a man standing in front of a palace gate with the hands cupped in front of his chest to shoe respect.

126. Mirror with the Patterns of Immortals Viewing waterfall

It is round shape with a round button and no button base, the border is plain and high, near the border are three bulging incredible pattern. On the mirror back is a bamboo forest, two boys are standing on both sides, on the right side is a recluse in high hat and broad ribbon, who is leaning on the rock, the position he takes is very at ease; below the stone is the water pool, water lilies, and water fowls; on right side of the mirror back is the high mountain and flowing stream. Three layers of spring is falling downward, they are falling down into the square pools. Above the button is the characters cut in intaglio like 'Liking Home', above which are some flowing clouds and flying birds.

This mirror is made heavy and thick; the button is flatter than those of Tang Dynasty, yet the scraping craft is rarely seen in Jin Dynasty. The carving craft take the craft of line carving in Song Dynasty, the composition is elegant and clear, which shows one characteristic of mountains and rivers scene. 'Liking Home' inscription may be the name of the store.

127. Eight Diagram Mirror

Round mirror, nose shaped button, hexagonal button base, plain mirror edge. The back of the mirror is divided into three regions by string patterns. The inner area is carved with the inscriptions of the names of the Eight Diagrams. The middle region contains the symbols of the Eight Diagrams. The outer area has eighteen inscriptions carved in seal characters.

The eight diagram mirror originated from the end of the Tang Dynasty and was made in South and North of the Song Dynasties. There are many kinds of Eight Diagrams mirrors that are excavated or handed down through generations, such as heaven and earth Eight Diagram mirror, constellation Eight Diagram mirror, Eight Diagram mirror with Chinese eras, etc. Eight Diagrams mirrors are regarded as a service implement by the Taoists, and also used by common people to drive away the evil.

128. Eight Diagram Mirror

Eight petaled water chestnut shape, round button, round button base. Outside the button base is a ring of petal pattern, encircled by another ring of eight salient diamond shape pattern in double lines. Between the petals of mirror edge and button base are lines, which divide the mirror back into eight areas, each area containing an Eight Diagram symbol.

This mirror does not have the sun, moon or star patterns that are commonly seen in the Tang Dynasty. It is estimated that the mirror is made in Song Dynasty. The configuration of the Eight Diagrams is arranged according to the book <Yi Lungua>, the Qian divinatory symbol is in the northwest, the Kun divinatory is in the southwest, etc., which is different from what the scholar Shao Yong proposed that Qian should be in the south, and Kun in the north.

129. Shield Shaped Mirror with Censer Patterns

Diamond shape contour, yet the whole mirror resembles a shield. The mirror button is located at the top of the mirror back. In the center of the mirror back is a tripod shaped stove with smokes coming up. On the belly of the stove are decorations carved in intaglio. On both sides of the stove are inscriptions and clouds carved in bass-relief. On the bottom of the mirror are grass patterns, above which is a fish and a knife. The whole picture expresses in a realistic way the connotation of having enough food to spare as well as good luck and fortune. The whole mirror back is bestrewed with irregular granular dents. It is estimated that the mirror was originally embedded with ornaments.

130. Bell Shaped Mirror with Chessboard Patterns

Bell shaped mirror with a hole on the bell handle, buttonless, plain edge. Two thin lines draw the outline of the mirror which is in the shape of a bell. Three thin lines in the middle of the mirror back separate the mirror into upper and lower parts. The upper part is separated into left and right sections by another four thin lines, each section containing a rectangle carved in double lines. The lower part of the mirror is carved with a sun in bass-relief, with a double-lined rectangle on each side of the sun. On the left of the mirror back are six inscriptions telling the name of checking bureau and a mark. There are multiple mirror shapes in the Song Dynasty, and the bell shape is one of them.

131. Square Shaped Fire Making Mirror

Square mirror, buttonless, sloping edge. The obverse side of the mirror is smooth slightly convex. The back of the mirror concaved in to form a sphere, taking up more than half of the whole space. On the four corners are flame patterns, with the tip of the flame facing the four corners. Sloping mirror edge, decorated with a ring of interlinked beads, is typical of the bronze mirror in Song Dynasty. Such flame and sun motif might be related to the belief of the Manicheism and Zoroastrianism in the midland during the Song Dynasty.

The concaved center in the mirror back can be used to converging the sun light to make fire, and is called 'Yang Sui' (fire making mirror). Facing the concaved side to the sun and the sunlight will be reflected and converged to one spot. The tire will soon be made if some combust able material is placed at this spot. According to the book 'Record of Rituals', such fire making mirrors and fire making woods are commonly used commodities. If the weather is clear, fire would be made by reflecting mirrors; if the weather is overcast, then tire is made by drilling wood. Making fire by bronze mirror is generally used in ritual ceremonies.

132. Mirror with Carp Frolicking in Lotus Pattern

Round mirror, bridge-shaped button, petal-shaped button base, thin and plain mirror edge with a string pattern nearby. Outside the button base are two rings of string patterns holding a raised string band in the middle, outside which are carp playing in the lotus pattern. Two carps are playing among the lotus in a lively manner. The blooming lotus, the large leaves, the flower buds as well as the lotus seed pods, form a vivid picture.

There had been chants singing about the tish playing in the lotus leaves early in the Han Dynasty. The later generations went further and used this motif to signify bounty harvest. The lotus seed pod signifies bounty offspring, and the fish in water also represents the love between man and women as well as happy life.

133. Mirror with Double Fish Patterns

Round mirror, round button, wide and plain edge. Outside the button are two carps swimming around the button toward the same direction. The fishes are large in size and occupy most of the area. The fishes are having their mouths open with bubbles coming out. The eyes are round and scales distinct. The fishes are turning sideways with their tails moving freely as if frolicking in the water. The images are vivid and realistic. Fluent and detailed water wave suffuse the mirror back, revealing strong innervation. The water waves surrounding the button are undulating while the waves near the mirror edge form a convoluting wave band.
The double fish pattern is one of the most characteristic and popular mirror types in Jin Dynasty. Most mirrors are round, the motif of which are usually two carps swimming in the water. The Jurchen ethnic group lives among the white mountain and black water. The black water refers to the Song huajiang River. The river is abundant in carps, which are closely related to the livelihood of the Jurchens. The fish patterns on the bronze mirrors as well as fish symbol and the fish bag system in Jin Dynasty collectively reflected the fish worship of the Jurchen ethnic group.

134. Mirror with Double Fish Patterns and 'Cheng An San Nian' Inscriptions

Round mirror, round button, plain edge. The decorations on the mirror can be divided into inner and outer areas. The inner area is carved with two carps. The carps are chasing each other in the water waves. The fishes are very vivid, with distinct scales and fins. The tails are thrashing in the water. The outer area is carved with a ring of thirty three inscriptions followed by a mark seal. The inscriptions tell the year in which the mirror is made, as well as the name of the manufacturer.

135. Mirror with Double Fish Patterns

Round mirror, nose-shaped button, plain edge. Wave patterns serve as background pattern around the mirror button. A pair of carps is swimming in the wave on two sides of the button. The fishes are having their mouths and gills open, and tail fins turning up. The dorsal fins also turn up, and pectoral fins and ventral fins spread out. The two carps are frolicking in water around the mirror button whose loveliness and briskness are expressed to the full extent. The fishes are so vivid that even the scales are visible. A ring of flower patterns is carved in bass-relief inside the mirror edge.

136. Handled Mirror with Double Fish Patterns

Round mirror, narrow and plain edge, long handle. The ridge of the mirror covers on the ridge of the handle. Two carps are swimming toward the same direction on the mirror back. The fishes are having their mouths open with bubbles coming out. The eyes of the fishes are wide open and the scales distinct. The fishes are turning over and frolicking in the water with tails waving swiftly. The whole picture is vivid in detail. Smooth and delicate water waves and water grass suffuse the mirror back, revealing strong natural flavor. On the mirror handle are four inscriptions wishing for good fortune and longevity.

137. Mirror with the Story of Xu You and Chao Fu

Eight salient diamond shape, round button with flat top. The decorations on the mirror back can be divided into water and land. The dividing line undulates a bit, under which are some irregular patterns denoting the river bank. On the land, in the left is a big, exuberant tree. Three are mountains behind the tree. A man sits on the land to the left of the tree, his right hand placing at the ear. To the right of the tree is a man pulling an ox, his right hand pointing towards the sitting man. There is a flower floating in the surging water.
The decorations on this mirror are adopted from the story of Xu You and Chao Fu, which comes from the book <the Biography of Gaoshi>. The story has it that the emperor Yao intended to abdicate the throne to Xu You. Xu You refused the proposal and ran away to Yingchuan. Yao then wanted then to make him the governor of Jiuzhou state. Xu You wouldn't hear it and went to wash his ears in the brook. Chao Fu was about to pull the ox to the brook and have it drink some water. When he heard this, he took the ox to the lower stream and left the clean water to Xu You. This anecdote praises the decent demeanor of Xu You who cherished moral integrity rather than the official positions. This is a very common theme of the bronze mirror in Jin Dynasty.

138. Mirror with the Story of Xu You and Chao Fu

Round mirror, round button with flat top, thin and plain edge. On the mirror back is a set of landscape and human figures carved in bass-relief. Above the button are undulating mountains with housed revealing from the clouds. Trees and the miraculous herbs scatter on the mountain. Under the button, near a book is a man squatting down and washing his ears. Beside him is another man pulling an ox.
What this mirror shows is the latter half of the anecdote. The mountains and trees signify the reclusive life of the anchoret. The composition of this picture is bold and impressive and makes a beautiful landscape.

The story of Xu You and Chao Fu is a well-known folklore, which reflect an escapism and reclusive mentality that cares nothing about fame and gains. In that chaotic and miserable time, many people aspired after this ideology, and regarded it as a mental bailment.

139. Mirror with the story of 'Liu Yi Sending Letter'

Round mirror, round button with flat top, wide and plain edge. To the right of the button is a tree with branches parting to two sides. Under the tree is a man cupping his hands before chest to make obeisance. To the left of the mirror are a lady and her maid standing on the spoondrift in the river, also cupping hands before chest in solute to the man as if telling something to him. On the river bank is a servant pulling a horse. Behind the horse are grass and flowers.

The motif of this decoration tells a popular legendary story at that time. The story was later adapted into a drama by Shang Zhongxian in Yuan Dynasty. It tells the story of a girl, who is the daughter of the river god, sobbing out her sorrows of marrying a dragon which she does not love. A young man called Liu Yi promised immediately to bring a letter to her father, the river god, and let her father know what was happening on the daughter. Liu Yi later married the river god's daughter and the couple lived happily ever after. This story on the mirror expresses the good wishes for happy marriage. It is a very common topic in Jin Dynasty.

140. Mirror with inscriptions and 'Liu Yi sending letter' motif

Round mirror, round button, wide and plain edge. The decorations on the mirror back adopted the story of 'Liu Yi sending letter'. The upper part of the mirror back is land, and the lower part river. A tree grows on the land near the mirror edge, under which is a man and a woman. The piteous-looking woman wears a long robe, the trail floating in the air. The man is facing the women. He is bending forward, with both hands cupping before his chest. In the right of the mirror is a man pulling a horse, the head of the horse turning to the button. Under the tree, on the grassland, lie several lambs, among which is a square frame containing eight inscriptions telling the information of the manufacturer of this mirror. The lower part of the mirror is churning water. Two fishes frolic in the water, signifying the deep love between the man and the woman.

141. Mirror with 'the Cowherd and the Girl Weaver'

Round mirror, round button with flat top, thin and plain edge. To the left of the button is a fairy stepping on the wave with hair worn in a tall bun and robe trail floating in the air. Under her feet is surging water. To the right of the button is a man standing attentively with hands cupped before the chest. Near the edge, in the upper left side is a crescent moon revealing itself from the floating clouds. In the left, under the button is a leaning tree, an ox lying under the tree. The ox is looking toward the moon.

The motif of this mirror tells the well-known fairy story of the cowherd and the girl weaver dating on the mid-autumn day. Love stories are popular themes of the mirror decoration in Jin Dynasty, the similar one being the Liu Yi sending letters.

142. Mirror with 'the Cowherd and the Girl Weaver' Motif

Round mirror, round button with flat top, thin and plain edge. Above the button is a flying bird coming down from the sky. On the top of the bird is a full moon in the middle of two clouds. There are star patterns among the moon and clouds, and the right one is the Bid Dipper. Under the button is a bridge, under which is surging water. In the left side are three ladies. The middle one has her hair made in a tall bun with two loops on both sides. She is in long robe and wide sash, and after her are two maids. In the right side of the mirror are three men. The middle one is in tall hat and long robe, with a fan in his hand. Behind him are two servants. The main decoration is contoured by a ring of thin raised string patterns. There seems to be some inscriptions on the mirror edge, but those are already illegible. There are disputes about the motif of the mirror. Some scholars believe it tells the story of the Cowherd meeting the Girl Weaver over the bridge.

143. Mirror with Sealing Boat Patterns and 'Huang Pi Chang Tian' Inscriptions

Eight salient diamond shape, round button. The mirror back is covered with undulating water wave patterns. A boat sails on the surging sea. Spindrift can also be seen in the water together with some flower and leaf patterns. There are several people both on the bow and stern of the boat. Four inscriptions lie above the button, the chirographic style of which seems to be the derivative of the tadpole seal character. The connotation of these four inscriptions is peace and stability. The decorative patterns on this mirrors expresses the fearless, exploring spirit of people. This is a typical mirror type in the Jin Dynasty.

144. Mirror with 'the Eight Immortals Crossing the Sea' Motif

Round mirror, round button, thin and plain edge. The back of the mirror shows water and sky. Two cranes are

flying in the clouds. Under the sky are surging with waves. Eight immortals in high relief are standing in the water, with different bearings and ritual equipments.

The stories of eight immortals are very popular in Tang, Song, Yuan and Ming Dynasties. Those are all gods in Taoism. The eight immortals are Crutch Li, Han Zhongli, Zhang Guolao, Lu Dongbin, Han Xiangzi, He Xiangu, Lan Caihe and Cao Guojiu. The ritual implements that the eight immortals in this mirror carry are crutch, fan made in banana leafs, drumlet, tablet and vertical bamboo flute. Although the name of the eight immortals are confirmed only by Ming Dynasty, the appearance of this motif on the mirror in Jin Dynasty shows that the folklore precedes the written words. This is often reflected in daily utensils such as bronze mirrors.

145. Mirror with 'Master Damohr Crossing the Sea' Motif

Eight salient diamond shape, round button. The mirror back is decorated with surging sea water. On the right is a monk in cassock, the corner of which floating in the air. He is holding a large bamboo hat in his hand. Under his feet is a cockleboat floating in the water. To the left of the button is a fish jumping out of the water, with rising mist coming out of its mouth. Above the mist is a temple. The depiction is vivid and lively, with distinct carvings and swift lining.

Mirrors with human character story motifs refers to all the bronze mirror bearing human figures and compositions except for those of immortal figure motifs. Such mirrors reflect realistically about people's life in the world.

The decoration on this mirror is adopted from the plot of the master Damohr crossing the sea from the Buddhism legend. Such story reflected the exploring spirit of people at that time, showing a sense of strength and confidence. Such motif shows the complete harmony of the ideology and esthetic tastes.

146. Mirror with Immortal Being, Tortoise and Crane Motif

Round mirror, round button with flat top, wide and plain edge. On the right side of the mirror back, near the mirror edge, is an exuberant big tree whose branches and leaves extend to the top of the mirror and inclined downward. Under the tree sits an immortal in long robes. The immortal has long beard. There are radiance around his head. To the left of the mirror button is a man, holding a tray in both hands, coming toward the immortal on an auspicious cloud. Under the button is a divine tortoise whose neck reaches out and turns upward. Beside the tortoise is a crane whose neck turns around. There are bamboos and grasses in the surrounding area. Above the button is a rectangular frame containing three inscriptions 'Ma Jia Zao', meaning 'the mirror is made by a craftsman whose surname is Ma'. On the top of button is also an inscription 'Ma'.

Fairytales are popular themes in Song and Jin Dynasties. The mirror button has a flat top, the inscriptions are also written transversely, unlike other mirrors in Song Dynasty, whose inscriptions are written vertically. It seems that the craftsman in Jin Dynasty learned some of the techniques that are used in Song Dynasty and started to imitate the mirrors in Song Dynasty.

147. Handled Mirror with Immortal and Deer Motif

Round mirror with long handle and wide edge. The raised mirror edge covers on the raised ridge of the handle. In the center of the mirror back is an immortal being whose hair is made in a bun. The man is wearing a cloak and looking back at a deer in the left. The deer is striding forward with its head raised up. On the right of the mirror back are slender bamboos. In the upper part of the mirror are two circles, each containing one inscription. The meanings of the two inscriptions are 'moral' and 'peace'. The whole picture is simple in configuration and vivid in depiction, full of artistic conceptions.

148. Handled Mirror with Immortal, Deer and Crane Motif

Round mirror, long handle, plain edge. In the center of the main area sits a man in long robe. Behind him stands a servant holding something in his hand. On the right is a tree whose branches extend to the upper part of the mirror. On the treetop is a sun. Cranes fly above the clouds beside the sun. On the ground, crawls a tortoise. There are entangled branches with thin leaves and flower patterns near the mirror edge. The handle of the mirror is decorated with flower and grass pattern and a seal mark.

149. Mirror with Immortal Being and Crane Motif

It is round, with bridge shape button, and narrow plain border. on the left side of the button there is a old pine tree with numerous branches reaching to the top of the mirror, below the pine tree there is a house with gate open, from which coming out a little boy. The boy holds something in hands, facing the god sitting on the rock. Another little boy on the right side of the button is pointing to something with right hand, like watching the heavenly crane below the button together with the former god. The crane is bending its neck to peck at the back, make the plume regular and is spreading the wings and dancing. On the very lower side of the mirror is the flowing river with waves roaring. Although this pattern suggest good luck, richness, and well being, the people and the story can't been credited, thus this story may be adopted from some play in Jin Dynasty.

150. Diamond Shaped Mirror with Emperor in Moon Palace Motif

Eight salient water chestnut flower shaped mirror, round button, diamond shaped edge. The motif of the decoration on the mirror back tells a story of the emperor in Tang Dynasty touring in the moon palace. To the right of the button, shown from the clouds, is a palace with tall roof. The tiles on the roof as well as the archway in the palace are recognizable. The two door leafs are half open, and a man is standing there and looking at something far away. To the left of the button is an exuberant cherry bay, beside which is a rabbit grinding herbs. In the right of the lower side is a man sitting on a chair. The man is in robe, and beside him are two servants, each holding a fan. In the left of the lower side is a small bridge, on left end of which is a man in official cap. The man is making an obeisance by cupping his hands before chest. On the right end of the bridge is another man looking back with a flag in his hands. He is pointing at the man in chair, as if directing the man on the other side of the bridge. The whole picture is rich in content and precise in composition.

151. Mirror with 'Rhinoceros Looking at the Moon' Motif

Round mirror, round button with flat top, wide and plain edge. In the upper left side of the mirror is a full moon, under which are winding clouds. In the right side, near the mirror edge is constellation. Under the moon are surging waves. In the lower part of the mirror, near the edge, is a puffing buffalo couching on the river bank. At the right side of the mirror, near the mirror edge, are inscriptions for official checking and accepting, A seal mark follows the inscriptions. The inscriptions are delicate and distinct, yet not quite in order.

This motif adopted from the story 'buffalo puffing at the moon'. The theme decorations are couching buffalo, full moon, water and clouds. It tells the story of the buffalo in the south is afraid of heat, and keeps puffing when it sees the moon and mistakenly took it for the sun.

152. Mirror with 'Rhinoceros Looking at the Moon' Motif

Round mirror, round button with flat top, thin and plain edge. On the left side of the mirror back, above the button, is a crescent moon, surrounded by the clouds. To the right of the moon is the Milky Way, two constellations facing each other on both sides of the Milky Way. Under the button is a buffalo lying in a small oasis among the water. The buffalo is looking upward at the moon. On both sides of the button are surging sea waves. Near the mirror edge are 'S' shaped grass patterns and nine inscriptions carved in intaglio. The inscriptions tell the name official inspection bureau that supervises the production of the mirror.

153. Mirror with Human Figures

Round mirror, round button with a flat top, wide and plain edge. To the left of the mirror button are fences, within which are banana trees and trees with four-petaled flowers. This pattern signifies fecund fertility. On the right of the mirror is a man sitting comfortably on a mattress. Behind his is a folding screen. On his left side stands a boy with lotus on his head. The boy is pointing at a tall man behind him. The tall man is in long robe and wears a kerchief on his head. He is holding a stringed musical instrument in his hands. Another boy follows him, carrying some sundries.

The composition of the picture is compact with flowers occupying the upper left part and human figures occupying the lower right part, which is similar to the 'one corner' and 'one side' style of the paintings in Song and Yuan Dynasties. Some scholars believe that the theme of this mirror is adopted from the popular opera story of 'listening to the play of zither at night with moonlight' in Jin Dynasty, only the specific details remain unknown to modern people.

154. Mirror with Human Figures

Round mirror, round button, plain mirror edge. On the left of the mirror back is a big tree, whose exuberant branches extend to the upper part of the mirror. Under the tree is a house with half open front doors and stairs. There are grasses in the surrounding areas. A man stands beside the stairs, bowing toward another man opposite to him. Behind the man is a servant pulling a horse. The horse lowered its head as if trying to drink some water. There is a bridge nearby, with a stream flowing downward into the river at the lower part of the mirror. The theme of this decoration might be adopted from the popular drama at that time, only the specific details still remain to be researched.

155. Mirror with Human Figures

Round mirror, nose-shaped button, plain edge. within the edge, around the main area, is a ring of raised string pattern. Two mountains stand face to face with each other above the mirror button, holding a waterfall in the middle. The waterfall rushes down into a deep pond. Beside the mountain on the left, are two flying birds, under which stands a man. The man is in long robes and wears a kerchief on his head. He is standing on a large rock with his right arm reaching forward, as if trying to explore this secluded place. There is a tortoise in the middle of the water, whose head turns toward the mountain lap. The lower part of the mirror is carved with two water birds.

156. Mirror with Human Figures

Round mirror, nose-shaped button, plain edge. On the right side of the mirror, near the button is a lady in slant hair bun and loose clothing. In front of her is an old pine tree with exuberant branches and grasses. There are stones and rocks beside her. The upper part of the mirror is adorned with flowing cloud patterns. On the left of the mirror are far mountains, under which are running brooks.

The bronze mirror in Jin Dynasty often adopt human figures and landscapes as motif. The pictures are delicate and vivid. The cuttings are skilled and blended with the techniques used in the landscape paintings.

157. Handled Mirror with Human Figures

Round mirror, long handle, thin mirror edge. The ridge of the mirror edge covers on the ridge of the mirror handle. On the right side of the mirror back are two tall bamboos, under which is a lady in fine clothing. The lady is holding a silk fan. She is playing with a dog behind her. A serving boy follows her. The boy is stooping, with both hands slapping, as if playing with the dog. On the upper left side of the mirror are cloud patterns, above which are flying cranes. There is a seal mark on the mirror handle, under which is an animal pattern. This might be the trading mark or manufacturing mark of the mirror workshop under the supervision of the government.

The decorations use bass-relief technique and reveals 3-D effect. Such daily life scenes are very popular motifs of the bronze mirror in Jin Dynasty.

158. Handled Mirror with Human Figures

Round mirror, long handle, plain mirror edge. On the right of the mirror back is an old pine tree with many pinecone. Three boys are playing under the pine tree. One boy is squatting, with right hand raised up, as if playing percussion. The other two boys stood behind, dancing. Several copper cash scattered beside their feet. On the left of the mirror stands a man with long ribbons around him. The man is also dancing, with hands playing clappers. There seems to be some inscriptions on the upper part of the mirror handle. In the center of the mirror handle is a small hole for hanging.

Such motif is not very common, and still waits to be identified. It is no the popular motifs used in the Song Dynasty. The pattern of boys playing in the flowers are very common in Jin Dynasty. Besides, the ridge of the mirror edge covers on the ridge of the handle.

159. Handled Mirror with Bamboo and Plum Tree Patterns

Round mirror, long handle, plain edge. The motif of the decoration is water pond and flowers. In the lower part of the mirror is a pond of water. A peach tree lies to the right of the water pond, and to the left are rocks and grassland. In the upper part of the mirror is a crescent moon with flowing clouds lying beneath. The whole picture adopts the tradition water pond motif which is commonly used in Chinese paintings.

The composition of the picture is scattered on a plane, which is widely adopted on the decorations of daily utensils. A perfect example is this 'sun with its reflections in the water' motif. During Song and Jin Dynasties, the design and pattern of mirror decorations has come up to a new stage. Handled mirror is an innovation. But different from the handled mirror in Song Dynasty, in which the handle integrated with the mirror and become unitary, the mirror in Jin Dynasty has its ridged handle covered by the ridge of the mirror edge.

160. Mirror with Boys in Flower Twigs Patterns

Round mirror, round button with a flat top, round button base, wide and concaved edge. On the button base are seven inscriptions cut reversely in relief which tells the information of the manufacturer of the mirror. The motif of the decorations on the mirror is three boys in short frock playing in chrysanthemums. The characters are lively and vivid, and the flowers succinct and exact. The composition of the picture is similar to the neoteric spring festival paintings.

161. Mirror with Flower and Bird Patterns

Round mirror, round button with flat top, wide and plain edge. A raised ridge of string patterns separate the mirror edge from the main decorations. A flower with four petals lies above and under the button respectively. A bird come over to hold the flower in beak. On both left and right side of the mirror are branches with wide leaves and blooming flowers which attract the birds to come. Liveliness overflows the whole picture.

The decorations adopt the bass-relief technique and the cuttings are bold and simple. Despite its simplicity, the birds and flowers are vivid and lifelike. The wide mirror edge, flat-topped button, as well as the flower patterns are all typical of the decorative style of mirror making in Jin Dynasty.

162. Handled Mirror with Sparrow and Flower Twig Patterns

Round mirror, plain edge, vase shaped handle. The back of the mirror is divided into inner and outer area by a ring of raised ridges. The inner area is corroded and the decorations become blur and illegible. The outer area is decorated with sparrows and flower twigs. The birds, either flying or perching, are wreathed by the flower twigs. The mirror handle is in the shaped of a vase. A lotus seat joins the handle with the mirror body.

Sparrows and flower pattern is a very popular motif in mirror decoration. Many verses in poem refers to such mirrors.

163. Mirror with Sea Wave Patterns

Round mirror, round button with flat top, wide and plain edge. The main area of the mirror back is covered with undulating water wave patterns. The sea waves are surging. Outside the sea wave pattern is an inscription band. The sixteen inscriptions are read clockwise and tell the information of the checking and monitoring of the production of this mirror.

Sea wave patterns are commonly seen in boat patterned mirror double fish patterned mirror, and story and human figure mirrors in Jin Dynasty. The use of copper is under strict control in Jin Dynasty. Bronze mirrors can not be made without the supervision from the feudal government. An important indication that separates the bronze mirrors of Jin Dynasty from those of the other dynasties is the seal mark inscriptions made by the government.

164. Mirror with Flower and Bird Patterns

Round mirror, round button, plain edge. In the middle of the mirror is a rock, to the right of which are wide-leafed plants whose exuberate branches and leaves go through the mirror button. Near the mirror edge are bamboos. Above the mirror button are two flying cranes, one spreading its wings, another bending its neck. Under the button are four more cranes. The one on the right is standing on one foot, another two in the middle are pecking foods with the necks reaching down. The forth one is licking its claw in a peaceful manner. The decorations adopt the bass-relief technique.

165. Mirror with Flower Patterns and Double Phoenixes

Round mirror, round button with flat top, double-layered lotus petal button base. The edge of the mirror is flat and plain. In the main area are two phoenixes flying around the button toward one direction. The long tails of the phoenixes interweave with all kinds of flowers. The decorations on the mirror back adopted Bass-relief and sectional decoration techniques. The decorations are stretching along in a beautiful and elegant manner.

166. Mirror with Chrysanthemum Patterns

Round mirror, bridge shaped button, round button base and upcurving edge. Outside the button base is a ring of concaved band, outside which are three chrysanthemums with twining branches, all having nipple studs as pistils. The petals of the three chrysanthemums are different from each other. One has single layered petals with the pistils made of eight nipple studs. Another has double layered petals with its pistils made of joint beads pattern. The petals of the third flower are depicted by double lines. The rest space is filled with chrysanthemum leaves. The whole picture is similar to the traditional line drawing of Chinese paintings.

The chrysanthemum patterned mirrors get popular after the Song Dynasty, but most mirrors are in the shape of sunflowers or diamond, with six or eight salients. This mirror is very unusual. The decorations are diversified, and the lines are smooth and free, already breaking away from the fixed patterns and starting to depict natural life. It is characteristic of the styles in Ming Dynasty.

167. Mirror with Dragon Patterns

Round mirror, triploid mountain shaped button, plain edge. To the right of the mirror button is a dragon flying in the clouds. The head of the dragon lies under the button, its body winding upwards. The forelimbs are extending. The left back limb entangled with the tail, and the right back limb is invisible except for a claw. There are Ruyi cloud patterns in front of the dragon head. Surging water wave patterns loom from clouds and mists. To the left of the button are ten inscriptions in seal character style telling the date of the manufacture.

Mirrors of such patterns are very popular in Ming Dynasty, and this one is a typical example. The shape of the dragon is concretized since Song and Yuan Dynasties. The body is more flexible and sinuous, exhibiting higher esthetic value.

168. Mirror with Boys in Flower Twigs Patterns

Round mirror, round button, upcurving edge. Near the edge is a ring of petal shaped curve in double lines. The motif of the decorations are four boys in short frocks and tight pants playing among fascicular trumpet flowers. The boys all have their hair worn in two buns. Some are leaning against the flowers; some are crouching on the ground. The whole picture overflows with a fervent and happy spirit. The practice of having children as decorative motif started in Song Dynasty, and prevailed in the Ming and Qing Dynasties. The combination of the flower patterns with children shows peoples' expectation for good luck and prosperity.

The decorations on this mirror adopted the bass-relief and sectional decoration techniques. Such secular patterns are typical of the decorative features in Ming Dynasty.

169. Mirror with Human Figures and Treasures

Round mirror, pillow shaped button, plain edge. The decorations on the mirror edge are arranged in different layers. The uppermost layer is carved with divine palace, on both sides of which are flying cranes. The second layer is decorated with a treasure basin, above which are copper cashes. On both sides of the copper cashes are auspicious clouds. In the third layer, two maids in the left are bowing down to solute. The other two maids in the right are standing on their feet, each carrying a baby. There is a vase on either of the outermost sides of the third layer. In the center of the fourth layer is a table, with a vase on either of the two ends. Two boys are standing behind the table, each carrying a tray. There is a money tree on the outermost part of the fourth layer. The bottom of the mirror is decorated with auspicious objects such as pearls, scepter and jade ornament 'ruyi'. This mirror bears the wishes for good fortune and luckiness. It is popular type in Ming Dynasty.

170. Mirror with 'Wu Zi Deng Ke' Inscriptions

Round mirror, nose shaped button with a flat top, concaved mirror edge. There are four squares around the button. Within each square is an inscription. Altogether there are four inscriptions 'Wu Zi Deng Ke' meaning 'all the five sons receiving government degrees'. Each inscription is contoured by two layers of squares, between the two layers of the square is a circle. Between the first and third inscriptions are another three inscriptions cut in relief, telling the name of the craftsman of the mirror. The whole mirror is thin and light and appears yellow. This square within the circle pattern reveals that the making of mirror has returned back to its original stage. This style is the expression of the ancient people's belief about the universe, i.e., the heaven is round and the earth is square. Square contains the connotation of 'upright, righteousness, moral character and reason etc'.

The story of Wu Zi Deng Ke tells about a man called Dou Yujun in Jin Dynasty. The Chinese traditional reading book 'the Three Character Primer' tells about this anecdote. It is said that Dou Yujun had done many alms deeds. And one day, his grandfather told him in the dream that because God was satisfied with what he had done, God decided to bestow him longevity and five sons. His grandfather told him that the five sons will become high officials in future and Dou himself would come to heaven after his death. Sure enough, Dou got five sons, and all made their way to high official positions. Even his eight grandchildren are very successful. And Dou himself lived to the age of eighty two and passed away peacefully.

The bronze mirrors in Ming Dynasty often carry these four inscriptions 'Wu Zi Deng Ke', to encourage people. These four inscriptions not only reflects people's wish for longevity and good political career in this life, but also expresses the wish that they can go to heaven in the afterlife.

171. Mirror with 'Wu Zi Deng Ke' Inscriptions and Crouching Ox Mirror Stand

Round mirror, round button with flat top, plain and upcurving edge. On each of the four sides of the button is a raised square. Each square carries an inscription, and altogether makes 'Wu Zi Deng Ke' meaning 'five sons receiving government degrees'. The mirror stand is in the shape of a crouching ox. The ox has three hoofs under his belly, and the right front hoof stretch out. The head of the ox is turning back and looking at the crescent moon above him. Its horns are crooked and its ears standing up. Unfortunately, one horn is incomplete. The tail of the ox turns to left and rested on the hind hoof. Under its belly is a round hole. On the back of the ox is a cloud in bass-relief, upon which is a crescent moon. There is a deep groove in the moon, and the mirror is put in right there.

The mirror stand is vivid and delicate. The wrinkles on the neck, the fine hairs on the tail as well as the toes on the hoof are all distinct. The most special feature of the stand is that the right front hoof and the left-turned head made a pair of counter-balancing power, which balanced the kinetics and stability of the sculpture. At the same time, the stretched right front hoof also enlarged the area of the stand and strengthened its stability.

172. Mirror with 'Luan Feng Cheng Xiang' Inscriptions

Round mirror, round button, plain and upcurving edge. There is a square in raised ridges on each of the four sides of the button. Each square contains one inscription, and together makes 'Luan Feng Cheng Xiang', meaning happy marriage, expressing the harmonious relationship between the husband and wife. Such

mirrors are used as dowries for the bride.

173. Mirror with Four Horses Patterns

Round mirror, round button with a flat top, plain mirror edge. Four disc patterns lie outside the button. Around the button are four discs decorated with chrysanthemum patterns, outside which are four galloping horses with the hoofs leaping in the air. In the space between the four horses are flower and beast face patterns. Roundlets serve as pistils, and six groups of double lines serve as petals. The beast face has its eyes open wide, and tusks reaching out, giving a ferocious look.

Such mirror is relatively rare. The copper is of lower quality and contains much lead and zinc. Judging from the flat top of the button, we concluded that the mirror belongs to Qing Dynasty.

174. Square Mirror with Sun and Moon Patterns

Square mirror, round button, four salient diamond shaped button base, wide and plain edge. Three string patterns divided the back of the mirror into inner and outer sections. The background of the inner section is thunder patterns, with sun and moon patterns adorned in the four sides. On the four corners are bone fire together with small sun and moon patterns, resembling the Chinese character 'fire'. On each of the four sides of the outer section are three fire heaps. An up leaping flame adorns each of the four corners. Filled in between are flower patterns using nipple studs as pistils.

중국 동경(銅鏡)은 청동기시대부터 제작되기 시작하였다. 철기시대에 들어서면서 예악(禮樂)과 관련된 청동기는 점차 쇠퇴하였지만 동경만은 역대로 전해져왔다. 시안(西安, 長安)은 13개 왕조의 도읍지로서 동경 유물이 많은 편이지만 그 자료들이 오랫동안 방치된 채 빛을 보지 못하였다. 최근 시안 지역에서 고고학 발굴 작업이 진행되면서 발굴된 동경의 수량이 늘어나 관련 자료를 정리하여 책으로 펴내야 하는 필요성이 커졌다.

본서는 시안시문물국(西安市文物局)의 정위린(鄭育林)과 쑨푸시(孫福喜) 박사가 기획한 『시안문물정화(西安文物精華)』 총서 가운데 하나이다. 쑨푸시 박사가 전체적인 편찬작업을 책임지고 왕펑쥔(王鋒鈞)과 함께 체계를 정하였으며 자이롱(翟榮), 장충(張翀), 루방(盧昉)과 함께 공동으로 전체 동경에 대한 설명을 집필했다. 리쉐친(李學勤) 선생이 서문을 쓰고 왕바오핑(王保平)이 사진을 찍었으며 태쯔린(邰紫琳), 왕후안링(王煥玲)이 문자 교정을 하였다. 또한 시안시문물국의 둥리군(董立群), 샹더(向德)와 리싱진(李興振)도 본서 편찬에 물심양면으로 도움을 주었다.

본서는 국내외 문화계 및 전통유물에 관심이 있는 독자들을 위한 전문도서로 체계적 편성, 정확하고 알기 쉬운 설명, 세련된 디자인에 주력했다. 엮은이의 학문적 한계로 오류가 있다면 독자의 관심 어린 질책을 바란다.

2005년 9월
엮은이